张番红 著

A Further Study on the Practical Humanistic
Expression of Capital and Its Manuscripts from an
Integrated Perspective

整合视角下
《资本论》及其手稿的实践人学
表达再认识研究

中国财经出版传媒集团
经济科学出版社
Economic Science Press
·北京·

图书在版编目（CIP）数据

整合视角下《资本论》及其手稿的实践人学表达再认识研究/张番红著 . --北京：经济科学出版社，2024.3

ISBN 978 - 7 - 5218 - 4622 - 5

Ⅰ.①整…　Ⅱ.①张…　Ⅲ.①《资本论》-人学-研究　Ⅳ.①A811.23②B038

中国国家版本馆 CIP 数据核字（2023）第 044111 号

责任编辑：杨　洋　杨金月
责任校对：王肖楠
责任印制：范　艳

整合视角下《资本论》及其手稿的实践人学表达再认识研究
ZHENGHE SHIJIAOXIA《ZIBENLUN》JIQI SHOUGAO DE SHIJIAN
RENXUE BIAODA ZAIRENSHI YANJIU

张番红　著

经济科学出版社出版、发行　新华书店经销
社址：北京市海淀区阜成路甲 28 号　邮编：100142
总编部电话：010 - 88191217　发行部电话：010 - 88191522
网址：www. esp. com. cn
电子邮箱：esp@ esp. com. cn
天猫网店：经济科学出版社旗舰店
网址：http://jjkxcbs. tmall. com
北京季蜂印刷有限公司印装
710 × 1000　16 开　19.5 印张　280000 字
2024 年 3 月第 1 版　2024 年 3 月第 1 次印刷
ISBN 978 - 7 - 5218 - 4622 - 5　定价：80.00 元

1. 2021 年国家社科西部项目《总体国家安全观视域下西北地区公安机关伊斯兰教事务管理法治化研究》（项目编号：21XZJ009）阶段性成果；

2. 2021 年甘肃省社科规划项目《伟大建党精神融入高校思政课教学的实践路径研究》（项目编号：2021YB084）阶段性成果；

3. 2023 年高校教师创新基金项目《新时代"两个确立"融入高校思政课教学的实践路径研究》（项目编号：2023A－102）阶段性成果；

4. 2024 年甘肃政法大学《马克思主义发展史》课堂教学改革项目阶段性成果；

5. 2022 年甘肃政法大学教学改革思政专项《立德树人视角下"六力协同"构建大思政课的改革创新研究》（项目编号：GZJGSZ2022－A01）阶段性成果；

6. 甘肃政法大学"习近平法治思想与马克思主义法学理论发展"专项课题《习近平法治思想中人民至上理念的生成逻辑及其价值表达研究》（项目编号：GZF2020XZX07）阶段性成果；

7. 甘肃政法大学科研资助重点项目"《易经》在欧洲传播及其对于马克思主义生成影响研究"（项目编号：GZF2018XZDLW08）阶段性成果；

8. 甘肃政法大学科研资助重点项目（项目编号：GZF2017XZDLW08）阶段性成果；

9. 甘肃政法大学重点学科阶段性成果；

10. 甘肃政法大学马克思主义学院文库。

前言

　　人类思想史就是一部有意或无意探寻人的内生本质及其发展逻辑的人学思想史。"我是谁？我从哪里来？要到哪里去？"是一个指向人的极具代表性的亘古常新的议题，"认识你自己"也就理所当然地成为助推人学传承与演进的动力源。其中，"人学"聚焦于以整体人的属性及其生成规律为研究对象的人文社会科学，不同于研究人的某一部分的具体科学。关于"人是什么？"的首要问题聚焦于人的源起追溯、人学研究动因以及人学研究主题等。从外延考察人学主要包括研究对象、研究范围、研究主体的基本内涵、精神实质和核心要义，具象化为人的本质、人性善恶、人生境界、人生价值、人生意义、人的权利、人的尊严以及人的解放与发展等诸多维度的丰富意蕴。为此，学者们从生物学、考古学、人类学、哲学、社会学以及经济学等多学科视角的交叉融合与立体化透析人学命题，试图解开"人学"曾被遮蔽的神秘面纱和真正本质。而作为《资本论》及其手稿的实践人学内在架构，基于实践为基础关注和洞悉人，以现实的人为出发点审视人，以人的全面发展为价值旨归的人学理论，是对过往人学批判性的革命变革和逻辑发展，第一次真正揭示了人的科学本质及其演变规律，实现了从"抽象人学"向"现实人"的回落与复归。

　　马克思《资本论》及其手稿的实践人学再认识研究着力于概括式梳理东西方思想史关于人学理论的逻辑进路，从"抽象人学"到"现实人学"，从"思辨人学"到"实践人学"的探索历程及其学理图谱。第一部分为理论研究,绪论旨在为后续研究做好理论铺垫并开启《资本论》及其手稿中实践人学表达的叙述脉络与逻辑起点。众所周知,马克思实践人学是吸纳了人类文明一切优秀成果并加以批判扬弃后建构的科学实践人学,其发端于东西方人学思想史的观点梳理与理论源承。第二部分为实践研究,《资本论》及其手稿的实践人学的生成与发展,主要是从资产阶级人学到马克思实践人学的转型与深化,《资本论》及其手稿中实践人学的孕育与成形结实,以及《资本论》及其手稿的实践人学指导国际工人运动方面进行研究。其中,马克思实践人学从《1844年经济学哲学手稿》开始奠基,到《资本论》及其手稿开显马克思实践人学的定型化与科学化。正是因为《资本论》及其手稿使马克思实践人学第一次把理论的省察视线从"思维领域"切换到了"生产实践领域"。可以说,如果忽略了《资本论》及其手稿,马克思实践人学就有可能无法成为"关于现实的人及其历史发展的科学",而正是有了《资本论》及其手稿才使马克思实践人学构筑在了"坚实的事实与理论基础"之上,也才真正成为科学的辩证唯物主义和历史唯物主义实践人学。《资本论》及其手稿中实践人学的内在规定,阐述了《资本论》及其手稿中实践人学的基本目标、任务指向和建构原则。《资本论》及其手稿中实践人学的代表性观点述要,主要是运用诠释学方法从《资本论》及其手稿等文本群中梳理出马克思劳动价值论对人的本质的省察,拜物教批判理论对人的本质的物化表达,以及剩余价值论蕴含的人文情怀,通过科学揭示资本家与工人之间的真实关系,字里行间渗透着马克思对于工人阶级命运的关切,体现了马克思实践人学关于人的本质与价值思想、人的自由与权利思想以及人的解放与发展思想等经典论述。《资本论》及其手稿中实践人学的创造性开拓,探索式览析了《资本论》及其手稿中实践人学的西方马克思主义演绎、俄国探索以及中国创新与升华。第三部分为价值研究,尝试着论述了自由全面发展是马克思实践人学的价值归宿,中国共产党主体人学思想是马克思实践人学的集中展现,以及马克思实践人学是指引人类走向共产主义的行动准则。在最后一部分,基于前面的分析和阐释,归纳和总结了《资本论》及其手稿中实践人学的现实演述与未来展望。

　　总之，本书通过提出问题、分析问题与解决问题的致思理路，按照历史与逻辑相统一的唯物辩证法，从东西方人学思想史中梳理出《资本论》及其手稿中实践人学的思想资源、学脉源承及其发展创新。由此，中国特色社会主义呈现为马克思实践人学的当代展开和生动诠释，同时，《资本论》及其手稿的实践人学为中国特色社会主义道路自信、理论自信、制度自信、文化自信提供了坚实的人学基础和思想支撑，深刻诠释了马克思主义为什么"行"，中国共产党为什么"能"，中国特色社会主义为什么"好"的内在逻辑。

张番红

2023 年 1 月 12 日

目 录

绪　　论

　　"问题"是主体意识对客体存在的映射，是公开的、无畏的回应，就是左右一切"时代的口号，是它表现自己精神状态的最实际的呼声"①。学者杨金海（1995）认为，"问题"的命意指向人在前进道路上所遇见的并且必须加以解决的矛盾与困惑。一般而言，"问题意识"是学术研究的逻辑起点与核心要素，表征个体的某种存在状态。由于个体的存在世界不同，其所碰触的内在感受和心理体验也会有诸多差异，加之个体看待问题的思维习惯和考虑方式有别，致使对待同一问题的体认迥然不同。"问题意识"客观要求能够清楚地提出要研究和探讨的究竟是什么问题。正如爱因斯坦（Albert Einstein）所说："提出一个问题往往比解决一个问题更重要"②，因为解决问题也许只是一项教学或者实验技能而已。而从新的视角去观察并提出问题，则需要有更多创造性想象力，这才是推动乃至于标志科学的真正进步。1942 年，毛泽东在其《反对党八股》一文中以自问自答的方式解疑释惑，问题是什么？问题就是"事物的矛盾"。问题既源于实践，又在实践中加以思考、解决。可见，问题意识就是主体意识，是

①　马克思，恩格斯．马克思恩格斯全集（第 40 卷）（第一版）[M]．北京：人民出版社，1982：289．

②　[美]阿尔伯特·爱因斯坦（Albert Einstein），[波兰]利奥波德·英费尔德．物理学的进化 [M]．周肇威，译．长沙：湖南教育出版社，1999：66．

人的精神①性存在的本质，是人的自由自觉的根本特质。问题观是世界观、历史观、价值观，也是方法论、认识论。当然，"每个时代总有属于它自己的问题，只要科学地认识、准确地把握、正确地解决这些问题，就能够把我们的社会不断推向前进"②。生活是问题之源，认识是不断发现问题的过程，当然"问题和解决问题的手段同时产生"③，毕竟"人生就是问题的集合"④。作为"人"，由于存在的具体境遇不同，对于"人"的认识和感受也就不一样，这也正是"人"的问题意识的价值所在。人生天地间，是一种偶然，仿佛更是一种神圣。作为天地万物中最具灵性的人，是地球上有史以来最富于智慧的高等级生物。千百年来，古今中外的学者们对人的前景和命运的关注与探索，自然成为亘古常新的话题和学术研究的焦点。公元前 5 世纪前后的古希腊哲学家第欧根尼（Diogenēs）便是目中无"人"的典型范式。据说，他总是在大白天提着灯笼在街上找寻"诚实的人"。而他的老师苏格拉底（Socrates）的人生信条"认识你自己"的哲学宣言更是启发和引领着一代又一代思想家为探查"人学"奥秘而孜孜以求。后来的学者们围绕"什么是人以及该如何解读人"的哲学命题进行循环式的追问与思考，并试图破解这个"斯芬克斯之谜"⑤，从而积淀了

---

① 有学者认为，精神是"具有内在、深刻和富足的源流，……在人类隐蔽的、仿佛带有神秘色彩的发展过程中，精神的力量是真正进行创造的原则"。参见［德］威廉·冯·洪堡特. 论人类语言结构的差异及其对人类精神发展的影响［M］. 姚小平，译. 北京：商务印书馆，1999：28.

② 习近平. 之江新语［M］. 杭州：浙江人民出版社，2007：235.

③ 马克思. 资本论（第 1 卷）//马克思恩格斯文集（第 5 卷）［M］. 北京：人民出版社，2009：107.

④ 田丰，成龙，冯立鳌. 问题的哲学——人生的困惑及其破解理路的探索［M］. 北京：社会科学文献出版社，2012：219.

⑤ "斯芬克斯之谜"（Riddle of Sphinx）出自古希腊伟大的悲剧作家索福克勒斯（Sophocles）的戏剧《俄狄浦斯王》。其中，"斯芬克斯"是古希腊神话中巨人与妖蛇孕育的狮身人面怪兽，长着翅膀，生性暴戾。它经常坐在古埃及的忒拜城郊外守着路口，向过路人发难的谜面是："什么动物早晨用四条腿走路，中午用两条腿走路，晚上用三条腿走路？"如果路人答错了就会被怪兽吃掉。最终，俄狄浦斯猜中了谜底是"人"，于是"斯芬克斯"羞惭自杀。后来，"斯芬克斯之谜"成为著名的"人学"典故，生动体现了古希腊对"人"的早期探寻。千百年来，"斯芬克斯之谜"的阐释构成了人类认知自我的一道亮丽风景，也为人学的交响曲谱写出了动人肺腑的"第一乐章"。斯芬克斯之谜［EB/OL］. 2016-09-16.

丰富而宝贵的人学理论渊源与思想文化遗产。17 世纪后，随着西方资产阶级革命的迅速兴起，尤其是近百多年来的人类历史不断昭示，对于"人"的欣赏和重视是人类社会发展的前提和基础，也是人类一切工作的终极指向和价值归宿。正如德国文化哲学创始人卡西尔（Cassirer）在其《人论：人类文化哲学导引》中所说，"认识自我"是众所公认的科学研究的最高目标，而要洞悉人必须从人类文化入手，或给人下定义时必须"以人类文化为依据"①。也可以说"当代学人对于人的问题的关注，远远超过对其他问题的关注"②。尽管不同的思想流派之间存在着观点差异和理论纷争，但是对于"人"的认知和统摄生成的人学，作为科学上被证明的"阿基米德点"，始终是一切社会思潮未曾动摇的研究中心和学术旨趣。而马克思的伟大贡献恰恰就在于主动迎合时代呼唤和实践需求，并努力回答"人是什么?"的千年之问，最终在《资本论》中完成了构筑于科学方法论基础上的"关于现实的人及其历史发展"③ 的马克思实践人学表达。之所以这样，是因为马克思主义集大成和精品荟萃的《马克思恩格斯全集》中文第一版 50 卷中，《资本论》及其手稿文本群占了 9 卷 12 册，约占全集的 1/4 篇幅，可以说，马克思实践人学集中蕴含在《资本论》及其手稿群。马克思在《资本论》中以悲悯情怀细致入微地刻画了工人阶级的现实境遇和生存状况，以此揭示了工人阶级寻求自身解放，进而找寻人生幸福的实践逻辑和现实路径。就如马克思在《资本论》英文版的序言中所说，《资本论》作为"工人阶级的圣经"④ 不仅是马克思一生最重要的理论著述，更是一部诠释马克思实践人学最重要的纲领性文本依据，既深刻全面地论述了工人的生存与发展状况，也指出了工人未来解放道路的历史路标。⑤ 可见，《资本论》及其手稿作为马克思实践人学的标志性著作，

① ［德］卡西尔. 人论：人类文化哲学导引［M］. 甘阳，译. 上海：上海译文出版社，1985：3.
② 韩庆祥. 马克思的人学理论［M］. 郑州：河南人民出版社，2011：1.
③ 马克思，恩格斯. 马克思恩格斯文集（第 4 卷）［M］. 北京：人民出版社，2009：241.
④ 马克思. 资本论（第 1 卷）［M］. 北京：人民出版社，2004：34.
⑤ 王晓广. 马克思"人的尊严"思想及其当代中国的实践［M］. 哈尔滨：黑龙江人民出版社，2016：7.

是马克思"一生中的黄金时代的研究成果"①，是马克思实践人学最为系统、最为深切人文关怀的集中展现和奠基之作，具有"独立的科学价值"②，是马克思主义的巅峰作品。

一、选题背景及缘由

马克思曾经说过："问题就是时代的口号"③，问题也是时代的格言、实践起点和理论创新的源头活水，问题更是时代再现主体精神状态的最实际呼唤。正如习近平所说："理论创新只能从问题开始。从某种意义上说，理论创新的过程就是发现问题、筛选问题、研究问题、解决问题的过程。"④ 可以说"世界上伟大的哲学社会科学成果都是在回答和解决人与社会面临的重大问题中创造出来的"⑤。纵览东西方思想发展史，就可以发现对于人的关注探讨和学术研究由来已久，而只有《资本论》及其手稿文本群真正完成了科学的实践人学，就是因为《资本论》及其手稿内在蕴含着鲜明的问题意识和时代价值。1939 年，毛泽东在《中国革命和中国共产党》中以文学化的笔调写道，我们中国是世界上最大的国家之一，它的领土和整个欧洲的面积差不多相等，且土地肥沃、人口众多、资源丰富、海岸线漫长，在这片广袤而辽阔的土地上，中华民族孕育了光辉灿烂而又历史悠久的古代文明，为人类思想宝库作出了巨大贡献。正如 13 世纪来到中国的意大利旅行家马可·波罗（Marco Polo）在其代表作《马可·波罗游记》中记载，当时中国拥有这个世界上最先进的文明和生机勃勃的商业繁荣，这给他留下了深刻印象。18 世纪美国著名政治家本杰

① 马克思，恩格斯. 马克思恩格斯文集（第 10 卷）[M]. 北京：人民出版社，2009：167.
② 马克思. 资本论（第 1 卷）//马克思恩格斯全集（第 44 卷）（第二版）[M]. 北京：人民出版社，2001：27.
③ 马克思，恩格斯. 马克思恩格斯全集（第 40 卷）（第一版）[M]. 北京：人民出版社，1982：289.
④ 习近平. 在哲学社会科学工作座谈会上的讲话 [M]. 北京：人民出版社，2016：20.
⑤ 习近平. 在哲学社会科学工作座谈会上的讲话 [M]. 北京：人民出版社，2016：12.

明·富兰克林（Benjamin Franklin）赞誉道，在世界历史上，"中国被视为古老而高度文明的国家"。而德国古典哲学大师黑格尔（G. W. F. Hegel）也实事求是地指出，在世界"四大文明古国"中，唯有中华文明不像古埃及、古巴比伦以及古印度等文明那样无以为继，更不像古希腊、古罗马文化那样蹂躏以致荒芜颓废，最终乃至于销声匿迹，这就生动表达了中华民族的凝聚力和自强不息精神。然而，历史自进入近代以来，尤其是晚清时期，中国封建社会进入了李鸿章所言的"三千年未有之大变局"① 时代，中华民族可谓历经磨难、饱经沧桑，无数仁人志士使尽浑身解数探寻中华民族的未来和出路，为中国人民真正过上好日子而不懈奋斗。

（一）近代以来仁人志士寻求国家和民族出路的艰难探索

经历了两次鸦片战争，尤其是"第二次鸦片战争"迫使清政府先后签订《天津条约》《北京条约》《瑷珲条约》等一系列不平等条约，迫使中国丧失了东北和西北等地的广袤国土之后，清政府的上层开始反思和觉醒，于1861年开启向英国学习、以发展经济科学技术为核心的"洋务运动"。在近代，以开眼看世界第一人魏源的"师夷之长技以制夷"思想为导向，在张之洞的"中学为体、西学为用"理念的直接引领下，经过30多年奋发图强，1894～1895年的中日甲午战争最终以签订《马关条约》为"洋务运动"的失败结局悲壮地画上了句号。1898年掀起了学习君主立宪制度的"戊戌维新运动"，也伴随着1898年9月28日"戊戌六君子"喋血菜市口而宣告了夭折。20世纪的曙光刚刚降临，随着《辛丑条约》的签订，国家再次面临一步步坠入半殖民地半封建深渊的危急时刻，资产阶级革命党人继而推动了向美国学习"民主共和"的辛亥革命及西方资本主义的其他种种方案接连破产，乃至于20世纪20年代前后几乎搬来了近代西方的"自由主义、实用主义、保守主义"等全部社会思潮，最终结局都以屡遭挫折而失效。

---

① 梁启超. 李鸿章传［M］. 北京：中国三峡出版社，2009：51.

（二）全心全意为人民服务是中国共产党人的根本宗旨

自近代以来，寻求国家出路的新经济运动、新政治运动和新文化运动等各种方案和努力相继失败后，在苦闷惆怅和徘徊彷徨之际，1917 年俄国十月革命胜利的消息传入国内，正所谓"山重水复疑无路，柳暗花明又一村"，胸怀救国救民理想的先进知识分子备受鼓舞，尝试着以从俄国、日本和法国等地辗转传来的马克思主义指导中国社会运动，照耀东方古国，给予黑暗的中国以光明。马克思主义一经与中国工人运动相结合，伟大的中国共产党横空出世，中国革命的面貌就焕然一新。百年来中国共产党人团结带领全国各族人民"从隔阂走向了团结，从动乱走向了安定，从黑暗走向了光明，从落后走向了进步，从贫穷走向了富裕，从封闭走向了开放，从自觉走向了自信"①，逐步实现了"从站起来、富起来到强起来"的"三次伟大飞跃"，中国特色社会主义展现出前所未有的光明前景。改革开放 40 多年来，尤其是党的十八大以来，习近平总书记多次强调："为什么人的问题，是检验一个政党、一个政权性质的试金石"②，很显然，中国共产党始终恪守"以人民为中心"的发展思想③，不是一个抽象和玄奥的概念，不能只是停留在口头上或者仅仅止步于思想环节，而是必须体现在经济社会发展实践的各个环节。习近平总书记在党的十九大作了《决胜全面建成小康社会，夺取新时代中国特色社会主义伟大胜利》的报告，并庄严宣告，中国共产党人的初心和使命，就是永远与人民同呼吸、共命运、心连心，永远把人民的利益放在最高位置，永远把人民对美好生活的向往作为奋斗目标。根据全球多家媒体的大数据分析表明，党的十九大报

---

① 人民日报社评论部. 人民日报任仲平 100 篇 [M]. 北京：人民日报出版社，2018：425.

② 习近平. 决胜全面建成小康社会，夺取新时代中国特色社会主义伟大胜利 [M]. 北京：人民出版社，2017.

③ 有学者认为，以人民为中心的发展思想，其基本要义包括：在发展目的上一切为了人民，在发展主体上一切依靠人民，在发展方法上一切从问题出发，在发展效果上一切由人民检验。参见中国社会科学院马克思主义研究学部. 35 位著名学者纵论改革开放 [M]. 北京：中国社会科学出版社，2018：298 - 307.

告全文共 3 万多字，其中作为绝对主角和核心词的"人民"被反复提及
203 次，占比近 1.25%，这个数字也许能够令人信服地回答一百多年前处
于"十字路口"的中国，为什么引进了那么多的学术思想，甚至于几乎是
将西方近代社会的思想库都搬了回来，可谓思潮丛生！① 最终马克思主义
高调胜出的奥秘所在，进一步诠释了"马克思主义为什么行，中国共产党
为什么能，中国特色社会主义为什么好"的内在逻辑，就是因为马克思主
义将"关注人、尊重人、关怀人和爱护人，并致力于人的自由全面发展，
实现人的幸福终极目的论为旨归"镌刻在了自己高举的旗帜上并为之接续
奋斗。与此同时，"为人民谋幸福，为民族谋复兴，为世界谋大同"的历
史责任和使命担当，也永远激励着一代代中国共产党人以永不懈怠的精神
状态和一往无前的奋斗姿态，继续朝着实现中华民族伟大复兴中国梦的宏
伟目标奋勇前进。

二、研究意义

20 世纪 20 年代以来，我们党的百年波澜壮阔的奋斗进程和发展历史
以铁的事实充分表明，人民始终是中国共产党人的力量源泉和执政之基，
坚持"全心全意为人民服务"始终是中国共产党人的根本政治立场和最高
价值追求。新中国成立 70 多年来，尤其是党的十八大以来，习近平总书
记反复强调，共产党人要"始终把人民放在心中最高的位置，始终全心全
意为人民服务，始终为人民利益和幸福而努力工作"②。由此可见，以
"人民"作为一切工作的中心目标和价值旨归，是新时代坚持和发展中国

---

① 有学者认为，为了挽救民族危亡，探寻国家出路，20 世纪初叶，人道主义思潮、进化论
思潮、实证主义思潮、近代唯意志论思潮、理性与乌托邦的自由主义思潮、文化激进主义思潮、
历史与理念之间的文化保守主义思潮、无政府主义思潮、民族主义思潮、佛教复兴思潮以及基督
教思潮等纷纷进入中国的历史舞台。参见高瑞泉. 中国近代社会思潮 [M]. 上海：华东师范大学
出版社，1999：4 - 12.
② 中央宣传部. 习近平新时代中国特色社会主义思想三十讲 [M]. 北京：学习出版社，
2018：85.

特色社会主义理论的起点和基本立场。不忘初心、牢记使命、坚定信仰、追求理想，是中国共产党人团结带领全国各族人民致力于从决胜 2020 年全面建成小康社会到 2035 年基本实现现代化、再到 2050 年全面建成社会主义现代化强国的战略安排，旨在最终实现中华民族伟大复兴具有重要的理论意义和现实指向性。

（一）理论价值

1. 历史与逻辑相统一的人始终是马克思实践人学的核心命题和重要着力点

人民是历史的主角，也是中国特色社会主义物质财富和精神财富的创造者。马克思在《1844 年经济学哲学手稿》中以"现实的人"作为全部马克思人学理论的出发点和逻辑元，较为系统而全面地考察了人类思想史上从片面、畸形的"人为人所役、人对物所役"阶段，到马克思实践人学勾勒的未来，即"人的自由全面发展"的共产主义新社会的伟大理想，图景式梳理了人的本质及其发展过程，以历史与逻辑相统一的辩证法阐释了人的类本质、类特性以及类活动等具有哲学性质的人学范畴，将唯物主义历史观引入人学研究，从而建构了马克思唯物主义实践人学思想，这就是马克思在其 1845 年《关于费尔巴哈的提纲》中的经典表述，人的本质不是单个人所固有的抽象物，在其现实性上，人的本质是一切社会关系的总和，从而开创了科学①的马克思实践人学。

2. 从理论逻辑审视人的命题是马克思主义生成的逻辑线索和实践落脚点

在马克思主义发展史上，对于德国古典哲学，尤其是对于黑格尔和费

---

① 关于科学的丰富意蕴，尤其是英国科学家李约瑟博士在《中国科学技术史》中指出，西方人应当认识到，在中国人看来，科学并不是出自基督教传教士的慷慨赐予，在中国光辉灿烂的五千年文化中有着丰厚的根基。如果说，中世纪的中国社会真像某些人宣称的是个绝对专制、毫无自由的社会，我们就无法解释那么多的创造发明的孕育生成，更不能说明和理解为什么在如此漫长的岁月里中国总是一度处于比欧洲领先的地位。［英］李约瑟. 中华科学文明史（上下册）［M］. 上海交通大学科学史系，译. 上海：上海人民出版社，2014.

尔巴哈哲学的批判和扬弃，对于辩证唯物主义和历史唯物主义基本原则的最终确立，都与对人的本质的科学理解是密不可分的，甚至可以这样讲，正是在致力于对人的本质探寻如剥洋葱般的层层递进和深入分解过程中，最终确立了马克思主义人的自由全面发展的实践人学思想。假若离开了"人"这个主体和这抹最鲜亮的底色，马克思主义就有可能因为遗失了灵魂和主线，而不称其为马克思主义。"人"是马克思主义的起点和开端，也是其归宿和落脚点。可见，马克思实践人学旨在为人的自由全面发展提供历史坐标和现实路向。

3. 学术逻辑的马克思实践人学是推动和发展中国特色社会主义的学理基础

人类对于自我的关注和探究由来已久，也经历了一个复杂而曲折的历史发展过程。从早期的古希腊哲学家苏格拉底关于"认识你自己"宣示人的出场，柏拉图的"理性人"，中世纪遮蔽在神学光环下的"感性人"，到欧洲文艺复兴、启蒙运动、宗教改革和科学革命之后，"理性的人""自然的人"相继登台亮相，总的方向着力于指向"人的回归"，找寻到人的真正本质，趋向于马克思对于"现实的人"的本质的科学揭示。然而，私有制生产关系下对人的关注，始终聚焦于少数人抑或是"抽象的人"与"思辨的人"，由此形成了"人的异化"，也就是人与自然①，人与社会，以及人与人之间的关系相对于人的真正本质的扭曲和变形。天地之间只有人是物质资料与精神产品的创造者，然而在资本主义社会，就能够发生人创造的物质与精神产品居然成为人的异己力量，物反过来支配和统治人，形成了独特的资本主义商品拜物教、货币拜物教，甚至于资本拜物教的社会极端现象，犹如德国哲学家路德堆希·安德列斯·费尔巴哈

---

① 有学者认为，在中国人的视野里，自然是人的安身立命之所，天道的自然是社会的根基，也是建立人与人的和谐关系的榜样。人与自然的关系充满了浪漫，"即使在现在，自然仍然是燃烧和温暖诗人灵魂的唯一火焰。唯有从自然，他才能得到它全部的力量，也唯有向着自然，它才在人为地追求文化的人当中发出声音"。参见马克思，恩格斯. 马克思恩格斯选集（第1卷）（第二版）[M]. 北京：人民出版社，1995：294.

（Ludwig Andreas Feuerbach）视野里的"感性人"。在资本主义私有制的生产关系下，就必然会出现劳动者创造的社会财富越多，劳动者拥有的却越少，其结果就是作为劳动主体的人貌似仅仅成为生产流水线上的一个环节或螺丝钉而已。正如近代英国作家查理·卓别林（Charles Chaplin）在其经典喜剧电影《摩登时代》（*Modern Times*）中形象地刻画了主人公角色查理所经历的生活场景那般，工人已经完全被资本主义私有制的生产关系严重异化，实际上在这种制度下人已经背离了人的真正本质。新时代，中国共产党人始终躬身践行马克思实践人学，致力于实现人的发展与社会的发展的一致性与同步性，其最终目标指向共产主义，旨在为促进人的自由全面发展提供坚实的人学基础。

（二）现实指向性

1. 马克思实践人学为中国特色社会主义"四个自信"提供坚实的人学根据

中国特色社会主义是中国共产党人把马克思主义基本原理与中国革命、建设以及改革开放实际相结合的道路、理论、制度和文化成果，是科学社会主义基本原则与我国社会主义现代化实际相结合的产物，具有鲜明的时代特征和中国特色。中国特色社会主义有助于不断提升人的发展境界、促进人的幸福，实现人的全面发展，对于恪守人民主体地位，坚持以人民为导向的价值取向和实践路径，增强中国特色社会主义道路自信、理论自信、制度自信、文化自信具有深远意义。

2. 马克思实践人学为实现中华民族伟大复兴提供坚实的思想保障

站在中华民族五千多年的历史长河上，中国共产党自成立以来始终致力于民族解放、国家独立和人民幸福。尤其是，人民对美好生活的向往就是共产党人的价值取向和奋斗目标。以最广大人民为中心和根本，真正做到"急人民之所急，想人民之所想"的为民情怀，始终恪守"权为民所用，情为民所系，利为民所谋"的执政理念是中国共产党坚守如一的人学观。新中国成立 70 多年来，党团结和带领全国各族人民经过不懈努力，尤其是改革开放 40 多年来的砥砺奋斗，极大地改变了国家面貌、中华民族面貌、全国人民面貌和中国共产党面貌。中华民族持续迎来了从站起来、富起来再到强起来的伟大飞跃，中国人民迎来了从温饱不足到小康富裕的伟大飞跃，新时代的中国人民正以崭新姿态和昂扬面貌屹立于世界东方。为此，习近平总书记多次强调，共产党人的初心和使命是：为中国人民谋幸福，为中华民族谋复兴。坚持一切为了人民，着力于团结带领人民创造美好生活，生动再现了共产党人全心全意为人民服务的宗旨意识和人民至上的价值理念，也进一步巩固了党的执政基础，提升了党的执政合法性，为深入诠释习近平新时代中国特色社会主义的根本追求提供坚实的理论保障和精神支撑。

3. 习近平新时代中国特色社会主义思想是马克思实践人学的现实演绎

从理论与实践的双重逻辑审视，必须以满足人民日益增长的美好生活需要为出发点和落脚点；人民拥护不拥护、人民赞成不赞成、人民高不高兴、人民答应不答应，是全党想事情做工作对不对好不好的基本尺度。对于人的尊重和关怀，促进人的全面发展始终是习近平新时代中国特色社会主义思想的核心理念和价值标准。党的十八大以来，在习近平总书记的系列讲话中"人民"始终是关键词和核心命题，其出现频率始终居首位。正如党的十九大报告关于新时代中国社会主要矛盾的表述为，中国特色社会主义进入了新时代，我国社会主要矛盾已经转化为"人民日益增长的美好生活需要和不平衡不充分的发展之间的矛盾"①。共产党人的使命和价值，就是团结和带领人民在全面建成小康社会的基础上，继而向更高水平的中国特色社会主义现代化奋勇前进，着力于促进国家富强、人民幸福并为人类作出更大贡献。

三、研究目标

研究目标是学术研究价值和意义的载体和指向，也是马克思《资本

---

① 习近平. 决胜全面建成小康社会，夺取新时代中国特色社会主义伟大胜利——在中国共产党第十九次全国代表大会上的报告 [M]. 北京：人民出版社，2017.

论》及其手稿中实践人学研究要达成的基本目的和标识所在。一般而言，《资本论》手稿有三个，第一手稿《1857—1858 年经济学手稿》中第一次明确提出了"劳动二重性理论"，第一次比较系统地展开了资本范畴研究，提出了"剩余价值学说"，区分了绝对剩余价值和相对剩余价值，为进一步凸显《资本论》的实践人学奠定了理论依据和实践基础，这就是把"人的劳动实践活动自我创造过程——社会发展合乎规律的自然历史过程——现实的人的发展过程"① 三者有机统一起来，从而升华为现实的人的发展的"三大历史形态理论"，是马克思唯物主义实践人学在哲学上的创造性转化和创新性发展。还有第二手稿《1861—1863 年经济学手稿》以及第三手稿《1863—1865 年经济学手稿》。② 当然，也有学者认为《资本论》作为一部未完成的著作，其实应该有四大手稿③，这就是《1857—1858 年经济学手稿》《1858—1861 年经济学手稿》《1861—1863 年经济学手稿》及《1863—1865 年经济学手稿》。不管是"三部手稿"抑或"四部手稿"，其中展现的马克思实践人学始终是其核心议题和思想精髓。

（1）梳理马克思《资本论》及其手稿中实践人学的理论渊源、孕育和生成结实，以及马克思实践人学的创新和开拓。

（2）厘清马克思《资本论》及其手稿中实践人学的核心要义和基本内容，使之条理化、系统化，以便在此基础上进一步推动马克思实践人学的研究与发展。

（3）阐明马克思《资本论》及其手稿的实践人学是中国特色社会主义的"阿基米德点"，通过论证马克思实践人学与中国特色社会主义之间的内在逻辑关系，指明马克思《资本论》及其手稿的实践人学在当代中国的创造性转化和创新性发展，进一步凸显中国特色社会主义对于人的自由全面发展的重要意义。

---

① 王东.《资本论》的哲学意义［J］. 哲学动态，2008（11）：5 - 8.

② 韩金. 资本与文明——《资本论》在中国研究史［M］. 南京：南京大学出版社，2015：233.

③ 刘秀萍.《资本论》著述的文献学还原［J］. 光明日报，2013 - 08 - 27（11）.

习近平总书记在党的十九大报告中庄严宣告，中国特色社会主义进入新时代，我们比历史上任何时期更有条件、更有能力，也更接近于实现中华民族伟大复兴的中国梦，这份坚定的理想信念和精神动力是马克思《资本论》实践人学的中国新版本，是科学社会主义在中国的优越性展现。《资本论》及其手稿的实践人学研究就是要通过较为系统地梳理和总结《资本论》及其手稿中实践人学的理论源承和发展逻辑，重新认识马克思《资本论》实践人学在中国特色社会主义伟大事业中的重要指导作用，为实现"两个一百年"奋斗目标和中华民族伟大复兴提供坚实的人学基础和理论支撑。

四、国内外人学研究的学术史梳理及述评

学术研究是用文字承载的理论体认和生命感悟，是前人不断沉淀铺陈和实践探索的过程，知识体系的传承性就决定了任何学术创新必须植根于已有的研究基础之上，并且遵循从理论和现实、从逻辑和实践中发现问题、提出问题，到分析问题和解决问题，再到接受实践证明和逻辑检验的程序或过程，这是社会科学研究的预设基础和逻辑起点。所以，学术研究必须从已有研究主题域的传统智慧、文献积累及其考察分析开始，犹如海绵般汲取学术思想与智慧资源。一句话，文献综述就是简要评述前人的相关研究成果脉络或观点。其中，文献综述的"综"意指收集百家之言，以分析其理。"述"是指结合作者研究旨趣和实践经验对文献的观点与结论进行的叙述和评价。综述的要点在于在辨识材料的基础上，对之加以综合评估，借以阐明自身观点。本书旨在对《资本论》及其手稿中实践人学的相关文本资料进行收集与整理，并分析其最新的研究进展、趋势和水平，旨在了解《资本论》及其手稿中实践人学当前的研究现状，也是把握学术动态不可或缺的起始性和基础性工作，是确保课题研究守正创新，避免低

水平重复的重要前提。① 正如德国哲学家黑格尔有一个"熟知非真知"的深刻命题，大意是说，人们经常有自欺欺人的事情，那就是先假定某种东西是已经熟知了的，因而就不去管它了。"这样的知，既不知道它是怎样来的，因而无论怎样说来说去，都不能离开原地而前进一步。"② 人学概念也是这样，作为人貌似对于人的认识广为熟知，其实不然。本书以"人学"为关键词，通过中国知网 CNKI 数据总库进行期刊、学位论文、会议、报纸、集刊、年鉴、超星图书著作、百度、Google 等搜索引擎的检索，相关文献数量较大，研究视角和维度各异，还有一定数量的学术著作。其研究趋势体现为从改革开放之初酝酿提出到新时代人学研究的成形和结实阶段，研究成果逐年增长，其中 20 世纪 70 年代末开始启动到 20 世纪 90 年代初增长缓慢，20 世纪 90 年代后期到 21 世纪体现为成果数量的直线上升，到了新时代则迅猛发展。同时，伴随这种发展趋势，人学相关著作与课题也呈现从探索起步到发展较为成熟阶段。其中值得特别说明的标志性事件是 1996 年初，由北京大学人学研究中心及国内人学研究开拓者黄楠森、陈志尚、丰子义、韩庆祥、杨金海、夏甄陶等专家学者发起筹备中国人学学会，同年教育部批示同意，并于 2001 年获得民政部注册登记，接着在 2002 年"中国人学学会"正式成立，旨在开展有关人的基础理论研究，助力人学研究与现实问题的密切结合和深度融会贯通，着力拓展研究领域，促进人学发展，推进中国特色社会主义人学作为 21 世纪的一门新兴学科的建设和发展。这个趋势与我国改革开放 40 多年走过的各个阶段也基本吻合，说明人学体现为时代的回应，时间要求推动人学研究健康发展，进一步助力中国特色社会主义现代化建设。

（一）国外关于人学研究的代表性学者及其理论观点

用哲学的眼光和视角洞悉人的本质，要回答的第一个问题便指向"人

---

① 黄忠廉. 人文学科项目申报 300 问［M］. 北京：科学出版社，2017：86.
② ［德］黑格尔. 精神现象学［M］. 贺麟，译. 北京：商务印书馆，1979：20.

是什么?",这是一个类本质的命题,而对这个问题的回答引发了种种人性的假设和遐想,由此也生发出了"在这个世界上人应该有什么作为"的现实性问题,以及"人应该做些什么"的实践追问,而这些问题就如同"宇宙的由来"一样古老而神秘,令人遗憾的是古希腊哲学家并没有留给后世更多关于人学的系统著作和深入探究。早期学者对于人的关注和研究也只是他们的哲学思考或茶余饭后的消遣与谈资而已。学者们侧重于强调人的某一方面而得出截然不同的研究结论,形成了关于人的不同认识成果。诸如智者学派的代表学者普罗泰戈拉(Protagoras)是聚焦于人的主观感受的感觉主义者。而柏拉图则认为人的本质是理性而非感觉,主张理性高于感觉。他们尽管也没有答复关于"人的斯芬克斯之谜"这一"天问"的重大理论与实践命题,但是呈现出的不同观点背后,更多地映照了哲学家们探寻人学运用的方法论原则。

1. 人的起源或存在本体论问题

事物的起源是确定事物性质的源泉和根据,同样,人类的起源问题也是人作为类存在物所具有的性质发端和判断位格。尽管追寻人类缘起显得有点遥不可及,但是如果因此就忽略了人的起源问题,就可能跨越了"人类历史的第一章"[①],也就有可能失去了关注现实人的存在和现实人的特性的实践基础。人作为地球上唯一有理智、有思维且能够自主进行创造性实践活动的类存在物,也就是指人的受精、孕育、成形和结实过程。1886年,恩格斯在其《路德维希·费尔巴哈和德国古典哲学的终结》一书中做了详尽总结和权威阐释,并深刻指出"存在和思维"究竟何者是世界的本原,也就是物质和精神谁是第一性、谁又是第二性的问题。[②] 比照哲学基本问题,关于人的起源命题自然就分化出了唯心主义和唯物主义两种流派。西方的神话传说故事大多是从神的眼里审视人,就是人起源于上帝造人说,马克思主义审视人起源于其他动物进化成为人,以及生物变异偶然

---

① 吴汝康. 关于人类起源的问题 [J]. 哲学研究,1978(12).
② 马克思,恩格斯. 马克思恩格斯选集(第 4 卷)(第二版)[M]. 北京:人民出版社,1995:229.

性的说法。① 在西方宗教经典中，《圣经·创世纪》中所讲述耶和华用慈爱的方式在 6 天内创造了宇宙世间万事万物，第 7 天依照神自己的肖像模样创造了人的文字与神启示寓意的表达。神造人类的始祖亚当和夏娃的目的是要管理上帝神所造的万物，旨在服侍上帝，荣耀上帝的名。② "上帝造人说"主要体现为《圣经》中的上帝用了一周的时间创造了世间万物，在第 7 天塑造了人取名为亚当，并将他安顿在"千年王国"伊甸园，为了避免亚当孤独寂寞，上帝抽取亚当的一根肋骨塑造了他的伴侣夏娃。后来，亚当和夏娃禁不住蛇的诱惑偷吃了"智慧之果"，懂得了情欲，由此违反了天规而被上帝驱逐出伊甸园，这就是人类的始祖亚当和夏娃的故事。而进化论说③主要是指早期人们通过观察认为人可能是由某种动物进化而来的，直到达尔文的进化论和现代科学证明，"人起源于动物进化而来"④ 的进化论观点。

2. 人性或人的本质问题

古希腊是欧洲文明的策源地。西方思想史上的人学观可以追溯到古希腊荷马时代的"斯芬克斯"神话传说。到了城邦奴隶制时代人学观幻化为神人同行同性的多神论所推演的人学，无论是传说、文学作品，还是哲学中都有大量人的描述和分析，其特点是重视人的自然属性，诸如健全的灵魂寓于健全的身体，也注重公民生活，只是带有狭隘的城邦血统，奴隶不在人的界定范围内。有学者指出，全部"希腊文明的出发点和对象是人。它从人的需要出发，它注意的是人的利益和进步"⑤。由此，希腊人成为

---

① ［苏］伊万·季默费耶维奇·弗罗洛夫. 人的前景［M］. 万思斌，潘信之，译. 北京：中国社会科学出版社，2018：84.

② 中国基督教协会. 圣经［M］. 南京：南京爱德印刷有限公司，2012：1 - 2.

③ 有学者研究认为，人体是一座揭示进化论的"自然历史博物馆"，早先逐渐退化的身体器官，其实并未在人体完全消失。也许这就是自然选择的痕迹，也是人类进化史中留下的纪念。人类还在进化吗？"六大证据"告诉你答案［EB/OL］. 百度，2018 - 12 - 13.

④ ［捷克斯洛伐克］伊凡·斯维塔克. 人和他的世界——一种马克思主义观［M］. 员俊雅，译. 哈尔滨：黑龙江人民出版社，2015：63 - 65.

⑤ ［苏］格里戈里扬. 关于人的本质的哲学［M］. 汤侠声，李昭石，等译. 北京：生活·读书·新知三联书店，1984.

西方人学的最早诞生地。其中，古希腊哲学家柏拉图最早关注和研究"人"的问题，他在《理想国》中谈到，人的灵魂是"理智、激情和欲望"三者有机统一的人性观，被认为建构了其哲学大厦的理论基石。而对"人性"做了系统阐释的则是他的老师苏格拉底关于"认识你自己"① 的哲学命题，以及古希腊智者学派代表人物普罗泰戈拉在《论真理》中关于"人是万物的尺度，存在时万物存在，不存在时万物不存在"的观点，这就给西方哲学注入了"人"的基因。而伯利克里（Pericles）提出了："人是第一重要的，其他一切都是人的劳动成果。"② 柏拉图认为，人是长着两条腿的没有羽毛的动物。此后，很多西方学者的哲学研究中都论及人及其相关思想。中世纪经院哲学视角下的人学观更是认为"人"是超越上帝或神性主宰的附庸。个体带有原罪的包袱，除了祈求上帝救赎外别无他法。而"人学"作为一个词组最早是由 14 世纪文艺复兴时期的意大利人文主义先驱弗兰齐斯科·彼特拉克（Francesco Petrarca）在其著名叙事史诗《阿非利加》中首先提出"以人学对抗神学"观点并做了详细阐释，旨在区别于中世纪的基督教神学范畴，以表明其所追求的"人文主义"着力于强调人的精神与理性存在，彰显了人对自由的不懈追寻。近代之后，西方资产阶级思想家宣扬自由、平等和博爱精神。但是随着资本主义走向的是人成为资本的附属品，成为"异化"③ 的人既不同于中世纪的"人"，也不同于古希腊的"人"。1737 年，英国哲学家休谟在其《人性论》中指出，一切科学都是以"人性"为研究对象，而各门具体科学从总体来讲只

---

① 古希腊哲学家苏格拉底将"人"视为是神的启示，他从伦理学视角承认人的存在，并将人置于神的权威下。参见王晓广．马克思"人的尊严"思想及其在当代中国的实践［M］．哈尔滨：黑龙江人民出版社，2016：19－20.

② ［古希腊］修昔底德．伯罗奔尼撒战争史［M］．北京：商务印书馆，1978：103.

③ 有学者认为，"异化"是 17～18 世纪欧洲的唯物主义者和契约论者们提出的学术概念，表征财产的让渡与转让。黑格尔视野里的"异化"是对象化、外化维度上的哲学范畴。此后，费尔巴哈也使用"异化"以表达"宗教的本质是人的异化"的观点。马克思批判和扬弃了黑格尔与费尔巴哈关于"异化"的合理思想，据此在《1844 年经济学哲学手稿》中提出了有自己独到见解的"异化"理论。转引自王维平．马克思主义基本原理经典文献导读［M］．兰州：兰州大学出版社，2008：2－3.

是聚焦"人性"的某一个侧面。因此，他要从总体上来研究"人性"，使人学成为"一切科学的唯一和牢固的基础"①。休谟以不可知论作为其人性论的哲学基础，以情感和道德作为人性论的基本原则，从"知性、情感和道德"三个视角阐释人性科学的重要意义。当然，休谟和其他资产阶级启蒙思想家的人性观充分展现了其作为资产阶级的自私的抽象人性论。1819 年，叔本华在其《作为意志和表象的世界》中指出，人在认识之光的照耀下，人是他自己的创造物。一直到德国现象学哲学家马克思·舍勒在其《哲学人类学》中正式提出了"人学"概念推动了人学的哲学研究进入理论化和系统化阶段。1923 年，卢卡奇的《历史与阶级意识》阐释了总体性人学。苏联文学家高尔基认为"人学"是真实地描写人、艺术地展示人的学问。1943 年秋，德国哲学家萨特在其《存在与虚无》中认为人的存在先于本质。1944 年，德国哲学家卡西尔在其《人论：人类文化哲学导引》中提出文化是符号形式，而人是"符号"或"象征"的动物②，人通过活动构建起人之为人的"主体性"世界。除此以外，马尔库塞在 1955 年的《爱欲与文明》与 1964 年的《单向度的人》中都论述了人的问题。不管怎样，人的研究是学问，得到了人学研究者们较为一致的认同。

（二）国内关于人学研究的代表性学者及其理论观点

《尚书》云："人心惟危，道心惟微；惟精惟一，允执厥中。"③ 可见，人类的终极关怀是对自我本真的追寻。总体看来，新中国成立之初的近 30 年，我国处于社会主义艰难探索时期，这个时间段的人学研究由于种种原因而暂时处于冬眠和酝酿期。改革开放意味着人学研究进入了春天。大致是从 20 世纪 70 年代末至 80 年代初，反思过去走过的弯路，重新探讨人

① ［英］休谟. 人性论［M］. 关文运，郑之骧，等译. 北京：商务印书馆，1980.
② ［德］恩斯特·卡西尔. 人论：人类文化哲学导引［M］. 甘阳，译. 上海：上海译文出版社，1995.
③ 王世舜，等. 尚书·大禹谟［M］. 北京：中华书局，2012：46.

性、人道主义和异化问题；20 世纪 80 年代中期，主要从文化、人权、人的主体性等多维视角研究立体的人的问题；20 世纪 80 年代末至 90 年代以后主要是从人学理论视角综合研究人的问题。21 世纪初从理论视角到实践层面的转向，对人的研究领域不断拓宽，开始对人的全面发展问题的综合探讨。2010 年之后，马克思人学研究开始回归文本学诠释研究。当然，人学热不仅反映在哲学界，也体现在文学界、艺术界、法学界，乃至于伦理学界等多个学科。从 1978 年伊始，学者朱光潜在《社会科学战线》第 3 期发表《文艺复兴至十九世纪西方资产阶级文学艺术家有关人道主义、人性论的言论概述》，1979 年又在《文艺研究》第 3 期发表《关于人性、人道主义、人情味和共同美问题》，率先提出了"人道主义"命题。与此同时，学者阎纲于 1979 年发表在《文学评论》中的理论文章《神学·人学·文学》集中探讨了文学与神学和人学的辩证关系问题。1980 年学者汝信在《人民日报》发表《人道主义就是修正主义吗？——对人道主义的再认识》，这些都是对于贬低人的价值、践踏人的权利的反思与抗争。1981 年，学者高林在《未来与发展》中发表理论文章《人学概论》，其中主要观点是充分肯定人的重要性，并认为人学是历史发展的产物，人学的理论基础蕴含人的特殊性、人的运动形式、人的身心自动调控功能以及人的能动作用等基本框架。1983 年，学者叶舒宪在陕西师范大学学报（哲学社会科学版）发表了《马克思主义人学初探》的理论文章，主要论述了马克思人学的性质、对象和方法，分析了人的本质三层次结构及其历史变化，最后指出人的自由解放是马克思人学的价值归宿。1986 年，学者丹华在《齐齐哈尔社会科学》发表理论文章《人学》，从哲学意义上来阐明人的本质和地位问题，从生物学角度来探讨人类的进化以及在人类本身进化过程中现代遗传学对其的影响，从心理学范围来了解人类心理机能的规律和应用，找出人类思辨过程的内驱力，提高人类对自我的认识程度，以及从社会学研究领域中寻找人类在社会中的地位，以求对人的社会性本质的正确认识。1993 年，学者曾庆文在华南师范大学学报（社会科学版）发表理论文章《试论人学研究的方法论转换》，文章从哲学角度探讨人学理论基础，提出了确立人的本质规定的方法论原则，重点考察了马克思对传统方法论的批判，阐释了用动态方法论原则确立的人的本质规定，既体现了马克思人学原理，也是现实中指导中国特色社会主义的重要人学基础。学者们基本上围绕人性、异化和人道主义的讨论，到对人的现代化、人的价值、人的主体性、人的全面发展的研究，展现了我国人学研究和发展的历史轨迹。总体来看，以高清海、黄楠森、袁贵仁、韩庆祥等为代表的学者做出了人学研究的开创性、奠基性工作，涌现了一批有分量的人学论著，《论马克思关于人的学说》《马克思的人学思想》《人的世界与世界的人》，并推出了马克思主义人学与当代中国系列丛书。①

1. 唯心主义的宗教神话和唯物主义进化论视角下人的源起

置身于森罗万象、多姿多彩的广袤大千世界，时常仰望着浩瀚星际，你我不禁要追问和思考，作为天地之间最宝贵的人是什么？人是从哪里来的？又要到哪里去？这些命题长期困扰着人类，由此形成了人的世界观问题，即世界与人是什么关系等问题，对于这些问题的解答，决定并影响着人生观和价值观等取向。中国古代的神话相传，盘古开天辟地，用身躯造出日月星辰、山川草木、虫鱼鸟兽，为沉寂世界增添了灵气。中国上古创世神人女娲，诉说着自己的苦闷，为了让这个世界变得热闹些，遂照着自己的影子捏出了跟她一般模样，也有五官七窍、双手两脚的东西，并取名叫作"人"。同时，建立了婚姻制度，人类参照世上万物传宗接代的方法，繁衍后代，生生不息。② 随着机器大工业的迅猛推进，现代科学获得了

---

① 诸如邹广文．马克思主义人学与当代中国丛书：全球化进程中的人［M］．郑州：河南人民出版社，2011；王善超．马克思主义人学与当代中国丛书：关于人的理解［M］．郑州：河南人民出版社，2011；张奎良．马克思主义人学与当代中国丛书：实践人学与以人为本［M］．郑州：河南人民出版社，2011；张健．马克思主义人学与当代中国丛书：论人的精神世界［M］．郑州：河南人民出版社，2011；张一兵．马克思主义人学与当代中国丛书：人的解放［M］．郑州：河南人民出版社，2011；黄楠森．马克思主义人学与当代中国丛书：人学的科学之路［M］．郑州：河南人民出版社，2011；韩庆祥．马克思主义人学与当代中国丛书：马克思的人学理论［M］．郑州：河南人民出版社，2011；等等。

② 明月生．中国神话与民间传说［M］．北京：北京联合出版公司，2016.

飞速发展，达尔文的生物进化论认为，在长期的劳动实践过程中人类起源于类人猿，这在恩格斯的《家庭、私有制和国家的起源》中已得到了可靠印证。

2. 伦理学视角下的人性善恶

人生天地间，本是自然人。天道有循环，人性有善与恶、美与丑、相宜与不相宜、幸福与不幸，抑或恰当与不恰当，都可以归入人性范畴。在我国哲学史上，诸子各家学说围绕"人性"争论不休，最终也没有一个定论。儒家的孔子人性言说没有性善性恶倾向，孟子主张性善，荀子主张性恶。而鲁迅则认为，人的本性一是要生存，二是要温饱，三是要发展。简而言之，人性就是"食色，性也"。诚如林语堂先生在《生活的艺术》中指出，中国哲学的人性体现为诗人的人生观，而且中国哲学是与诗歌发生联系的，相比之下，西方哲学是跟科学发生关联的。这就隐含了中西方不同的人学思想发生、发展逻辑和演进历程。

3. 政治学视角下关于"人的权利"① 问题

人之为人并不在于吃饱穿暖与直立行走，因为这只是生物学意义上的人。人作为社会的人，意味着能够在其中自由、平等、"有尊严"② 地生活。这才配得上是真正的人。以孔子为代表的儒家"仁爱"思想的核心是"爱人"，这无不洋溢着人的权利的朴素色彩，处处透显着"人人有生存的权利"③。可见，儒家主张的博爱与平等在本质上体现为真正的人性关怀。当然，由于我国传统社会重人道、轻天道，重礼治、轻法治，重群体、轻个体，重感觉、轻理性的文化使然④，"仁学"也不可能真正成为

---

① 苗贵山，等.《资本论》手稿人权思想研究［M］.北京：中央编译出版社，2017.
② 王晓广.马克思"人的尊严"思想及其在当代中国的实践［M］.哈尔滨：黑龙江人民出版社，2016.
③ 陈启智，张树骅.儒家传统与人权民主思想［M］.北京：中国政法大学出版社，2001：101.
④ 张番红.转型期我国社会整合研究——基于马克思主义视角［M］.北京：中国社会科学出版社，2016：61.

世俗的权力之学。所以，从传统的仁道理事无法推出人权的概念。① 但是，我国传统儒家倡导做人要堂堂正正，使人成为人，讲人性、讲人情、讲人道、讲人心，进一步彰显人性的自觉。② 为此，钱穆先生将其总结为中国人性善良、人情敦厚，"乐天知命、安分守己"③。总而言之，作为政治学术概念的人的权利更像是个法律学意义上的术语④，主要依靠政治性的典章、制度来规范，以确保人的权利真正落到实处。

4. 哲学视角下的人道问题

"人道"观念在我国出现比较早。《左传·召公十八年》记载子产曰："天道远，人道迩"⑤，体现了先秦时期由宗教转向人文、由神灵转向人世的时代精神。现实的人才是"为人之道"的对象，"人"的重要性日益凸显出来，也就是"人站在神的前面"⑥ 之意。很显然这是"仁心"的表征。西方哲学还是面对统治者争取个人权利的人权发展史。而中国有数千年未曾中断的文明史，早在西周时已经将"人学"的重心从理性转向现实人性的关怀，毕竟文明不仅是一套衣冠，其要义更在于对民生的真正敬畏和真诚关怀，也许这也就是中华文明绵延不绝的一个重要原因，也给予了现代社会治理一个具有深刻启示的思想资源，这就是只有着力保障民生福祉的改善，才能促进文明的不断传承与跃升。我国台湾学者毛汉光在其《中国人权史生存篇》⑦ 中，详细考察了我国传统社会人的生存状况，并认为"这是人类文明的核心问题……也是一切学术的最终目标"，这就从根本上确立了人学研究对于人类的价值定位，其强调以人为本位，肯定人的价值，维护人的权利，极具实践性特征。相比而言，西方讲人的解放、

---

① 夏勇 . 人权概念起源——权利的历史哲学 [M]. 北京：中国政法大学出版社，2001：193.

② 徐复观 . 儒家政治思想与民主自由人权 [M]. 台北：台湾学生书局，1988：94.

③ 钱穆 . 晚学盲言 [M]. 南宁：广西师范大学出版社，2004：230.

④ 胡敏中 . 论人性、人道、人权 [J]. 江汉论坛，1993（7）.

⑤ 郭丹，等 . 左传 [M]. 北京：中华书局，2012：19.

⑥ 徐复观 . 中国人性论史（先秦篇）[M]. 北京：生活·读书·新知三联书店，2001：47.

⑦ 毛汉光 . 中国人权史生存篇 [M]. 台北：佛光人文社会学院，2004.

自由和平等均是一些抽象性原则①，只是人道主义的内在要求而已。当然，人的本性决定了人皆有不忍人之心②，当然，人类总体上会朝着正义、公平的方向前进，体现为人类文明的进步，并将其抽象规定具体化进而能够落地生根。总之，人道也包含了权利应有之义③，但主要在于在人性基础上为人类文明确定基本原则，借以提升人的价值和尊严，所以更接近伦理学范畴。

5. 人性的伦理属性问题

学者王海明（2005）从伦理学视角认为，人性是一切人普遍具有的基本属性，是一切人生而固有的普遍本性，也展现为体与用的有机统一体的人性结构，人性类型分为人的特性和人的动物性④，人性由质和量两个方面构成，体现为质和量的有机统一体。因为人性的复杂性，以至于不理解人性的概念就无法真正理解人性。所以，他的人性论也就是关于人性善恶原则的科学，人性论的目的在于确立优良道德总原则。简而言之，人性⑤是人对于自身行为发生影响的本质属性的确认和定位。学者江恒源（1991）认为，哲学史上发生最早且争辩最激烈的当属于"人性"问题，关于人性善恶是最为源远流长、最为聚讼不休的难题。新中国成立后，关于"人性"依然是学术界长期激烈争论的大问题。因此，学者张岱年（1982）认为，人性是中国哲学的大问题，历来讨论不休。

6. 人性的社会学解读

人类文明已经产生了数千年，工业文明也有好几百年了。人类借助于天文望远镜已经可以观察到宇宙纵深，凭借电子显微镜已经可以探析到微粒的精细构成。地球已经没有未知的处女地带，社会也几乎没有了待开发领域。而人类目前对于自己的认知还有待提高。人性是个古老而年轻的话

① 陈明. 中国传统文化中的人道主义 [M]. 北京：华夏出版社，1995.
② 钱宁. 从人道主义到公民权利 [J]. 社会学研究，2004 (1).
③ 胡敏中. 论人性、人道、人权 [J]. 江汉论坛，1993 (7).
④ 王海明. 人性论 [M]. 北京：商务印书馆，2005：1 – 8.
⑤ 人民出版社编辑部. 人是马克思主义的出发点 [M]. 北京：人民出版社，1981：102.

题，古老是因为古希腊时代就称为哲学命题，年轻是因为到现在还没有题解。人类对于自身的认知还一直停留在固有概念和直观判断之中，人学也没有确立应有的地位和作用。有学者认为，人性是人类自然关系的积累，是社会关系的总和，也是自我关系的沉淀。人性是认识人类属性的工具，也是承接人与自然、人与社会及人与人三种关系的载体。① 相比之下，社会好似一部小说，个人只是一篇故事，而每个人既是导演又是演员，既是主角又是配角。

7. 人生境界问题

与人的身体一样，人生境界总是如影随形着人的一生，无论容颜如何改变，人生道路如何坎坷，人生命运如何波折，无论在何种境遇下，个人始终能够拥有和自主把握的是其人生境界。人生境界高贵意味着拥有深刻思想、高尚道德以及纯洁品格，也蕴含着深层次的幸福感。传统儒家以"仁"安顿心灵，以"仁心"超越自我为中心；道家以"无"作为心灵达致的高度，主张"吾丧我、无所待，体天道、任自然，由道而德、尊道贵德"②；佛家以"空"为心灵安放的超脱境界，推崇"万法皆空、诸法无我，无缘大慈次、同体大悲，一花一世界、一叶一如来"③。我国传统哲学代表性人生境界说有：冯友兰的"人生四境界说"④、蒙培元的"情感人生境界说"⑤、张世英的"在世结构人生境界说"⑥、王国维的"人生三境界说"⑦、宗白华的"人生六境界说"⑧、方东美的"生命境界说"以及唐君毅的"人生九境界说"。总之，"人生境界说"是彰显个体心灵存在方式的学问，其核心指向人的心灵感悟的意义域与价值世界。一般而言，

---

① 东山. 人性的社会解读 [M]. 兰州：敦煌文艺出版社，2018：183.

② ［韩］徐希定. 《庄子·齐物论》研究——以"我"与"物"的关系为中心 [M]. 北京：商务印书馆，2021：62.

③ 高振农. 华严经 [M]. 北京：东方出版社，2016：107.

④ 冯友兰. 新原人 [M]. 北京：生活·读书·新知三联书店，2007：10.

⑤ 蒙培元. 心灵超越与境界 [M]. 北京：人民出版社，2005：23.

⑥ 张世英. 哲学概论 [M]. 北京：北京大学出版社，2002：136.

⑦ 王国维. 人间词话 [M]. 扬州：广陵书社，2004：57.

⑧ 宗白华. 美学散步——中国艺术意境之诞生 [M]. 上海：上海人民出版社，1981：164.

提升人生境界的可选择途径是成为马克思主义者、志在"仁义立身"的儒者、成就"佛法"的觉悟者以及独为心灵自由的高士或者作为真正的基督徒。① 当然，对于个体而言，不是求知之学，仅是为己之学。从我国古代先贤孟子发出"人之异于禽兽者几希?"② 的喟叹到苏格拉底提出"未经反省的人生是不值得过的"和"认识你自己"的古老命题，纵观古今中外思想史，在何处安顿精神和灵魂，以提升人生境界始终是一个带有终极意义的发问。为此，无数学者皆对人生境界苦心思索，不懈探求。

8. 人生的目的意义和价值追寻

俄国作家妥思妥耶夫斯基指出，人类生存的秘密不仅在于只是活着，而在于为什么活着。人如果没有一个为谁而活着的牢固的观念，他就不配活着。可见，人生意义和目的追问的实质是人的幸福问题，也就是人在这个世界的位置及其责任是什么？现代社会正以前所未有的速度向前发展，人口流动频繁，文化互动加速，多元思潮在全球蔓延，科学技术带给人类更多的财富和权力，但也增加了更多的被剥夺感，财富差距恶化，幸福指数降低，人类经常迷失自己，人对生命的意义日益忽视。为此，印度哲学家泰戈尔（Tagore）在其《飞鸟集》中指出"让生命有如夏花之绚烂，让死亡有如秋叶之静美"。法国人道主义代表人物维克多·雨果（Victor Hugo）认为，有比大海更辽阔的景色，那是天空，有比天空更辽阔的景色，那是在灵魂的深处。正如胡适（2015）在谈及人的问题时指出，人生的意义不在于何以有生，而在于自己怎样生活，你若情愿把这六尺之躯葬送在白昼做梦上，也许那也是你一生的意义。当然对于普天之下的芸芸众生而言，如若能够发奋振作起来，生命的意义就凸显丰富意蕴了。③ 正如作家巴金晚年指出，生命的意义其实在于付出、在于给予，而不是接受，也不是索取，也许这就是人性的本质。记得杭州灵隐寺有副对联："人生哪能多如意，万事只求半称心。"这副对联被林语堂先生喻为"中国人所发现

---

① 郝永刚. 人生境界论［M］. 上海：上海社会科学院出版社，2012：137 – 150.

② 弘丰. 孟子［M］. 北京：中国文联出版社，2016：57.

③ 胡适. 人生有何意义——胡适谈人生［M］. 上海：华东师范大学出版社，2015.

的最健全的生活理想"，人生就是生活，好似橡皮筋而绝不是木板。

9. 人的发展和人的解放问题

在科技发展、社会急速变革的新时代，人类生活已然发生了翻天覆地的变化。人工智能开始代替人类，转换了生活模式和工作样态，人们的物质生活越来越富裕，经济越来越全球化，人类交往日益扩大，世界各地的距离正在日益缩短，科学技术的发展整合了时间和空间，一切都在相对论的视域下，人类好像生活在地球村里。人工智能有助于人类扬弃异化，迎来和走向人的自由全面发展的美好前景。为此，学者李大兴（2006）指出，人的全面发展"五要素"① 中生产力是根本基础，自由劳动是活动基础，自由时间为先决条件，社会关系为形式建构，自身需要为内在条件。同时，他认为物质生产实践、社会交往及教育是实现人的全面发展的可行途径和现实坐标。

（三）国内外人学相关研究述评

当前，国内外学者的学术探索和研究倾向及成果中，人学是一个热点话题。从研究领域来看，人学的哲学视角较多，也许是人学本属于哲学范畴的缘故。从研究方法来看，着力于从多学科、多维度、多层次探究人学命题。从研究内容来看，涉及人学的各个层面。新时代，我国人学研究的主旨和重点主要倾向于马克思实践人学，其研究范围越来越广、层次越来越深、角度越来越多、问题越来越深邃、概念洗练越来越繁多、理论内容越来越博大、思潮迭起越来越波澜壮阔、学派形成越来越层出不穷，集中聚焦于积极开展马克思实践人学的科学模式建构，着力推进 21 世纪马克思实践人学发展。② 为此，学者们普遍认为，"现实的人"是马克思实践

---

① 李大兴. 超越——从思辨人学到实证人学［M］. 北京：人民出版社，2006.

② 有学者认为，人学的科学模式包括人的生物学模式、人的社会学模式、人的心理学模式、人的人类学模式、人的信息理论模式、人的语义学模式，以及人的控制论模式。参见［捷克斯洛伐克］伊凡·斯维塔克. 人和他的世界——一种马克思主义观［M］. 员俊雅，译. 哈尔滨：黑龙江人民出版社，2015：65－77.

人学的关注视域和逻辑起点，实践是马克思人学的重要观测维度，并试图在马克思实践人学框架下解答时代发展中出现的新问题、新情况，以揭示其理论内涵与实践价值。当然，正如被誉为"17 世纪亚里士多德"的德国哲学与文化史的领军人物哥特弗里德·威廉·莱布尼茨（Gottfried Wilhelm Leibniz）所言，评价别人时若出现差错，那么宁愿错在宽容他人上。对他人研究成果的评价也是如此。应该努力发现的不是要责怪什么，而是应该赞扬什么，应该从中学到哪些东西？学者们从不同视角探讨和阐释了人学，取得了较为丰富的理论成果，较为全面立体地阐释了人的命题。然而，从历史与现实、理论与实践的综合视角来看，既有的研究尚待进一步完善，主要是研究只是侧重于人的某一层面，不够系统，略显不全面、不严谨，究其主要原因可能是缺乏资料所致，也有可能是人学命题就像人一样过于复杂，结果是人云亦云。另外，人学研究有待进一步规范化，关于人的思想研究，学术界已经积累了比较丰富的成果，但是从《资本论》及其手稿中梳理人学思想还有待进一步挖掘。而《资本论》及其手稿中的人学思想则致力于汲取前人研究的经验和不足，从梳理中西方人学思想资源入手，毕竟人学思想的传承和演绎离不开既有研究的积极引领和有益启迪。展望马克思实践人学发展前景，期待学者们能够切实增强人学研究的问题意识、担当意识和实践意识，着力于整理和概括文献资料，努力以历史眼光，将人学的历史性线索科学地串联起来，在此基础上开创中国特色社会主义人学研究的新图景，为中国特色社会主义提供科学的人学基础和理论支撑。

五、研究内容

本书的研究框架如图 1 - 1 所示。

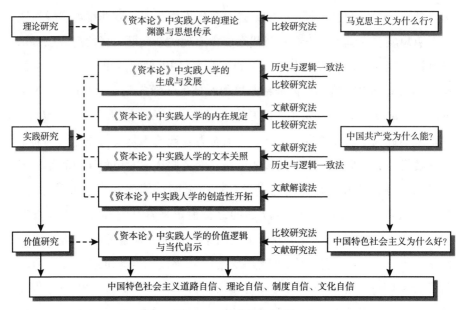

图 1 - 1　研究框架逻辑

　　"人学"顾名思义是关于人的学问，具体而言是以整体的人为研究对象的科学。人学的首要问题指向人的起源，其次是人学的概念、人学研究动因、人学研究主题等。人学界定主要包括研究对象、研究范围、研究主体的基本内涵、精神实质和科学要义，具象化为人的起源、人的本质、人性善恶、人生境界、人生价值、人生意义、人的权利、人的尊严以及人的发展等诸多维度的丰富意蕴。为此，学者们从生物学、考古学、人类学、哲学、社会学、经济学等多学科交叉渗透融合研究和透析人学命题，以揭开人学的神秘面纱和真正本质。正如休谟在其《人性论》中所言，一切科学"对于人性总是或多或少地有些关系。任何学科不论似乎与人性离得多远，它们总是会通过这样或那样的途径回到人性。……因为这科学是在人类的认识范围之内，并且是根据他的能力和感官而被判断的"。① 作为

————————

　　① ［英］休谟．人性论（上）［M］．关文运，郑之骧，等译．北京：商务印书馆，1980：6 - 7.

《资本论》及其手稿的实践人学落脚点在于人的发展①，旨在寻觅人生幸福，其现实指向为富强、民主、文明、和谐与美丽的"五位一体"社会结构，其基本实现路径是以人类命运共同体促进和构建自由人联合体。

为此，本书从以下逻辑思路展开对马克思《资本论》及其手稿的实践人学生成物逻辑及其价值意蕴研究。

第一部分为理论研究，绪论旨在为后续研究做好理论铺垫并开启叙述逻辑起点。马克思实践人学从《1844年经济学哲学手稿》开始奠基，到《资本论》的马克思实践人学科学化，因为《资本论》使马克思实践人学第一次把理论的考察从"思维领域"转移到了"生产实践领域"，如果没有《资本论》，马克思实践人学有可能无法成为"关于现实的人及其历史发展的科学"②，可以说正是《资本论》建构了马克思实践人学最为系统的阐释和表达，才使马克思实践人学构筑在了"可靠的事实与理论基础"之上，体现了深切的人文关怀和人学向度，才真正成为科学的实践人学。众所周知，马克思实践人学是吸纳了人类文明一切优秀成果并加以批判扬弃后建构的崭新的科学实践人学，其来源于东西方人学思想史的理论源承与思想梳理。

第二部分为文本研究，主要是从资产阶级人学到马克思实践人学的转型与深化，以及《资本论》及其手稿中的实践人学指导国际工人运动。《资本论》及其手稿中实践人学的内在规定，也就是《资本论》及其手稿中实践人学的基本目标、任务指向和建构原则。《资本论》及其手稿中实践人学的代表性观点述要，览析式梳理了《资本论》及其手稿中劳动价值论、拜物教理论以及剩余价值理论中蕴含的人的本质思想、人的自由与权利思想以及人的解放与发展思想。《资本论》及其手稿中实践人学的创造

---

① 有学者认为，近年来，人的发展问题再次受到高度关注并回归了哲学视野，集中体现在"以人为本"成为学术研究的主题词和关键词，人性化设计、人性化安排、人性化举措等新提法、新论述层出不穷，既时尚又流行。参见陈新夏. 唯物史观与人的发展理论［M］. 南京：江苏人民出版社，2013：1.

② 马克思，恩格斯. 马克思恩格斯文集（第4卷）［M］. 北京：人民出版社，2009：241.

性开拓，主要阐述了《资本论》及其手稿中实践人学的西方马克思主义演绎、俄国探索以及中国的创新与升华。

第三部分为价值研究，《资本论》及其手稿中实践人学的价值逻辑与当代启示，主要探讨了自由全面发展是马克思实践人学的价值归宿，中国共产党的主体人学思想是马克思实践人学的集中展现，以及马克思实践人学是指引人类走向共产主义的行动准则。

总之，本书通过"提出问题、分析问题以及解决问题"的逻辑思路，从东西方人学思想史中梳理和提炼出《资本论》及其手稿中实践人学的学脉源承，按照历史与逻辑统一的辩证法，探讨《资本论》及其手稿的实践人学为中国特色社会主义道路自信、理论自信、制度自信、文化自信提供坚实的人学基础和思想支撑。

六、研究思路

理论体系的内容表达和结构设计问题，其实质是叙述方法①符合辩证逻辑本质的关系。有日本学者认为，马克思主义作为唯物论，是资本主义的病理学指南，旨在开拓未来的理想社会图景②，这种观点就蕴含于《资本论》及其手稿的实践人学思想体系中。众所周知，马克思主义博大精深，内涵丰富，其主旨和出发点都是为了"现实的人"，马克思主义因之可以称为当之无愧的"实践人学"。为此，本书的研究思路，就以"人"的逻辑展开并逐步递进。第一，《资本论》及其手稿中实践人学的东西方理论渊源与思想传承。第二，阐释了《资本论》及其手稿中实践人学的生成与发展。第三，《资本论》及其手稿中实践人学的内在规定。第四，从历史与逻辑相统一的辩证法视角梳理了《资本论》及其手稿中实践人学的

---

① 有学者认为，由于研究对象不同需要采取适宜的方法，所以，在形式上，叙述方法与研究方法不同。参见马克思. 资本论（第 1 卷）//马克思恩格斯全集（第 44 卷）[M]. 北京：人民出版社，2001：21.

② [日]不破哲三. 马克思还活着 [M]. 有邻，译. 北京：中共中央党校出版社，2017：1-3.

代表性观点述要。第五，阐释了《资本论》及其手稿中实践人学的创造性
开拓。第六，《资本论》及其手稿的实践人学现实演述与未来展望。

七、研究方法

　　研究方法是从事科学研究活动时采用的工具、方案和方法论，旨在揭
示研究对象的本质和规律。选择恰当的研究方法是学术研究不可忽视的重
要因素，失去了正确适宜的研究方法就有可能难以做出有价值的研究成
果。为此，马克思说："如果事物的表现形式和事物的本质会直接合二为
一，一切科学就都成为多余的了"。① 对于一项研究课题，"不仅探讨的结
果应当是合乎真理的，而且得出结果的途径也应当是合乎真理的。对真理
的探讨本身应当是真实的，真实的探讨就是扩展了的真理"②。列宁在
《哲学笔记》中摘录了黑格尔《逻辑学》里的观点，其指出在探索的认识
过程中，"方法也就是工具，是在主体方面的某个手段，主体方面通过这
个手段和客体相联系"。③ 是的，方法取决于问题的本性。人文社会科学
常用的研究方法主要有演绎法和归纳法。其中，演绎法旨在通过概念或论
点富有逻辑地推导出另一个概念或观点，并建立起概念或观点之间的必然
联系。而归纳法是通过概括相同或相似的问题，分析阐发具有普遍性、共
同性的内在本质的规律性东西。学术研究的问题意识就是指如何恰如其分
地发现与撷取本学科关注和亟须解决的热点问题，并予以综合归纳和演绎
分析。④ 学者胡适在五四运动时期提出了"大胆假设、小心求证"的科研
态度，就充分展现了以"问题意识"为起点的社会科学研究范式，旨在通

---

　　① 马克思. 资本论（第 3 卷）//马克思恩格斯全集（第 46 卷）（第二版）［M］. 北京：人
民出版社，2003：925.

　　② 马克思，恩格斯. 马克思恩格斯全集（第 1 卷）（第二版）［M］. 北京：人民出版社，
2002：112 - 113.

　　③ 列宁. 列宁全集（第 55 卷）［M］. 北京：人民出版社，1990：189.

　　④ 付祥喜. 问题与方法——中国现代文学史料研究论稿［M］. 北京：中国社会科学出版
社，2017：4 - 5.

过辨析纷繁复杂的社会现象，运用由此及彼、由表及里，去粗取精、去伪存真的认识论，以扫描人学本质，揭示人学发展规律。学者李怡认为，在所有学术趋向中，都存在"问题与方法"①，研究者要正视潜在的"问题"，更有必要不断检视已经形成的"方法"。的确，《资本论》及其手稿的实践人学研究已经逐渐成为一种学术潮流，应该对"问题与方法"意识保持一份格外的关注和探究。

（一）辩证唯物主义和历史唯物主义研究方法

马克思、恩格斯作为马克思主义创始人，在 19 世纪 40 年代，他们在艰苦的理论研究过程中还通过亲身参加一系列革命实践活动并认真总结西欧无产阶级革命斗争的生动经验和历史教训，汲取人类社会科学发展的最新成果，批判地继承了人类文化的一切优秀成果，包括德国古典哲学、英国古典政治经济学以及法国空想社会主义的基础上，创立了《资本论》研究最根本的唯物辩证法这样"一种学说"②，这就是"观念的东西不外是移入人的头脑并在人的头脑中改造过的物质的东西而已"。③ 由此推动了人学哲学史上的伟大变革，实现了唯物主义人学与辩证法人学的有机统一，从而构建了《资本论》及其手稿的实践人学科学本质，这就是马克思在其《关于费尔巴哈的提纲》中所阐释的，人的本质不是单个人所固有的抽象物，在其现实性上是一切社会关系的总和，实现了辩证唯物主义与历史唯物主义的完美统一，建立了科学的实践人学观，为我们解读和阐释人的科学本质提供了强大的思想武器。

（二）逻辑与历史相统一的研究方法

逻辑是历史的抽象与再现，逻辑方法是思维推理的方法，是运用抽象

---

① 李怡. 中国现代文学研究的文献史料：问题与方法 [J]. 汕头大学学报（人文社会科学版），2005（1）.

② 中共中央马克思恩格斯列宁斯大林著作编译局. 列宁专题文集·论辩证唯物主义和历史唯物主义 [M]. 北京：人民出版社，2009：132.

③ 马克思. 资本论（第 1 卷）// 马克思恩格斯全集（第 44 卷）（第二版）[M]. 北京：人民出版社，2001：22.

上升到具体的方法展现的诸范畴之间的辩证联系。历史是逻辑的基础和根据，历史方法是按照历史发展实际进程研究社会经济现象。逻辑与历史的统一，是辩证逻辑的基本原则，也是辩证思维的重要方法。马克思的辩证法就是逻辑进程与历史进程相一致的方法论，也是"批判的和革命的"①。历史与逻辑相统一的方法也是黑格尔辩证逻辑的基本方法。历史与逻辑相统一的方法要求我们在《资本论》及其手稿蕴含的实践人学思想研究中，把逻辑的分析与历史的分析辩证地结合起来，以便科学地揭示马克思实践人学观的科学性。马克思曾经说过，历史的起点，也就是逻辑的起点。恩格斯指出，逻辑的方式是仅有的适合路径，只不过这种方式无非是历史的研究方式，摆脱了历史的形式以及起扰乱作用的偶然性而已。一般而言，"历史从哪里开始，思想进程也应当从哪里开始，而思想进程的进一步发展不过是历史过程在抽象的、理论上前后一贯的形式上的反映"②。历史与逻辑的统一，是在马克思实践人学发展与演进总的趋势上的统一，这种统一包含着差别，既不是简单的等同又必须本质上一致，展现为历史与逻辑的辩证统一。一切旧哲学的人学观有个基本缺陷就是抽象人性论，把人的本质更多归结为某种意识或精神存在。而马克思把实践人学逻辑建立在历史的基础上，并致力于揭示逻辑所包含的全部人学内容，从而为自己的实践人学确立了现实的逻辑起点。在《德意志意识形态》中表述道："我们不是从人们所说的、所设想的、所想象的东西出发，也不是从口头所说的、思考出来的、设想出来的、想象出来的人出发，去理解有血有肉的人。我们的出发点是从事实际活动的人。"③把"现实的人"作为研究思路生发的逻辑起点，是马克思对于19世纪及以前学者人学思想的批判与扬弃的凝结，是中西方人学思想史合乎逻辑孕育成长的必然结论。马克思

---

① 马克思．资本论（第1卷）[M]．北京：人民出版社，2004：22.
② 马克思，恩格斯．马克思恩格斯选集（第2卷）（第二版）[M]．北京：人民出版社，1995：122.
③ 马克思，恩格斯．马克思恩格斯选集（第1卷）（第二版）[M]．北京：人民出版社，1995：73.

从"现实的人"出发，为自己的理论找到了合乎逻辑的依托。本书着力于对《资本论》的实践人学思想进行历史和逻辑梳理，试图回归到经典文本的考察，尝试从特定的社会时代背景中找寻历史的必然，以此合乎马克思实践人学的逻辑与历史、理论与现实的必然统一性。

（三）解释学研究方法

解释学也称为诠释学，是横跨东西方且能通达古今的桥梁，是指导文本理解和规则阐释的研究方法，集中指向人学从神的世界转换到人的世界的生成逻辑和致思理路，是开拓和创新马克思实践人学的必经之路。正如马克思在《资本论》第3卷中所言："一个人如果想研究科学问题，首先要学会按照作者写作的原样去阅读自己要加以利用的著作，并且首先不要读出原著中没有的东西。"① 而学者狄尔泰（Wilhelm Dilthey）甚至认为："人是诠释学的动物。"② 当然，作为马克思、恩格斯生活的 19 世纪，是资本主义在西欧获得全面发展与蒸蒸日上的时代，也是阶级斗争尖锐化的时代。资本主义社会化大生产发展，迅速开拓和扩大了世界市场，就像马克思主义经典作家所指出的那样，随着社会交往的延伸使一切国家的生产和消费都日益具有世界性，从而打破了以往各民族、各国家之间的自给自足与闭关自守状态，社会历史由各民族的历史演变，走向了世界的历史。为此，马克思和恩格斯指出："资产阶级的生产关系和交换关系，资产阶级的所有制关系，这个曾经仿佛用法术创造了如此庞大的生产资料和交换手段的现代资产阶级社会，现在像一个魔法师一样不能再支配自己用法术呼唤出来的魔鬼了。"③ 同时，资本主义生产资料私有制与社会化大生产的内在矛盾也日益激化，资本主义生产关系已经无法容纳日益增长的生产力

---

① 马克思. 资本论（第3卷）//马克思恩格斯全集（第46卷）（第二版）[M]. 北京：人民出版社，2003：26.

② 转引自洪汉鼎. 诠释学——它的历史和当代发展 [M]. 北京：中国人民大学出版社，2018：89.

③ 马克思，恩格斯. 马克思恩格斯选集（第1卷）（第二版）[M]. 北京：人民出版社，1995：277 - 278.

了，马克思从深切关怀人的生存和发展维度出发，以理论创新和实践创新的有机统一演述了人的解放过程中的必然性。马克思在《资本论》中从商品的使用价值和交换价值的"二因素"切入，推导出了生产商品劳动的"二重性"，进而阐释了资本主义的生产过程、流通过程和资本主义生产的总过程中的"人性异化"。马克思据此认为要实现人的自由全面发展，基本路径是从"宗教解放""政治解放"到"人的解放"①，真正使人摆脱人对人的依赖，摆脱人对物的依赖，实现人的发展与社会发展的历时性与共识性的一致性、同步性，最终实现共产主义的"自由人联合体"。

（四）文本解读和现实关照相结合的比较研究方法

从事马克思《资本论》实践人学研究必然要深入研读马克思经典文本及其相关文献资料等。因此，文本研究法是展开本课题的重要方法，是基于特定研究选题，为了达成既定研究目标，通过多种路径收集、撷取以及分析与研究相关的文献资料和文本信息，全面准确地了解掌握研究问题域的一种方法。研究"原著本身，不会让一些简述读物和别的第二手资料引入迷途"②。所以，如果致力于研究科学问题，"首先要学会按照作者写作的原样去阅读自己要加以利用的著作，并且首先不要读出原著中没有的东西"③。文本研究法被广泛用于学术研究活动中。要通过深度阅读来分辨文献的层次、重点，并进行分类整理。其中，本书的重要文本是《资本论》及其手稿等相关文献资料群，力求在忠实于文本的基础上，做纵向和横向梳理，着力于回归理论经典对《资本论》的实践人学进行史料整理和文本研究。毕竟，文本研究是学术研究的起点，熟悉所研究选题的文献资料和相关成果，能够为研究提供大量的、厚实的背景知识和参考资料，以

---

① 在马克思看来，应该从宏观维度消灭基督教国家，以及从微观层面放弃宗教信仰来理解人的解放的丰富意蕴。

② 马克思，恩格斯. 马克思恩格斯全集（第36卷）（第一版）[M]. 北京：人民出版社，1974：200.

③ 马克思. 资本论（第3卷）//马克思恩格斯文集（第7卷）[M]. 北京：人民出版社，2009：26.

便从前人研究中获取研究方法和研究思路上的有益启迪，为后续研究提供借鉴和参考。一是有助于了解《资本论》及其手稿的实践人学历史传承和发展现状，帮助确定研究课题的重点和难点。二是有助于形成《资本论》及其手稿的实践人学问题域，以确定研究创新点。三是有助于获得《资本论》及其手稿的实践人学尽可能多的一手资料，以立体式透视研究对象全貌。《资本论》及其手稿的实践人学蕴含在马克思主义经典文献和著作中，因此研究《资本论》及其手稿的实践人学主要聚焦于对已有文献资料的占有、梳理和把握，在尽可能多地占有相关文献资料的基础上，通过阅读《资本论》及其手稿的文献和著作，同时将各种不同的人学理论进行比较，从而科学地认识《资本论》及其手稿的实践人学并结合中国特色社会主义尝试性地提出一些理论思考。

八、研究重点和难点

1937 年 8 月，毛泽东在其《矛盾论》中指出，复杂事物中有许多矛盾存在，其中必有一方处于主要矛盾位置，由于它的存在和发展规定或影响着其他次要矛盾的存在和发展。学术研究也是这样，要分清研究重点和研究难点，学会"一分为二"地看待问题，学会抓住主要矛盾，以便集中精力攻克研究重点和研究难点，以体现学术研究的亮点和特色。

（一）研究重点

用史论结合的方法研究和把握《资本论》及其手稿中实践人学思想的核心要义、科学内涵和精神实质，同时从思想逻辑的理论维度和实践维度的内在一致性来剖析和阐释《资本论》及其手稿文本群中实践人学思想的理论渊薮与发展脉络。总体上研究遵循"一个逻辑起点、一个理论体系和一个落脚点"的思路，探析马克思科学实践人学的生发、形成和发展。着力于人的发展是逻辑起点，马克思人学旨在促进人的解放和发展，其最终落脚点在于推进人和社会的协同发展，构建自由人联合体。

（二）研究难点

列宁曾经说过："人的思想由现象到本质，由所谓初级的本质到二级的本质，这样不断地加深下去，以至于无穷。"[①] 可见，"史、论、著"的有机结合是解读马克思《资本论》实践人学的基本路径和推进逻辑，从理论层面阐释马克思实践人学的内涵及其关系，从理论性和时代价值层面论证马克思实践人学对于中国特色社会主义的重要意义，尤其是对于《资本论》及其手稿中实践人学的萌生确立与深化发展统一性的把握尺度，以及基于从中西方思想史上来梳理《资本论》及其手稿中实践人学的受精、孕育、成形和结实的演化逻辑与整体架构是本书的难点。

九、创新点及进一步补充完善之处

事无大小，皆可创新。创新就是用批判的眼光发现问题，用知识方法解决问题的过程。学术研究的灵魂、生机与活力贵在创新。学术创新是扬弃传统观念与既有理论的过程，是在前人已有思想基础上，研究新情况和新问题，以发现新资料，形成新认识，提出新观点，开拓新领域，作出新论证的过程。简言之，创新就是着力做到选题新、观点新、方法新、资料新。如果失去了创新，学术研究的价值和意义就荡然无存。学术创新具体展现为，提出新观点、概念或理论体系，提出有价值、有科学意义的新问题，开拓前人尚未涉及的研究领域、研究课题，从新的视角去挖掘研究对象所蕴含的思想意义和潜在内容，运用人们所忽视的方法或者用其他学科方法来研究此学科的课题，从而使研究取得突破性进展[②]，以及用新的材料去证明问题，弥补原有研究成果的欠缺，使之更加全面和充实，增强学术研究的科学性，这其实就是现代著名哲学家冯友兰在其《新理学》中所

---

① 列宁. 列宁全集（第38卷）[M]. 北京：人民出版社，1986：278.
② 张亮. 马克思主义理论学科学术规范与方法论研究 [M]. 南京：南京大学出版社，2016：31.

37

提出的"照着讲"和"接着讲"的创新命题。

（一）可能的创新点

创新始于问题，理论创新聚焦于新观点、新方法或新论据，也就是发现问题、筛选问题、研究问题和解决问题的过程。很多学者从本体论视角审视人的方方面面，本书着力于通过思想史的理论层面和实践层面，以及纵向发展和横向拓展维度"在发掘新的分析模式和方法这一点上是富于进取的"① 视角来审视马克思实践人学在中西方思想发展史上的位置与贡献及其内在逻辑。所以，本书创新点可以归纳为在思路上紧紧围绕人的发展和解放作为价值目标；在内容上聚焦于马克思实践人学的萌生转向、公开确立、全面论证以及深化发展等若干阶段的演进过程；在方法上从整体性审视马克思实践人学；在材料上纵向和横向交叉梳理马克思实践人学的内在逻辑；在观点上提出马克思实践人学旨归是人的自由全面发展，主体指向现实的具体的人，逻辑起点是资本主义导致人的异化，实现途径为政治解放、劳动解放、社会解放、思想解放以及人的全面发展等。

1. 研究内容的创新性

本书从"现实的人及其历史发展"这一主题出发，具有鲜明的"问题意识"，使研究成果具有的现实性意义较为凸显，有助于真正理解和把握马克思实践人学。马克思实践人学作为时代精神的表征，其本真精神和活的灵魂并非孤立地存在于既有文本之中，而是存在于时代的相互作用过程中，存在于指导人民实现日益增长的美好生活需要并不断体现创造性转化和创新性发展中。通过这一新的分析视角挖掘《资本论》的实践人学表达并进行细致梳理与深入探讨。中外学者对于人学的研究积累奠定了马克思实践人学的理论渊薮和学脉源承，马克思正是在前人研究的根基上做批判和扬弃，这才有了崭新的基于科学基础之上的马克思

---

① ［美］施密特. 当今议会制的思想史状况［M］. 冯克利，译. 上海：上海人民出版社，2004：165.

实践人学。

2. 研究方法的创新性

历史与逻辑相统一的诠释学研究方法聚焦于新的研究材料，从表层结构解读，深层观念把握，以揭示和探析《资本论》及其手稿中实践人学在新时代的价值意蕴，使研究成果具有厚重的历史深刻感，增强了研究的说服力。有助于相对完整地阐释《资本论》及其手稿中实践人学的演进脉络和发展历程，着力寻求在构建人类命运共同体中马克思实践人学给予的积极启迪和学理支持。

3. 研究视角的创新性

注重文本解读使研究具有较强的理论性。《资本论》及其手稿的实践人学经过了萌生转向期、公开确立期、全面论证期以及深化发展期等若干演进逻辑，通过挖掘《资本论》及其手稿文本群再现这一思想的历史形成轨迹，继而梳理出马克思实践人学是阶段性和连续性的统一。马克思实践人学具有一系列内在逻辑结构，其立足点是现实的具体的人，逻辑起点是资本主义引发的人的全面异化，理论基础是唯物史观和剩余价值学说，现实理路是政治解放、劳动解放、经济解放、文化解放等实践坐标，这也算是新时代深度解读马克思实践人学的重要思维路径。

（二）不足之处和进一步努力的方向

古人云："人无完人，金无足赤。"[①] 世间的任何事物都没有完美无瑕可言，学术研究活动更是这样。千百年来，人对自身的不懈关注和无限追问始终是萦绕人学向前发展的永恒动力。由于《资本论》及其手稿的实践人学研究一直处于探讨中，可供借鉴的文本解读资料有限。

（1）对《资本论》及其手稿的文本认识和理解深度有待进一步提升和加强。

---

① 资料来源：出自［宋］戴复古《寄兴》："黄金无足色，白璧有微瑕。求人不求备，妾愿老君家。"

（2）对《资本论》及其手稿的实践人学研究视野有待进一步开阔。

同时，笔者的学识水平和研究能力有限，理论功底和科研水平有待提升，因此时常感到心有余而力不足，可谓困难重重。尤其是在梳理东西方人学思想发展史对于《资本论》及其手稿中实践人学的理论源承和有益借鉴方面，可能主观臆断，挂一漏万，难免有不足之处，还期待不断地鞭策自我且倾注更多的精力进行后续研究和完善。

《资本论》及其手稿中实践人学的
理论渊源与思想传承

  作为地球上最杰出和完美的"艺术作品",人被称为"宇宙之精华、万物之灵长"。人在四季循环、年轮飞转的时空推进中,不仅通过劳动实践活动发展了聪明的大脑,而且以自身进化发达的思维创造了博大精深的人类文明史。同时,人在改造自然与社会的过程中,也有意无意地做了一些事与愿违的事,这就是人。可以说,这个世界上的所有生命谱系中,关于人的"斯芬克斯之谜"的破解简直就类似于人学研究的"哥德巴赫猜想",此问题的解答也许已经超越了尽可能的有限性。关于"人是什么?"① 这个命题貌似显而易见,实则不易简而回答之。法国学者拉·梅

---

① 《韦氏词典》的解释为,人属于灵长目的两足类哺乳动物。生物学上的人与智人、猿猴等也同属人科的灵长目动物。动物学家德斯蒙德·莫利斯(Desmond Morris)在《裸猿》中从众多视角论述人类起源故事,试图揭示人类的神秘面具。他指出:"人是没毛的动物"是对神话传说关于人的起源的绝对颠覆。他指出现存的猴类和猿类中,绝大多数身上遍布体毛。唯一例外就是自诩为"人"的一种全身裸露的猿类。从生物学来看,人的起源的权威解释当属达尔文在其《人类的由来》中以大量证据所阐释的人类源于古猿的结论。此后,学术界也逐渐认可了达尔文基于"适者生存,物竞天择,优胜劣汰"的进化论。马克思赞成达尔文的观点,同时认为,劳动在从猿进化到人的过程中起到了决定性作用。恩格斯在《劳动在从猿到人转变过程的作用》中凝练为"劳动创造人"的唯物史观的基本命题。马克思进一步解释道,人的内在生命构成了一个完整社会系统的外在矛盾关系,并使人成为"一切社会关系的总和"。人的自然本质是人超越自然的创造和进化的产物。劳动的角色是让人具有不同于动物的心理意识与行为方式,成为社会化的主体。也有学者从文化人类学角度,把人定义为能够使用语言,具有复杂社会组织与科技发展的生物。还有从行为学来探究人的特征,指出人是懂得语言,具有多种复杂互助性特征的社会组织,喜欢发展科技的高级族类。《中华大字典》中"人"的词条是,能制造工具改造自然并使用语言的高级动物。可见,人居生物系统之最高龛位,有气有生有知亦且有义,故为天下贵。参见高尚全,傅治平. 人民本位论 [M]. 北京:人民出版社,2012:9-15.

特里（La Mettrie）发展了笛卡尔关于"动物是机器"的思想，进而提出："人是一架如此复杂的机器，要想一开始便对他有一个明确的完整的概念，也就是说，一开始想给他下个定义，这样的事是不可能的。"① 法国哲学家布莱士·帕斯卡尔（Blaise Pascal）甚至认为，人到底是怎样一种怪诞的东西，既是真理的储藏所，又是不确定的与错误的渊薮②，人就是一株会思考的芦苇。正因为这样，学者们从哲学、社会学、经济学、心理学以及神学等多维学科视角出发试图探寻到"人之为人"的各种可能答案域，随之在认识自己、认识自己使命和发展前景的过程中，就产生了关于人的神话传说、宗教典籍、科学假设和乌托邦等人学思想。20 世纪美国犹太亚伯拉罕·约书亚·赫舍尔（Abraham Joshua Heschel）在其《人是谁？》中开门见山地自问自答到，我们既然"属于人类，就应当指向并确认我们是谁、要成为什么。身为人类的意义应当决定人类自身的走向"③。他还认真辨析了"人类存在"和"成为人类"，也就是"我们的本质和我们应当成为的样子"之间存在着本体论上的逻辑关系。人之所以为人，是因为人有着本质上的情感构成，有回应人所感知的客观实在，尤其是人与主体自身存在产生关系、与其他人互动以及与身边既定事物存在联系的固定模式。正如捷克斯洛伐克教育家夸美纽斯所言："人是一切造物主中最崇高、最完美、最美好的。"④ 而《神圣家族》中也明确指出，对任何"一个人来说，最近的存在物就是他自己"⑤。由此可见，我们只能将人视为人，唯有这样才有可能获得对人的本质的正确理解和科学认识。而马克思对于人类思想史的东西方人学观的批判与继承，逐次经过了孕育、形成与发展的演进过程。因此，从《资本论》及其手稿中实践人学思想的学脉源承中也许可以探寻到"人之为人"的线索或答案，着力破解这个倒置的"斯

---

① ［法］拉·梅特里. 人是机器［M］. 顾寿观，译. 北京：商务印书馆，1981：52.
② 转引自任仲然. 人生三十问［M］. 北京：人民出版社，2018：3.
③ Abraham J. Heschel. Who is Man？［M］. Stanford：Standford University Press，1965.
④ ［捷］夸美纽斯. 大教学论［M］. 傅仁，译. 北京：教育科学出版社，1999：1.
⑤ 马克思，恩格斯. 马克思恩格斯全集（第 2 卷）（第二版）［M］. 北京：人民出版社，2005：127.

芬克斯之谜"。《资本论》及其手稿中实践人学的生成有着独特的时代背景、丰厚的实践基础、深邃的思想与文化渊源，以及理论创新主体的智慧贡献，是植根于人民生活世界的"参天大树"。按照这个历史与逻辑相统一的辩证法，下面就从东西方思想文化对于人的本质追问的寻根溯源之旅开始谈起。

第一节
西方思想文化的人学观表达及其演进理路

俗话说，荒芜、贫瘠的土地大多造就贫瘠乏味的思想，而繁盛、肥沃的园地才有可能孕育丰富而高深的思想精华。正如阿伦特所说："马克思的源头比他自己感觉到的还要深远。"① 的确，马克思实践人学就是在充分吸纳了东西方古今丰厚人学思想营养的基础上孕育、成形及结实②，而成为时代精神与人类先进思想的代表。茫茫宇宙，荡荡乾坤，关于究竟"人是什么？以及什么情况下我才是我自己？"的问题就跟人类意识到自己的存在一样千古久远。以至于连富有情调的诗人们在春江花月夜，面对皎皎月色，也禁不住深情发问："江畔何人初见月？江月何年初照人？"③ 的确，在地球生物界的万千生命体中，也许只有人才会提出针对自己的疑问与困惑。这就如同日出时的云霞布阵，光焰万丈，大地熠熠生辉一样，对于人的本质的疑问也会以千百种形式伴随人左右，却百思而不得其解。尽管恩格斯在其《家庭、私有制和国家的起源》一书中曾经说过，自从"有了人，我们就开始了历史"。即使这样，人在偶尔迷失自己的时候，潜意识中也会自我暗示，人必须先找回自己或者想再度回归本我，这就是人

---

① ［美］阿伦特.马克思与西方政治思想传统［M］.孙传钊，译.南京：江苏人民出版社，2007：6-7.

② ［英］伯尔基.马克思主义的起源［M］.伍庆，译.上海：华东师范大学出版社，2007：1.

③ 资料来源：出自［唐］张若虚的《春江花月夜》。

类自我追寻的最大奥秘。① 19 世纪与塞尚及梵高同为西方美术史上著名的
"后期印象派"代表画家高更（P. Gauguin）在其以《我们从哪里来？我
们是谁？到哪里去？》为标题的油画中提出了如上关于人的命题，后世也
给出了无穷多的答案和阐释，至今也无法达成一致的认识或意见。就如
鲁迅在其《野草·好的故事》中以风趣幽默的笔调深情地总结道，错综
起来像是一天云锦，而且万颗奔星似的不断飞舞着，同时又逐渐展开
去，以至于无穷无尽。其实，关于人的本质的认知可谓众说纷纭，公说
公有理，婆说婆有理，各有各的说辞，真可谓是"不畏浮云遮望眼，自
缘身在最高层"。新时代，要致力于科学理解和正确把握《资本论》及
其手稿的实践人学还需要从纵向和横向两个维度扫描式地探寻其理论渊
源和思想传承。

一、西方远古创世神话的人学观

携带远古文明印记的神话传说既是人类对自身与世界关系做出的早期
探索，也是人类自我称颂的原初表现。创世神话是人类思维发展到较高阶
段，社会发展到较高程度，形成的对于文明发展具有承先启后意义的神圣
叙事。正如古希腊雅典著名的悲剧作家索福克勒斯（Sophocles）在其代表
作《安提戈拉》中用富于浪漫色彩的笔触指出，世间奇异的珍宝虽然很
多，但是没有一件比人更难找。② 可见，对于"人是什么？"千年来的追
问与解答建构了人对于自身认知的永恒内容，这是人类超然于自然界之后
不断发出的疑问，却又是一个难以破译的"斯芬克斯之谜"。作为自然存
在的人，如果仅仅是作为自然存在就不会有所谓的"人学"命题。而问题
就在于人自从有了自我意识后开始不断追寻自我的本源，于是不同肤色、
不同地域、不同国度对于人的缘起根据各自的文化模式和历史传统等有不

---

① ［德］尤根·莫特曼. 人：基督教的现代化人观［M］. 郑玉英，译. 台北：南兴北文化
出版社，2014.

② 转引自［美］C. 拉蒙特. 作为哲学的人道主义［M］. 北京：商务印书馆，1963：74.

同的表达与叙述。诸如到底是谁造设了天地，又是谁创造了人类？等问题一度成为世界性哲学之问。而对于这个命题的解答，学术界和实务界不约而同地走向同一条道路——从人自身出发找寻揭开谜底的钥匙。这样一来，各个民族的原始神话传说中，关于人类起源展现的丰富多彩，有自然生人、石洞中生人、大海生人、日月生人、植物生人、动物变人、蛋生人，以及神用泥土造人等，可谓五花八门。其中，泥土造人的传说流传最广也最耐人寻味，似乎冥冥之中在验证和诉说着"大地是人类母亲"的至理名言，也表征了人类发展到某一阶段之后共同的寻根心理。况且，全世界几乎所有的神话都似乎昭示了一点，这就是人的起源与无所不能的神似乎存在着千丝万缕的关联。当然，由于自然环境和文化背景差异，关于人的起源的神话传说在具体演绎过程中生成了不同的言说版本，总体上以理性为代表的西方文化原始神话人学模式体现了"人为神裔，故为天下贵"的传播理路与思想指向。

（一）古希腊神话的上帝造人说

欧洲文明发源于古罗马文明和古希伯来文化。在古希腊神话传说谱系中，世界之初处于一片混沌之中，并由黑暗之神统治着，他有两个儿子分别是光明之神和白昼之神，他们共同驱散了黑暗，由此生发出爱神，这样世界就由"无序"转化为"和谐"。[1] 在人类正式出场之前，神话讲述了这样的故事：天地拥挤着飞鸟、动物以及鱼类，唯独缺乏"有灵魂的生物"。伟大的先觉者普罗米修斯知道"天神的种子"就埋在脚下的泥土里，于是他就用泥土照着"天神的样子"塑造了人类，接着又从各种动物心里摄取了"善"和"恶"封闭在人的胸膛里。爱神和智慧女神雅典娜惊奇于这新生的圣灵，便把灵魂和神圣的呼吸送给了这刚有半条生命的生物，遂使他们成为这片大地的真正主人。[2] 时间的坐标到了公元 1 世纪左

① Jean Lang. Myths from Around the World［M］. London：Brachen Books，1915：3.
② 谢选骏. 神话与民族精神［M］. 济南：山东文艺出版社，1986.

右，从希伯来文明孕育、成形以及结实的基督教开始在罗马帝国疆域内传播、蔓延、盛行。在欧洲人接受基督教的同时，也接受了中东犹太人的传统和文化，并把他们的核心内容以上帝与人之间的"旧约"的形式包含于自己的传统与文化中。从此，犹太人的神话传说深深嵌入并影响着西方人的心理、情感、价值和道德，而该神话讲述的传说中的第一篇便是后来的《创世纪》——犹太人对民族与人关系的神话想象：太初之时，地球上全是水，无边无际，水面上空虚混沌，黯淡无光。上帝耶和华施展神威，创造出了天地水陆、自然万物。然后，他又按照自己的形象塑造出了人并赋予了它灵气。人有灵气，能行走，会说话。上帝取名为"亚当"，他是神的形象，是第一个享受神主恩典的人，也是第一个辜负神恩典的人，更是第一个在恩典中堕落的人。接着，上帝从亚当身上抽取了一根肋骨造成了女人，取名为"夏娃"，让他俩互相做伴。后来"亚当"和"夏娃"就成为人类的始祖。《圣经·创世纪》中讲道上帝赐福于人类："你们要生养众多，治理地面，也要管理海洋。管理一切飞禽走兽、花草鱼虫。"据说，耶和华神塑造人的原初目的旨在将神的形象、属性、荣耀、尊荣和美善通过人并体现在人的生活世界以彰显神的存在感，这是西方文化关于人类起源的本真阐释。

（二）古埃及神话的天神阿图姆造人说

在古埃及神话中，人是响应神的召唤而出生的。古埃及人认为在远古时期，最初的世界呈现为混沌无序。全能的神"努"就已经存在，他创造了人世间的一切，他呼唤"苏比"就有了风，他呼唤"泰富那"就有了雨，他呼唤"哈比"尼罗河就流过了埃及，神"努"的呼唤创造了世间万物。最后，他造出了人间"男女"，转眼间埃及住满了人。造物工作完成后，神"努"就将自己幻化成为男人外形，成为埃及第一位法老王，统治大地与人类，形成了新的世界秩序，开创祥和繁荣。

（三）印度神话中的造人说

古印度神话中，神灵普鲁沙身体上留下的清澈黄油形成了鸟类和动物，他的身体上建立了印度社会的牧师、武士、平民和仆人这四个等级。作为"三位一体"的宇宙最高永恒实体梵天成为一切众生之父，并创造了宇宙万物。

（四）巴比伦神话的魔力女神造人说

在巴比伦神话中，埃利什与水神阿普苏和蒂马特生育了数代天神，之后天神之间发生战争，撕成两半的天神蒂马特的身体形成了天与地，之后马杜克创造了人类，并让他们去做天神不愿做的苦力差事。

（五）北欧挪威神话的巨人始祖造人说

在挪威神话中，地球出现之前曾是两个世界，一个是火焰炽热的大陆，另一个是冰冻的大陆。天神之间发生战争后，巨人始祖的身体形成了土地，骨骼形成了山脉，头发形成了树木，血液形成了江河湖泊，巨人始祖被挖空的头骨形成了布满星星的天空。

从以上叙述可以发现，无论神话也好，传说也罢，终归，人的来源依旧无迹可寻，更是无据可查。基于对人自己身世的无知，即使有些关于人的来源的神话传说，人们仍然无法对自己的出身之谜释疑，仍然在不停地寻根。在古希腊神话中"斯芬克斯之谜"的狮身人面怪兽像就因被半人半神英雄俄浦狄斯解开而摔死在石崖，但后人对俄浦狄斯的答案也不满意，因为，"斯芬克斯之谜"的解答仍然只停留于"表象"的"动物"层面，反倒是把人来自神界的高贵面纱给撕扯掉了。即使这样，也并没有真正解开"斯芬克斯之谜"。所以，古希腊菲尔德神庙的门楣上仍然镌刻着"认识你自己"的永恒箴言，依然向我们昭示着人类自我认识的艰辛历程与人类自身存在的历史几乎同样久远，而这对于古往今来的芸芸众生而言，关于"人"仍然是个充满巨大诱惑的"斯芬克斯之谜"。

二、古希腊的理性人学观①

黑格尔在《哲学史讲演录》中认为："一提到希腊这个名字，在有教养的欧洲人心中，尤其在我们德国人心中，自然会引起一种家园之感。"②马克思《资本论》实践人学是在西方文化沃壤中成长起来，在吸吮着西方文明营养的过程中展开。古希腊作为西方文明的源流之一，被认为是西方文明的黄金地带，其中一个重要原因就是古希腊时代的哲学着眼于整体，侧重于强调实践的研究转向，也就是从对天空的仰望转向对人世的关注。以苏格拉底、柏拉图和亚里士多德为代表的哲学家们开始探索事关人存在的相关问题。诚如德国哲学家弗里德里希·威廉·尼采（Friedrich Wilhelm Nietzsche）在其《希腊悲剧时代的哲学》中指出："面对古希腊大师泰勒斯、阿那克西曼德、赫拉克利特、巴门尼德、安阿克萨格拉、恩培多克勒、德谟克利特、苏格拉底等这样一些惊人理想化的哲学群体，每个民族都会自惭形秽。所以这些人是一个整体，是用一块巨石凿出的群像。"③关于"人"依旧是一个永远也猜不透的永恒之谜。正所谓，世上最伟大的杰作是人，最难读懂的也是人。不仅是因为人的形形色色，更是因为人的变化多端。不要小瞧这一撇一捺的"人"字，要读懂它真离不开哲学思维的指引与方法启迪。可见，古希腊时代是一个人生意义和价值得到回归的时代，同时也是人们开始自觉进行超越性精神追求的时代。英国哲学家罗素指出，"要研究一个哲学家的时候，正确的态度既不是尊崇也不是鄙视，

---

① 有学者认为，理性是内在的实体和现在事物中的永久东西。参见［德］黑格尔. 法哲学原理［M］. 北京：商务印书馆，1961：11. 也有学者认为，理性是个有多重含义的名词，从认识论看，是处理问题按照规律和自然进化原则来考虑的态度；从人的认识看，是获得对事物本质的认识；从人的活动看，是决定人们这样而不那样的行为根据。参见徐勇. 国家治理的中国底色与路径［M］. 北京：中国社会科学出版社，2018：32.

② ［德］黑格尔. 哲学史讲演录（第1卷）［M］. 贺麟，译. 上海：上海人民出版社，2013：157.

③ 转引自胡兴松. 西方哲学大师的智慧［M］. 广州：中山大学出版社，2015：2.

而是应该首先要有一种假设的同情，直到可能知道在他的理论里有些什么东西大概是可以相信的为止；唯有到了这个时候才可以重新采取批判的态度，这种批判的态度应该尽可能地类似于一个人放弃了他所一直坚持的意见之后的那种精神状态"①。这大概是理解人学应有的一种方法论。

（一）苏格拉底的"心灵幸福"人学观

古希腊哲学家苏格拉底（Socrates）将"认识你自己"归入自己的哲学范畴，并且率先将人对自身的自然属性的认识转移到对人的内在精神世界的认识上来。所以，西塞罗称赞苏格拉底是第一个"把哲学从天上带到了地上"，也就是对人的理解从天上拉回到人间的思想家。苏格拉底留给世人的名言警句，"未经审视的人生是不值得过的"，并一再警醒世人"人啊，要认识你自己"。当然，也有很多思想家在考察和反省人生的目标和意义。按照苏格拉底的观点，人们必须对自己的人生进行反思才能算作是真正过上有意义的生活，这就启迪人们需要更为自觉地思考人生问题。在苏格拉底的世界中理性高于一切，而且已经有了独立于外在世界的精神世界，这就是追寻精神性的"善"和"美"②的命题。正如欧洲中世纪教父圣·奥勒留·奥古斯丁（Saint Aurelius Augustinus）所言，人心中有一个死亡之洞，非得神不能填满，故此，唯有信仰基督教，人生从此才真正有意义。关于这个命题，我国儒家创始人孔子认为，要"学而时习之"，曾子也建议要"明明德、止于至善方能顺应天道之礼"。由此可见，在苏格拉底的视野里，对完美无知的人无法感受到心灵幸福。

（二）柏拉图的"真善美"人学观

古希腊伟大的哲学家暨全部西方哲学甚至于西方文化最伟大的思想家柏拉图（Plato）继承和发展了他的老师苏格拉底的衣钵。在西方世界，最

---

① ［英］罗素. 西方哲学史［M］. 何兆武，译. 北京：商务印书馆，1996：74.
② 胡雪萍. 文化与人的全面发展——文化建构视角下的价值体系建设［M］. 北京：人民出版社，2014：1.

早给予系统回答"人是什么?"的要数柏拉图,他将苏格拉底的"善和美"进一步做了出神入化般的深入演绎,从而第一个比较完备地构建了一个超越现实物质存在的代表精神上的圆满存在物"理念"范畴,并视其为事物的本质。其中,理念是由特殊性质所表明的类,是人追求的目标,理念并非更为纯粹的抽象概念,而是超越于具体事物之外的人的存在的主要依据。柏拉图在《斐多篇》中将"人"定义为"使用身体的灵魂",他的人性论以"理性""仁义"为追求目标,坚持正义是智慧和善,非正义是愚昧和恶;人性自私,但在理性的引领下可以回归正义之路;人的灵魂由"理性、意志和欲望"三部分建构而成,人在理性的状态下最可能掌握真理;抑制兽性,释放人性,惩罚是必要的。其中,"善"是柏拉图人学哲学的最高理念。人的本质是灵魂,灵魂来自理念世界,灵魂以"善"为最高准则。柏拉图把"善"作为最高和最终目的的学说开启了西方文化自觉追求精神实际的先河,对于西方社会产生了深刻而长远的影响。理念的建构,将人的精神生活放在了人学的核心位置,将人超越性的精神本质全然展现了出来。由此可见,柏拉图的人学观主张"真善美"是通向完美世界的阶梯。

(三)亚里士多德的"自然圆满"人学观

古希腊哲学家亚里士多德(Aristotle)作为柏拉图的杰出门生,他恪守"中道精神"人性论,第一次把伦理学与人的社会生活联系起来,进而从目的论来揭示人类在本性上是有理性的政治动物、社会动物,天生就注入了社会本能,"人类不同于其他动物的特性就在于他对善恶和是否合乎正义以及其他类似的观念的辨认"①。而且无论是统治者抑或被统治者都需要具备"既善且美的品德"。在其《尼各马可伦理学》中,亚里士多德深入讨论了人学问题,阐释了德性是个人在城邦共同体中的角色特性。可见,亚里士多德将个体价值放大到了无以复加的程度。

---

① [古希腊]亚里士多德. 政治学(第1卷)[M]. 吴寿彭,译. 北京:商务印书馆,1965:8.

总而言之，古希腊时代的代表性学者苏格拉底、柏拉图和亚里士多德被称为古希腊"三杰"，他们都比较关注和重视人学，也取得了一定成果。但是，对于人的单向度理解，造成了人是剥离了"身体"的人，即便是"认识你自己"，也不是聚焦于认识自己的本真，而是认识自己的灵魂，以便"照顾好自己的精神"，使之从"此界迁居彼界"①，这样来看，古希腊理性主义人学观不过是"魂学"② 而已。毕竟，理性是人超越于禽兽的地方，是人所具有的共同本性，从而使人道主义得到了充分彰显。

三、中世纪"上帝本体论"的基督教神性人学观

中世纪的欧洲宗教神学睥睨一切，是名副其实的基督教神学占主流意识形态的一个特殊时代，《圣经》自然成为基督教的最高经典。上帝被视作是"至高、至美、至能、无所不知，至仁、至隐、无往而不至，至坚、至定，但又无从执持，不变而变化一切，无新无故而更新一切"③ 的造物主。在神权主宰一切的"黑暗时代"，人只能在"孤独的修炼中"放弃一切④，而人学则沦落为神学的婢女，成为论证神学的工具，人的价值荡然无存，世俗生活的意义更是被遗忘，这一时期的人学属于"上帝本体论"的反思抽象性人学。荷兰艺术家雅各布·约尔丹斯（Jacob Jordaens）在其油画《四师徒》中形象地刻画了约克、马可、彼得和保罗四人全神贯注阅读《圣经》的场景，从一个侧面展示了圣徒虔诚的宗教信仰。而与古希腊时代相伴共生的是古罗马帝国的建立，虽然在政治与军事上取得了极大成功，但也导致了信仰崩溃、道德失序以及精神真空等消极现象。在此场景下，基督教以其神奇的精神力量和道德感召性激发了个体的人生期盼和

---

① ［古希腊］柏拉图. 游叙弗伦·苏格拉底的申辩·克力同［M］. 严群，译. 北京：商务印书馆，1983：78.

② 白虹. 阿奎那人学思想研究［M］. 北京：人民出版社，2010：4.

③ ［古希腊］奥古斯丁. 忏悔录［M］. 周士良，译. 北京：商务印书馆，1963：5.

④ ［意大利］欧金尼奥·加林. 中世界与文艺复兴［M］. 李玉成，李进，译. 北京：商务印书馆，2016：4.

理想信念。众所周知，基督教的核心范畴指向"爱"，其中"爱上帝"与"爱邻人"是爱的两个重要层面。基督教义中，人对于上帝的爱意味着人对于最高精神实体的永恒期望和不懈追寻。可见，在中世纪基督教的视野里，人类只是生物学意义上的本体存在，应当以"非二元的范式"① 理解人，人类的灵魂是上帝的恩赐，凭借着基督的受难和复活，人性被神圣化了。中世纪基督教实现了一统天下，世间万物都是在神的照耀下，而人只不过是上帝的创造物和附属品，并没有什么特别的存在感。中世纪的基督教神学认为，人的灵魂事务应由上帝掌管，人的世俗事务应由法律掌管，而人的身体事务应由医生掌管。这样一来，就把"人"分解成了上帝的人、自然的人和社会的人"三重身份"。据此，人皆兼领"三重身份"，面对"三重事务"。其中作为"上帝的人"接受教会的管理，作为"自然的人"接受医生的管理，作为"社会的人"接受法律的管理。而基督教作为信仰的载体，是掌管灵魂事务的出发点，负有维系与传播宗教信仰的初心和使命。基督教要求圣徒"爱上帝，爱上帝的创造物"，因此对于"上帝"与"上帝创造物"的态度就成为评判"罪"与"非罪"的标准。在中国传统文化中，"人之初，性本善"是关于"人"的基本评价。而基督教神学的核心问题却是"人性之恶"，也就是"人充满罪恶"。"罪"与"灵魂救赎"就成为中世纪基督教神学文化环境下"人"的生存状态。这样一来，基督教的一切宗教活动都是衍生于劝导人们洗清"罪恶"，从而实现"灵魂的救赎"的目标。

（一）人之原罪是中世纪基督教人学的逻辑起点和理论基础

在西方文化中，基督教是一种价值体系，而上帝是一切价值的最终来源。基督教典籍《圣经》认为，人是以上帝形象塑造而有别于其他万物的存在。由此，基督教神创论的人学观，既关注"人"的社会本性，又关注

---

① ［德］尤根·莫特曼. 人——基督宗教的现代化观［M］. 郑玉英，译. 台北：南兴北文化出版社，2014.

"人"的个体本性。也就是说，基督教关于"人"的解说，是基于社会群体角度对人类共有本性的宗教阐释，因为其逻辑假设基于人的"原罪"，所以其论说也就展示了对于"人性"的悲观失望以及同情和悲悯。

1. 何谓原罪

作为哲学范畴的"原罪"是中世纪基督教神性人学观的理论基础和逻辑出发点，失去了"原罪"的命题，基督教信仰乃至于基督教神学的思辨属性就会成为无源之水、无本之木而无从展开。"原罪论"确立了上帝的绝对权威性，将上帝的意志作为判定"善"与"恶"的唯一标准和最终尺度。那么，人类的"原罪"究竟始于何处？在西方神话关于人的出场传说里，造人是上帝创造世界的最后也是最神圣的一项工作。当时，上天尚未降下甘霖，地上却有雾气蒸腾，滋生植物，润泽大地。上帝便用泥土按照自己的形象塑造并赋予了有血有肉有灵感的人，并给其取名为亚当，同时抽取了他的一根肋骨造成了夏娃做他的伴侣。亚当和夏娃由此成为人类原始的父亲和母亲。于是上帝将亚当和夏娃安顿在东方的伊甸园居住，由于亚当和夏娃禁不住蛇的诱惑而偷吃了"智慧果"，违反上帝的旨意当然会受到惩罚。结果是亚当和夏娃被逐出了伊甸园，从此饱受磨难。当然，《圣经》认为，人类的原罪要么是失误造成，是所谓"一念之差"而铸成千古之恨；要么是出于人的本性使然，是人性的堕落。不论如何解释，上帝造人的故事还是暗喻人类有着高贵的出身，是神的后代，如果人类洗清罪孽，失去的乐园或许又会归还给他们。

2. 原罪的由来

《圣经》讲述了人类始祖亚当和夏娃因吃了"智慧之果"而违反上帝禁令最终被驱逐出伊甸园的故事，基督教演绎了人的"原罪论"是人与生俱来的本性使然。既然世间的一切都归因于上帝的功劳，那么"为了使上帝富有，人就必须赤贫；为了使上帝成为一切，人就成了无"①。也就是

① ［德］路德维希·费尔巴哈. 费尔巴哈哲学著作选集（下集）［M］. 荣震华，王太庆，刘磊，等译. 北京：商务印书馆，2017：52.

说，人的价值不在自身，而是指向上帝。圣·奥勒留·奥古斯丁（Saint Aurelius Augustinus）的神学理论是构建于"原罪论"和"上帝恩典论"基础之上的，他在其《忏悔录》中详细记载了他本人的人生体验，"我的罪恶恰就从我的肉体中长起来"①，表达了"罪恶"与"获救"的人生经历。"原罪论"是以神性来规定人性，其中蕴含着上帝借口人类拒绝服从而受到惩罚之意。在奥古斯丁之后，教皇格里高利（St. Gregory）深入展开了对于原罪理论的研究和阐释。他除了重复奥古斯丁的观点之外，更多地论述了原罪的遗传与继承问题。他形象地将"原罪论"比喻成为"树根"与"树枝"的关系，因为"原罪"来自亚当，人类作为他的后裔，自然要为先祖的堕落行为承担无限连带责任。

（二）基督教神学模式下人的存在方式

宗教神学表征人的主体力量的超越性，在中世纪的基督教神学时代被扭曲为对人的统治工具，甚至到了登峰造极的地步。人的存在方式有积极的生活与沉思的生活。"积极的生活"是入世的社会生活，是世俗身份的教徒选择的生活方式；而"沉思的生活"是出世的生活，是教职身份的教徒选择的生活方式。② 按照教会法的有关规定，无论是积极的生活，抑或是沉思的生活都属于合法的生活方式。而人的"罪"与"罪的赦免"，进而达到灵魂救赎的目标，是中世纪欧洲基督教神学时代"人"的基本存在形式，也是基督教信仰追求的终极目标。毕竟，人类虽然属于最高等级的"智慧生命"③，但是人的智慧在完美性方面不如天使，而天使的智慧又不如上帝，因为"在神身上，人描述了自己"④。所以，意大利思想家康帕内拉在其《太阳城》中批判道，基督教是"一切要根除恶行的宗教中的

---

① ［古罗马］奥古斯丁. 忏悔录［M］. 黎星，译. 北京：商务印书馆，1963：11.

② 刘城. 中世纪西欧基督教文化环境中"人"的生存状态研究［M］. 北京：北京师范大学出版社，2012：70 – 71.

③ Charles J. O'nei（translated），Saint Thomas，Summa Contra Gentiles，Book Four：Salvation，1976：81.

④ ［德］兰德曼. 哲学人类学［M］. 北京：工人出版社，1988：99.

真正的宗教"①。由此可见，中世纪神性人学观具有如下特点：一是人性中固有的"恶"源自于人类灵魂的堕落。基督教认为，人类本性中的核心问题是"人性之恶"，其要义在于为教会规范人的思想与行为提供了理论依据。二是基督教的人性赎罪。基督教将尘世的生命结束之后人类灵魂的归宿或引向天堂，或引向地狱。这样一来，人的生命前景在基督教思想观念中留下了深刻烙印。三是基督教人学观的核心指向对人类尘世生活的关照。一方面，基督教表达了对于人性恶的失望；另一方面，基督教借用上帝的名义把拯救作为人生的希望。四是基督教人学观的灵魂救赎展现了"上帝面前人人平等"的朴素观念。人的"原罪"与"罪的赦免"，进而达到灵魂救赎的期望目标，进一步深刻地体现了基督教神学关于"人"的定义放之四海推及每个人，一切基督徒无论在尘世抑或在天堂，总之，作为上帝的子民，他们在上帝面前一律享有人人平等的地位和权利。

四、文艺复兴和启蒙运动时代的人学观

康德在其《何谓启蒙？》一文中认为，启蒙指向人从宗教教义加之于自己的束缚和不成熟状态中实现自我，摆脱自身造就的蒙昧状态。②"文艺复兴"是欧洲封建制度日趋瓦解，资本主义生产关系逐渐形成，以及中世纪向近代过渡的一个历史时期，是欧洲文化发展的转折点。文艺复兴时期的哲学重现了古希腊、古罗马以人为本的灿烂文化，表征着近代西方哲学的萌芽。14～16世纪的欧洲在经历了中世纪漫长的"黑暗一千年"之后，西方人学的太阳对"人"的主体地位的关注引领了"人学"蓬勃跃出的回归希腊之路，就是把人从神学、从上帝的束缚中解放出来的人的发现期，重新突出人的价值中轴地位，歌颂人的伟大，弘扬人的主体性，倡

---

① ［意］康帕内拉. 太阳城［M］. 陈大维，等译. 北京：商务印书馆，1980：54.
② ［德］康德. 历史理性批判文集［M］. 何兆武，译. 北京：商务印书馆，1996：22.

导人的自由平等①，以消解神本人学观，并接连引起了宗教改革、启蒙运动，这个时候的理性主义和个人主义盛行，终归是开启了欧洲的近现代文明之路。文艺复兴和启蒙运动开启的人性复归不是上帝的启示，而是理性的自然演进结果，"宗教、自然观、社会、国家制度，一切都受到了最无情的批判；一切都必须在理性的法庭面前为自己的存在作辩护或者放弃存在的权利。思维者的知性成了衡量一切的唯一尺度"②。德国思想家约翰·沃尔夫冈·冯·歌德（Johann Wolfgang von Goethe）在其《少年维特之烦恼》中指出，人到底是什么？这被赞美的半神！难道在他最需要力量的时候，正好就力不从心？无论他在欢乐中飞腾或是在痛苦中沉沦，他都未加阻止，为什么当他渴望消失在无穷的永恒之中的时候，却偏偏恢复了冷漠、冰凉的意识？卢梭在《论人类不平等的起源和基础》中深深地感叹道："人类的各种知识中最有用而又最不完备的，就是关于'人'的知识。"③ 的确，人是历史主体，人是实践主体，人是价值主体，人也是利益主体。随着意大利文艺复兴运动的深入推进使西方人开始告别了"黑暗时代"，资产阶级启蒙运动思想家们提出了批判宗教神学、张扬人性的观点，并对中世纪的专制集权进行了批判，提出了社会契约论等观点，④ 使人在宗教背景下极大释放了人性。启蒙运动高扬人的理性，将"人的理性"而非虚拟的上帝看作最终的实在，其实质是对人自身的重新认识与深化理解。18 世纪法国启蒙思想家伏尔泰（Voltaire）甚至高呼"我可以不同意你的话，但我誓死捍卫你说话的权利"。由此导致上帝隐退，这时候如何"重建人学"成为启蒙运动的重要课题。斯宾诺莎声言："我要探究

---

① 吴楠，朱虹．马克思人本思想的历史轨迹及其当代价值［M］．北京：中国社会科学出版社，2016：6.

② 马克思，恩格斯．马克思恩格斯选集（第 3 卷）（第二版）［M］．北京：人民出版社，1995：719.

③ ［法］卢梭．论人类不平等的起源和基础［M］．李常山，译．北京：商务印书馆，1962：62.

④ 衣芳，等．人民群众主体论——群众观、党群关系、群众工作理论研究等［M］．北京：人民出版社，2008.

究竟有没有一种东西，一经发现和获得之后，我就可以享有连续的、无上的快乐。"① 最终，他认为，只有获得了对神的最高知识，产生了对神和永恒真理的挚爱，才能将自己融合于永恒之中。

德国古典人性论以"唯理主义"为基本特征。在康德时代，人具有"感性和理性"二元论的双重属性，因此也生活在"两重世界"中。康德阐释人的自由主要是从人的理性本质出发。他说"有两样东西，我们越是经常持久地加以思索，它们就越是心灵充满始终新鲜不断增长的景仰和敬畏：在我之上的星空和居我心中的道德法则"②。尽管康德是一位理性主义哲学家，但是他知道仅仅依靠纯粹的理性指导人们走向完美的道德境界是不够的，还需要道德情感的支持。康德在其《判断力批判》中指出，一个人能在"既合自然又合目的"的创造中，克服理性和情感的隔阂，就可能实现"知情意"和"真善美"的统一。

德国哲学家卡西尔在其《人论：人类文化哲学导引》中用"人—符号—文化"诠释他的"三位一体"的人学观。在卡西尔的视野里，人就是符号，就是文化，作为活动主体的人就是"符号活动""符号功能"，作为这种活动的实质就是"文化""文化世界"。文化无非就是人的外化、对象化，无非就是符号活动的现实化和具体化。一句话，"符号"是人的本性之体现。③ 人不再被看成是自在地存在并且可以被它的自身所认识的一个单纯的实体。人的统一性被看成是一种功能的统一性。而亚里士多德把人定义为"社会动物"是不够全面的，社会性并不是人的唯一特性。用培根的话来说就是，科学力图"按照宇宙的尺度"而不是"按照人的尺度"④。作为一个整体的人类文化，可以被称为是人不断自我解放的历程。

"自由"和"自我"是德国哲学家费希特人学的哲学范畴与核心命

① 斯宾诺莎. 伦理学 [M]. 西安：陕西人民出版社，2010：318.
② 康德. 康德文集 [M]. 北京：改革出版社，1997：177.
③ ［德］卡西尔. 人论：人类文化哲学导引 [M]. 甘阳，译. 上海：上海译文出版社，1985：31.
④ ［英］培根. 新工具 [M]. 许宝骙，译. 北京：商务印书馆，1984.

题。费希特在其《人的使命》中认为，人要运用自己的自由来追求绝对的自我。但是，他所谓的"自由"最终指向了一种通向道德完善的自由，而实现人的自由的途径是做一个道德完美的人。理性主义集大成者黑格尔主张通过逻辑学概念辩证运动的考察，论证人的精神朝向自由发展的历程，这就是"艺术、宗教和哲学"自我发展的"绝对精神"。黑格尔认为劳动是人的自由自觉的活动，自由是人的本质，人应该像人一样活着，消除使人游离于自身本质、使人异化的不平等社会关系，指向回归人的自由自觉的本质，从而达到人的彻底解放。在黑格尔时代，理性并非一曲独奏，浪漫主义者们更崇尚人的高层次的审美体验。在启蒙运动追求"自由"精神的鼓舞和感召下，谢林认为，人是自由精神的体现者。对于审美的推崇在荷尔德林那里达到了高峰。黑格尔之后，尼采将人自我超越的能力源泉追溯到了人身上体现出的强力意志。他指出："我就是那必须永远超越的东西。无论我创造了什么，无论我如何爱它——不久我就成为我的造物主和我爱的对手：我的意志要我如是。"① 尼采的超人哲学将人的主体精神发挥到了淋漓尽致的地步。德国哲学家康德指出，启蒙运动其实就是"人类脱离自己所加之于自己的不成熟状态"。由此，人终于回归理性的存在、自由的存在、有责任的存在以及反抗与荒谬的存在。可见，德国古典人学思想思辨性强，抽象、晦涩而艰深。到了现代社会的"两次世界大战"给人类带来了极大痛苦，也导致了启蒙精神的瓦解，存在主义应运而生。海德格尔将以人的死亡作为人本真存在的最坚实的理由，启迪人们要活出自己独特的人生，选择自己独特的生活方式。在肯定个体不可消逝的前提下，海德格尔、雅思贝尔斯等哲学家便将人的精神引向了"存在"和没有人格性的"上帝"。

五、工业革命时代的人学观

近代西方哲学认为应当以人而不是以神作为哲学的中心而开启发展历

① ［德］尼采.悲剧的诞生［M］.周国平，译.南宁：广西师范大学出版社，2001：201.

程。文艺复兴时代的学者们在倡导人文精神的同时,不但强调人的理性,而且更注重人的全面发展。绝大多数近代西方哲学家都要求摆脱旧式的基督教神学和经院哲学,以及其他具有统治地位的传统和权威对人的发展的任何束缚,从而主张思想自由和人的尊严,大力倡导人的个性的发挥和创造性的展示。近代西方哲学的发展现实是主客体的分裂使人要么沦为异化的机器,要么成为理性形而上学的一个环节而已。在近代西方哲学中,人无非就是形而上学体系中作为动物的一个类概念的外部体现。人的本质不是存在于人的现实生活之中,而是存在于形而上学的"人"的概念中。诚如柏拉图的理性人概念,于是人的主动性和创造性也就成为思辨而已。① 随着19世纪科学革命的持续推进,一系列的技术相继诞生,促进了科学的机械力学和生物人学模式。正如俄国作家车尔尼雪夫斯基所说,科学应该是人的仆女。在牛顿万有引力运动定律的支持下,瓦特改良的蒸汽机提供了强大的动力,以及亚当·斯密的自由主义市场经济,三者共同促进了英国资本主义的飞速发展,由此使"人获得了自信,信任自己的那种作为思维的思维,信任自己的感觉,信任自身以外的感性自然和自身以内的感性本身"②,这个时候,自然科学研究成果已经能够从生物学或考古学视角解释人的本质与起源。

(一) 生物学意义上的人

从生物学视角审视,人属于动物界、脊椎动物亚门、哺乳纲、灵长目、人科。从纵向历史视角看,人相继经历了能人、直立人、早期智人和晚期智人等若干演化阶段。

(二) 考古学意义上的人③

根据科学家的研究发现,关于人的起源问题,还得从生命的出场开始

---

① 杨国华. 劳动与人的自由全面发展——马克思的劳动概念及其当代意义 [M]. 上海:上海世纪出版集团,2015:85 – 86.

② [德] 黑格尔. 哲学史讲演录 (第4卷) [M]. 贺麟,王太庆,译. 北京:商务印书馆,1978:4.

③ [美] 亨德里克·威廉·房龙. 人类的故事 [M]. 林晓钦,译. 南京:江苏凤凰文艺出版社有限公司,2017.

叙述。大约 35 亿年前，海洋中孕育了最早的原核细胞这种生命元素，到
4.5 亿年前的寒武纪，随着气候和大气水环境的剧烈变化，新物种在水中
诞生，生命的表现形式日益多样化，其中脊索动物的出现是生命演化的里
程碑，生命逐渐登上了陆地，从两栖类、鸟类到哺乳类，生命一次次展现
了不可思议的突破力量，6500 万年前，陨石碰撞地球引起尘土覆盖地表致
使全球变冷，造成哺乳动物应激环境的多样性及体形的增长。5000 万年前
出现迄今为止最早的灵长类动物。1500 万年前，由于地球的地质结构发生
变化，类人猿从非洲迁徙至欧亚大陆，进化成为长臂猿。1000 万年前，人
类的祖先诞生。200 万年前，阿法南方古猿演化为能人。170 万年前出现
直立人（匠人、北京猿人、元谋人），他们开始使用火。16 万年前，智人
开始练习礼仪及宰杀河马。13 万年前，尼安德特人开始照顾病人。10 万
年前，海德堡人出现。5 万年前进化生成了现代人类。当人类的生命演化
到智人阶段，其标识是"智慧"和"意识"的出现，具有客观意识和主
观意识。客观意识是意识到死亡的无可避免性和无可挽回性；主观意识是
通过想象、仪式等弥合生死之间的鸿沟，借以消解和超越必然。人类走出
了对自然和现实的服从，就踏上了艰难的自我探寻和自我超越的漫漫征
程，"人迷失了伊甸乐园，丧失了与自然的一体性，人成了永恒的流浪
者……他必须了解自己，必须说明他存在的意义"①。自我意识是生命演
化为人类意识、人之成为人在意识层面的动力，并最终积淀为"认识你自
己"的永恒追寻。之后人类向全世界迁徙，并学会制造和使用简单的工具
及培育庄稼，凭借语言、文字开创了全新的文明。3000 年前，人类开始进
入铁器时代，揭开了人类发展的新纪元和崭新篇章。

人类社会发展经历"四次工业革命"之后已然过渡到信息化时代。②
人类凭借现代天文望远镜可以观察到宇宙纵深，也可以借用电子显微镜窥探

① ［美］弗洛姆. 为自己的人［M］. 孙依依，译. 北京：生活·读书·新知三联书店，1988：56-57.
② ［以色列］尤瓦尔·赫拉利. 人类简史：从动物到上帝［M］. 林俊宏，译. 北京：中信出版社，2017.

到微粒的内部构成。可以说，人类世居的地球已经没有处女地带，社会也已经没有尚未探察的陌生领域。也许到目前为止，如果还有个盲区需要解读，那就是人类自己。当然，人性是一个古老的话题，也表征着历久弥新的故事。人类诞生以来一直忙碌于对大自然的认识。社会诞生以来又执着于对财富和权力的追逐。自然为人类提供了衣食住行所需，社会为人类开辟了活动场域。人类发展已经从自然盲区走向社会盲区，人的发展已经从"社会盲区"走向了"自我盲区"。我们很多时候忽略了来时的路，已经忘却了自己是谁和为了谁，也迷茫于自己从哪里来？随着人工智能时代的到来，当计算机程序阿尔法狗打败围棋高手李世石九段的那一刻，人类开始深入回味人到底是什么？人性又是什么？而要考察人的问题离不开自然与人类的纵向历史轴线，也离不开社会与个人的横向现实坐标。历史诉说着久远的故事，人类早已经登台出场，而现实正演绎着生动的画面。众所周知，人性是自然关系的积累，也是自我关系的沉淀，更是社会关系的叠加。人性是认识人类属性的工具，也是承接人、自然与自我这三者关系的载体。也许学者们关于人性善还是人性恶的争论会一直持续不休。为此，学者东山认为，人性的本质是善良的，人性的邪恶是环境铸就的，不管怎样为了人类的未来，人性还是要引起社会的重视和关注，毕竟作为人性载体的人只要能自我觉悟起来，人类社会终将会走向共产主义的美好明天。①

第二节
中国传统思想文化的人学观阐释及其嬗变与发展

我国传统典籍《论语·述而》指出："德之不修，学之不讲，闻义不

---

① 学者东山从人性辨析、人性成立、人性成分、人性本能、人性底线、人性否定、人性对话、人性过程、人性回归、人性借助、人性传导、人性判别、人性错位、人性虚假、人性支撑、人性理解、人性分离、人性关系、人性苦难、人性限制、人性要素、人性支配、人性群体、人性道德、人性分裂、人性惯例、人性嫁接、人性善恶、人性标准、人性寄托、人性秩序、人性疯狂、人性规则、人性阶段、人性压缩、人性载体、人性信仰、人性现状、人性运行以及人性终结40个维度全面而精细地分析了人性。参见东山. 人性的社会解读 [M]. 兰州：敦煌文艺出版社，2018.

能徙，不善不能改，是吾忧也。"① 相对于西方人学思想推崇"天下为私"观念的"智性"传统，中国文化早在 3000 年前就开始了"天下为公"理念的"德性"传承。② 《论语·子罕》记载了春秋战国时代，饱经沧桑的孔子回顾漂泊不定的人生命运时，不禁对众弟子喟叹："逝者如斯夫！不舍昼夜。"③ 自然界中奔流不息的大河，就如人生的匆匆百年，更如白驹过隙。④ 先秦时期主张"以德为先"，汉代之后以儒家伦理纲常为基础，以"仁义"为核心的人学思想奠定了之后 2000 多年一以贯之的人学主基调。魏晋时代智性和审美的彰显使人的思想境界发展到了新的维度。唐宋时代圣贤式的人学观得到了颂扬。五四时期，以"人权"为基础的人学思想开始深入国人心灵深处。国学大师梁启超认为，中国传统哲学研究聚焦于"人学为出发点"⑤，其核心指向人之所以为人之道，以及人与人之间的相互关系。也有学者认为，人作为地球上最高级最复杂且最无与伦比的生命体，皆因为人性的复合性使然，而人性不过是人类共有的特性，彰显人之所以为人的本质，表征人的自然属性、精神属性和社会属性的有机统一。法国 18 世纪伟大的启蒙思想家让·雅克·卢梭（Jean-Jacques Rousseau）在其《社会契约论》中指出，人性的首要法则是维护人自身的存在，其第一关怀指向对于人自身的应有关怀。⑥ 一个人达到理智年龄，可以研判维护自己生存的适当方式时，他才算成为自己的主人。归根结底，中国哲学其实是在研究人性，因为只有人性才是回答人之所以为人道理的真谛。恩格斯在其《反杜林论》中指出，人来源于动物界的事实已经决定了人永远不可能完全摆脱兽性。所以，问题只在于兽性或人性的程度上的数量或者比例差异而已。

---

① ［春秋］孔子. 论语［M］. 肖卫，译注. 北京：中国文联出版社，2026.

② 高尚全，傅治平. 人民本位论［M］. 北京：人民出版社，2012：23.

③ 资料来源：出自［先秦］孔子弟子及其再传弟子《论语》十二章。

④ 姚新中，等. 中西方人生哲学比较［M］. 北京：中国人民大学出版社，2001：1.

⑤ 梁启超. 清代学术概论［M］. 南京：江苏文艺出版社，2007：104.

⑥ ［法］卢梭. 社会契约论［M］. 李平沤，译. 北京：人民出版社，2011：5.

一、东方远古叙事神话的人学观①

人类对于自我的好奇和思索从未停止过。人类自我认知的第一个问题指向自我本体的起源，是被谁创造的呢？还是生命进化而来，抑或其他方式？这就涉及人的产生和进化、人的灵魂安顿与精神信仰、人的本质属性、人的现代图景和未来发展、人的权利、人生的目的与意义以及人生的价值追寻等若干指向。在人类思想发展史上每一个民族可能都有一些自己的解释，如果我们追寻其渊源，神话中就有最早的关于人的故事。创世神话以想象弥补人类思维的不足，以传奇烘托人的气势。凡是人类思维达不到的地方，都必然会出现神的踪迹。中华民族的神话传说中，也包含着对人与自然关系的最初思考。而人是什么与人应该做什么的问题相互蕴含与印证②，东方文化中的盘古开天与女娲造人就代表了中国古代创世神话人学观的深入人心。

神话传说中，自从盘古开天辟地之后，地上就生长出了山川草木、鸟兽虫鱼等动植物。然而还是感觉缺少点灵气，于是就有了"女娲抟土造人"的故事。根据《太平御览·风俗通》记载："女娲抟黄土做人，剧务不暇供，乃引绳于泥中，举以为人。故富贵者，黄土人也，贫贱凡庸者，絙人也。"意思是说，大神女娲行走在荒漠的大地上，在一处水洼地蹲下身子，搅动起水边的黄泥，仿照自己的模样造出了人类。③ 不久，地上布满了"人"的踪迹。为了避免人类由于死亡而灭绝，女娲又把男人和女人结合在一起，让他们能成功为自己创造后代子嗣并绵延不绝。④ 这也可以说是华夏先民对于人类缘起的大胆设想。这个故事给我们展示了一幅大地

---

① 田兆元，叶舒宪，钱杭. 中华创世神话六讲［M］. 上海：上海交通大学出版社，2018.

② ［德］伊曼努尔·康德. 纯粹理性批判［M］. 邓正来，译. 北京：中国人民大学出版社，2011：270.

③ 参见太平御览卷七十八引自《风俗通义》说："俗说开天辟地，未有人民，女娲抟黄土作人，剧务力不暇供，乃引绳于泥中，举以为人。"

④ Jean Lang. Myths from around the World［M］. London：Brachen Books，1915：3.

初始时的荒凉景象，也为我们描绘了一幅自然造人的神奇图画。宇宙之初漂浮在永恒空间之中，形成了阴和阳两个反作用力。经过无数次轮回，盘古诞生了，宇宙之卵中较重的部分下落形成了地面，较轻的部分上升形成了天空。盘古用手脚支撑着天和地以免他们再次融合，盘古完成任务后，他的身体变成了宇宙的基本物质。天神女娲非常寂寞，她从黄河水中捞出泥巴来制作泥人，这样第一个人出现了，随后她用树枝蘸上泥巴向地面上甩，无数个小泥点形成了整个人类，重塑了世界，还替人类建立了婚姻制度。女娲因此而被称为"婚姻女神"，被誉为中华民族的伟大母亲。这个故事暗喻人是为了弥补世界的缺陷而降生。可见，中国文化中人的出场并没有像西方人的诞生那样先天打上原罪的烙印，倒是因为其元祖由补天的功劳而名垂青史，从而将人视为世界万物中最尊贵的高级动物。中国文化中也流行着诸如盘古造人、黄帝造人等传说，都为人的起源赋予了神秘色彩，这就是中国古代文化中关于人的出场的系列传说。

二、先秦时期"诸子百家"① 的人学观

人对于自身的关注和研究由来已久，早在古希腊人执着于破解"斯芬克斯之谜"时，中国人也在苦思"人是什么?"中国传统社会早在商周时代就已经开始了关于人性的探讨。中国最早的典籍《礼记·礼运》指出："人者，天地之德，阴阳之交，鬼神之会，五行之秀气也。"② 这是对人性宏观性的最高评价，突出了"万物皆备于我"的独特禀赋。《列子·黄帝》指出："有七尺之骸、手足之异，戴发含齿，倚而食者，谓之人。"③ 这是对人的解剖学描述，人的生理独特性，使人超越一切生物。再譬如

---

① "诸子百家"是对春秋战国时期学术流派的统称。据《汉书·艺文志》记载，有数百家之多。而流传较广且影响较大的有法家、道家、墨家、儒家、阴阳家、名家、杂家、农家、小说家、纵横家、兵家以及医家等。参见诸子百家［EB/OL］. 百度百科，2017 - 09 - 13.
② 胡平生，等. 礼记·礼运［M］. 北京：中华书局，2017：29.
③ 叶蓓卿. 列子·黄帝［M］. 北京：中华书局，2018：24.

"不虞天性"（《尚书·商书·西伯戡黎》），"俾尔弥尔性"（《诗经·大雅·卷阿》），"节性，惟日其迈"（《尚书·周书·召告》），等等。春秋战国时期的著名思想家公孙子产初步提出了"夫小人之性，衅于勇，啬于祸，以足其性而求名焉者"① 的关于人性的早期人学观，后世学者喻之为中国思想史上探讨人性问题的开端。文献记载，子产在郑国执政期间，着力推行学而后入政、择能而使之的用人机制，同时有控制地开放言路，既维护公室利益，又限制贵族特权，诸多改革举措引领郑国走向中兴局面。而系统论述人性并在后世产生重大而深远影响的则是孔子关于"性相近也，习相远也"②（《论语·阳货》）的人性观，孔子明确提出了人性的命题。而人的本性究竟如何，对此孔子貌似持有的是善恶混存的含糊人性观。③ 诚如子贡所说："夫子之言性与天道，不可得而闻也。"④ 作为儒家创始人的孔子并没有作出明确的善恶判断。迄今为止，对于孔子人性观的哲学阐释主要有人性善、人性恶以及人性无所谓善恶三个向度。后来接续孔子的人性观，继续深入系统论述人性本质的要数孟子与荀子作出的贡献最大，当然也许是因为孔子人性论的含糊其词与模棱两可，才为孟子和荀子留下了足够的人性观发挥空间，并进而影响到了他们的政治思想走向，这也反映了先秦时代生产关系变革引发伦理关系联动的一个认知历程。墨子兼爱与天志的"无人性论"。先秦儒家的人性观，是我国古代人学思想长期发展并逐渐形成的产物，人性论的出现，是为了解决道德根源，乃至是为了人类自身依归的问题。《墨子间诂》指出："去喜、去怒、去乐、去悲、去爱、去恶，而用仁义；手足口鼻耳，从事于义，必为圣人。"⑤ 可见，墨子的无人性论思想，则是他对这一问题的解决方法，也是以走历史回头路的外貌，立志于天志的构想之上。墨子的天志实同于周初宗教性

---

① 王世舜，等. 尚书·周书·召告 [M]. 北京：中华书局，2012.
② 肖卫. 论语·阳货 [M]. 北京：中国文联出版社，2016.
③ 冯兵. 论孔子善恶混存的人性观 [J]. 哲学研究，2008（1）.
④ 肖卫. 论语·公冶长篇第五 [M]. 北京：中国文联出版社，2016.
⑤ 方勇. 墨子 [M]. 北京：中华书局，2015.

的天命思想。

三、儒家意蕴丰富的人学观

"人是什么?"是人性论的核心问题,一切社会科学都致力于回答和围绕这个问题而展开研究。当然对这个问题的解读可谓百花齐放、各式各样,但最终归宿就像"人是人"的答复一样,并没有真正透视出人的科学本质。中国5000多年绵长的文明历程中,以仪礼教化之谓著称,孔子开创的儒家是我国思想的世界性标识。而儒家的人性论思想蕴含着丰富的文化资源。第一,"从帝到天"体现了殷周时期的至上神变化。帝的全能性宗教色彩、非全善性自然色彩以及从帝到天的自然意涵的可通性,展现为殷周时期的至上神帝的无所不能。而"天"是宇宙创造性原则的象征,遍及万物又承载万物,他并不存在于具体表达之外,而是借助于人对道德潜质的实现达到了最充分而特别的彰显。因此,居于天地之间的人的地位是独特的。到了西周时期,人们观天安排人事,主张以德配天,天的惩恶扬善的道德意志性、天的自然意涵的彰显,以及春秋晚期天之至上权威地位发生的动摇。第二,"命"体现了从形而上到自然义演变为西周人的原始崇拜,帝王系谱以及政权合法性体现了周人的"命"观念。殷商时期之上神从"帝"到"天"的转进,以及"命"从形而上到自然义的演变,在中国文明早期,孕育、哺乳了儒家人性论的人文资源呈现出神性色彩浓郁、人文理性精神得到彰显的整体性特征。所以说,人文精神是人性论得以成立的前提条件。中国文化就是富于人文精神的文化。以孔子、孟子和荀子为代表的先秦"儒家三杰"不仅是伟大的思想家,而且是伟大的哲学家,他们对于人性的言说中蕴含着丰富的人学思想。与此同时,人性作为一个让人难以捉摸而又无法割舍的话题,历经久远岁月而仍然呈现弥新之势,这是历朝历代思想家不懈努力的最终结果。不管怎样,学者们在人性与社会形成的激荡不已的张力面前,往往会迎难而上,并在时光的暗夜里留下孤独的背影与热忱的关怀。然而,人性不是一时兴起的娱乐话题,也不是一位学者就能应对的学术课题，因而对于人性的反思与探讨也许将会一直进行下去。先秦儒家人性论的根本视角即生言性①，对于人性的思考将是永无止境的。因而，有学术良知与人文情怀的学者，都应该先从自然维度意义上将自身纳入天地万物之中，将自身与其他物种都视为这个世界不可或缺的一部分。作为人类，更应该参与到天地大化、滋养万物的具体过程中，这才是人类的价值在当下的实现目标和基本方向。

（一）孔子的"罕言性的善恶不定论"人学观

在中国思想史上，最早关注并系统讲述人的问题的学者要数儒家学说创始人孔子。在中国5000多年的传统人学思想发展史上，先秦时代的孔子较早发现了普遍人性，并且确立其人学核心概念为"仁"，蕴含人之所以为人，是因为人具有天命之生理。但是面对自然人性的丰富性、情景再现的多样性和多维性。就人的自然本性而言是无所谓善恶的，而对于人的社会本质而言是既有向善的原初禀赋，又不失趋恶的惯常倾向。以至于有时候连孔子也不免提出"君子不立于危墙之下"做结，言下之意就是要冲破一切人与人之间的不合理区间，打碎等级界限，坚持只要是人就有同类的、平等的理念，这就是人性善恶不定论。皆因为"人之一念成仁，又一念成恶"的人性复杂性。孔子倡导和奠定的以"仁"为核心的"性相近，习相远"的人学观，是我国正统的人性论表达的最早形式，由此孔子堪称我国乃至于世界思想史上的第一位传统人学鼻祖②，他倡导的"仁"是性与天道融合的真实内容。③孔子指出人有"五仪"，有庸人、有士人、有君子、有贤人以及有圣人等审此"五者"，则治道毕矣。从《论语》中的记述来看，孔子的人性论比较隐蔽，给后人留下"罕言性"的印记。《论

---

① 李广友. 先秦儒家人性论的演变——以郭家店儒简为考查重点 [M]. 西安：陕西人民出版社，2014：201-210.

② 徐复观. 中国人性论史 [M]. 上海：华东师范大学出版社，2005：40-41.

③ 徐复观. 中国人性论史——先秦篇 [M]. 北京：生活·读书·新知三联书店，2001：57-80.

语·微子第十八》记载："鸟兽不可与同群，吾非斯人之徒与而谁与？"①
孔子以鲜明的问题意识勾连出了"人与兽"的比较关系，这就清楚地表明
了孔子极其关注人所具有的区别于鸟兽之处，暗含了后世明确提出的"人
与禽"之辩，毕竟人是异于鸟兽的一族。孔子认为，人性是人类所共有的
属性。自此，以"礼义廉耻"为基本内涵的中国传统人学观，不仅是作为
一种正统的思想意识形态，而且是"居于中国哲学思想的主干地位，并且
也是中华民族精神形成的原理、动力"②。孔子认为，只要人有所作为，
也可以有其善良的一面。③ 为此，《论语·里仁》曰："苟志于仁矣，无恶
也"。④ 可见，孔子也无法确认人性之善恶，但是他对于人性仍然持有乐
观态度，所以他提出"君子不立于危墙之下"作结。当然在春秋战国那个
"百花齐放、百家争鸣"的"人类轴心文明时代"，诸子百家们也有自己
见仁见智的人学观。

（二）孟子的"向善说"人学观

孟子在中国人学思想史上的最大贡献是提出了"性善说"，最早可推
及《尚书》与《诗经》，其根源一是人之本性良能，其二是天理，而相比
较于孔子的人性论言说，孟子的人性态度就显得明确而系统。他始终认
为，人的心善是性善的内在根据，所谓"人性之善也，犹水之就下也，人
无有不善，水无有不下"。"仁、义、礼、智，非由外铄我也，我固有之
也。"⑤ 因为，善是"天之所与我者"，所以"心善的人"自然会"性
善"，这是孟子经过了自己的深刻体会而提供了人性论得以成立的根据。

---

① 肖卫. 论语·微子第十八［M］. 北京：中国文联出版社，2016.

② 徐复观. 中国人性论史［M］. 上海：华东师范大学出版社，2005：1.

③ 学者易中天将中国人性总结为，耿直又圆滑、坦诚又世故、多疑又轻信、讲实惠又重义气、尚礼仪又少公德、主中庸又走极端、重节俭又梦想爆发、烧香算命又无宗教感，所以很难归入任何一个模式。也许与孔子"人性善恶不定论"有异曲同工之妙。易中天. 中国文人很多，知识分子很少［EB/OL］. 文化才子网，2018－12－02.

④ 肖卫. 论语·里仁［M］. 北京：中国文联出版社，2016.

⑤ 弘丰. 孟子［M］. 北京：中国文联出版社，2016.

孟子从心上论定性善，而心的"性、心、情、才"四种活动就是"情"。孟子和孔子的人性论是我国思想史上的佳话，在一定意义上也代表了先秦时期我国人性论思想发展的一次重要转向。诸如《孟子·离娄下》指出："人之所以异于禽兽者几希；庶民去之，君子存之。"① 孟子接着孔子的话题继续深入探求人异于禽兽的不同之处，也就是亚里士多德反复阐释的观点，人自身所具有的使人之为人的很小的但却是最好的部分，即神性也。② 这是人所共有的类特性。孟子强调人的独有主体性，也许就是指向人本质是善良的精神性。毕竟，善良是人的永恒天性，是生活方式的选择，也是人性中最美的一朵向阳花。

（三）荀子的"性伪论"人学观

如果说孟子的"性善论"是针对孔子的"人性无分善与恶"的积极回应，那么，荀子的"性伪论"则是针对孟子的"性善论"来讲的。中国传统文化中对于"性恶论"的阐释，最著名的当数荀子。作为经验型的现实主义思想家，荀子思想之复杂多元，在先秦"三杰"当中最为突出。所以，荀子的"性伪论"也是最为密集而又复杂的。《荀子·性恶》指出："凡性者，天之就也，不可学，不可事。礼义者，圣人之所生也，人之所学而能，所事而成者也。不可学，不可事，而在人者，谓之性；可学而能，可事而成之在人者，谓之伪。是性伪之分也。"③ 孟子、孔子和荀子在人生之谓性的意义上相同，他们分别看到了复杂人性的不同侧面，孔子言说其自然性，孟子突出其德性，而荀子强调其理性。这和他们生活的时代背景很有关系。荀子生活于战国末期的诸侯纷争时代，所以，他的人性体现出来的是人的社会性之表达，交相争斗之恶的背后是个体意识觉醒后的主动性和无法提供满足社会条件之间的斗争。

---

① 弘丰. 孟子·离娄下 [M]. 北京：中国文联出版社，2016.
② ［古希腊］亚里士多德. 尼各马可伦理学 [M]. 廖申白，译. 北京：商务印书馆，2016：307.
③ 方勇，李波. 荀子·性恶 [M]. 北京：中华书局，2015.

以上孔子、孟子和荀子作为儒家"三杰"的人性论见解，上承"三代"文明觉醒，下启后世启蒙教化，堪称我国传统思想文化中人性论的典范和表率。当然，他们对于人性的思考和表述也鲜明地展现了人性的"二律背反"，彰显了人性的复杂。第一，鲜明的价值取向性，在整体层面展现人性之追求——德性养成。先秦儒家"三杰"的人性论思想植根于人性的习而远、向善性和积善性的一脉强化，具有鲜明的价值性，已表明人类关于自身的人性见解，不只是事实性的，更关乎价值取向和德性引领，不仅作为自知的条目和自为的起点，更是作为自求所向。他们的人性思想形成了一个关照人自身的多棱镜，构成了人性论的多面体，形成了先天与后天、自然与社会、共性与个性、起点与目的的整体思维。虽然都转向人性，但是其着力点各有不同，立体地展现了人性复杂的生活场景。第二，突出人的后天实践生成性，知行合一成就真善美。先秦儒家"三杰"详细区分了自然天性与人类特性，注重人类特性之独特性。在孔子那里就是"性相近"，在孟子那里就是"四端四体"，在荀子那里就是"天之就"。人性具有人之共性，人性是人类共性之表达。总之，先秦儒家思想是从古典的原始宗教，逐步蜕化落实成为以人的道德理性为中心所发展建立起来的。从神意性质的天命，蜕化为春秋时代的道德法则性质的天命；从外在的道德法则性质的天命，落实为孔子思想内在的生命之中，成为人生命本质的性；从作为生命本质的性，落实为孟子在人生命之内，为人的生命做主，并有一个当下可以把握得到的心。心有德性和知性，而德性乃人的道德主体，知性是人的知识主体，荀子适时发展了这个方面。先秦儒家的人性论到了孟子和荀子算是发展到了成熟。① 可以说，儒家人性论注重强调人的主体性、倾力关注人本身的时代课题的出现并不是心血来潮的产物，也并没有偏离人文精神与时代背景的儒家人学观，是那个时代人文主义突进的思想成果，也是先秦时期

---

① 徐复观. 中国人性论史——先秦篇 [M]. 北京：生活·读书·新知三联书店，2001：231.

人文精神不断成长的产物。

四、秦汉以来代表性学者的传统人学观

从周王朝开始，中国奏响了"以德为先"的人学主旋律。周王朝的统治者深刻总结了前朝覆亡的经验教训。因此，在推行周礼的过程中，将德性作为调节人伦关系的规矩与法则。其中儒家继承了周王朝"以德为先"的人学观。而墨家主张"理人即为"，道家推崇"自然无为"，法家崇尚"实力"的人学观。到了魏晋时期，名士们推崇"自然"，致力于在"自然"中找寻精神大家园。隋唐时期是我国社会分久必合的时期，中华民族的盛运降临。儒释道三家的人学思想在新的时代得到了兼容并包，形成了儒家为正宗，儒释道"三家鼎立"的崭新格局。宋明时期经济繁荣、社会稳定、国泰民安。理学家们确立了"孔颜乐处"的人学境界。周敦颐主张将"太极"作为宇宙本体。张载则认为，阴阳是天道的品性，刚柔是地道的品性，而仁义是人道的品性，三者合一就是"理"，这就是"存天理灭人欲"的思想内涵。一直到现代新儒学主张人学就是要提升人的内在境界，着力于成为"内圣外王"，实现北宋理学家张载倡导的"横渠四句"，做到"为天地立心，为生民立命，为往圣继绝学，为万世开太平"①。其中，"为天地立心"指向遵循自然规律，着力培养以个体道德伦理为精髓的精神价值系统。"为生民立命"指向为人民引领正确的人生方向。"为往圣继绝学"指向以儒家为人格典范和精神领袖。"为万世开太平"指向以深邃的眼光关注国泰民安。总之，"横渠四句"关涉人生价值与精神追求的丰富内涵②，这便是读书人倾其一生孜孜以求的至高境界和永恒追求。

---

① 资料来源：出自［北宋］张载的《横渠四句》。
② 横渠四句［EB/OL］. 百度百科，2018－09－03.

第三节
东西方思想文化的人学观异同比较和选择性借鉴

从远古时代起，人们就开始思考这样的问题：人是什么？人为了什么？可以说，人类思想发展史，在一定意义上就是人对"自我认识"的演进历史。哲学自古希腊受精、孕育、成形和结实以来，尽管形成了千流百派，但是指向人的中心题旨就似一条红线始终贯穿其间，因此，人的问题便成为中西方哲学存在的深层动因和内在规定性。中国传统哲学长于伦理道德，着力于围绕人与社会，以及人与人的关系展开探讨和研究，人生哲学是其基本内涵成为中国传统哲学最精准而贴切的表达。诚如学者冯友兰所言，哲学就是关于人的最高学问。而西方哲学长于思辨，是智慧之学，着力聚焦于人与自然关系的探求。这就是所谓的东方人讲道理，西方人讲真理。东西方是人类文明的两个高峰，二者结合起来就可以得到最完美的和谐，实现世界的大同。古希腊哲学家苏格拉底关于"认识你自己"的呐喊，促成了"人是第一重要的""人是万物的尺度"的理念，形成了"人天生是政治动物"① 的哲学命题。西方古典哲学的人学包含人道主义精神。马克思实践人学实现了人的哲学史上的伟大变革，它推动了从"抽象人学"到"具体人学"，从"思辨人学"到"实证人学"②，从"理想人学"到"现实人学"，从"生物人学"到"社会人学"，从"剥削人学"到"劳动人学"，从"少数人学"到"多数人学"的华丽转变。通过梳理东西方人学思想研究的发展逻辑和历史演进脉络，从文艺复兴和启蒙运动以来，人的主体性获得了全面彰显，人类理性在科学领域取得了极大成功，助力人学思想指引人类生活。诚如霍克海默（M. Max Horkheimer）和阿道尔诺在其《启蒙辩证法：哲学断片》中的观点，任何事物都有两面

---

① ［古希腊］亚里士多德. 亚里士多德全集（第9卷）［M］. 颜一，秦典华，等译. 北京：中国人民大学出版社，1994：6.

② 李大兴. 超越：从思辨人学到实证人学［M］. 北京：人民出版社，2006.

性，人类在享受物质和精神文明时，也遭遇人类理性导致的 GDP 后遗症、生态失衡等诸多困境。人类已到了一个十字路口，人类将去往何方？对人类命运的关切和反省成为现代西方人学兴起的深层动因。而与西方世界不同的是，作为后发国家的中国缺失了理性崛起和科学高涨，由此也导致了中国传统社会人性的扭曲和科技的落后，新时代要勇于迎接人的发展与社会发展的一致性挑战，以科学的马克思实践人学指导社会主义市场经济健康发展，也许是中国马克思实践人学高潮迭起的主要起因。近年来，国内人学研究取得了一定进展，形成了比较丰富而有分量的研究成果，为《资本论》及其手稿的实践人学思想提供了现实语境与学术资源。

一、宗教信仰中的人学观

西方思想文化认为，人是上帝创造的，而中国则说人是由泥土做的。西方人讲人有原罪，有了信仰可以赎罪；而中国神话认为，人是有等级的，应该乐天知命，人定胜天。人性的产生和复杂在于能动的目的性和工具化之实践，人性在生物学层面上还具有主动性、社会性和发展性，这些特性与人类社会实践息息相关。人性生成、存在和发展于生命与实践的交互转化中，实践越复杂丰富，人性便越丰富复杂，是人学思想发展整体的动态转化过程。东西方宗教信仰中基于地理、历史、文化和时代背景孕育了各具特色的人学观。西方世界有基督教、伊斯兰教和佛教等宗教信仰以安顿精神生活。而中国人以儒学、道学和佛学这种"三位一体"结构的你中有我、我中有你来安顿世俗生活和精神归宿。

二、东西方思想文化中从"神话人学"到"哲学人学"的转型

"人是什么？"抑或"人在存在中有什么地位？"这不仅是个哲学问题，更是与每个人的生存、生长和生成密切相关的问题。人可以成为什么，从凝眸思考到动态实现再到精心沉淀，是"人"作为有自我意识的类

存在者的独特存在方式，对于这个问题的探索，无数大师都留下了探索的足迹。公元 5～15 世纪是欧洲最为黑暗的时代，基督教成为绝对统治地位的意识形态，神学替代了一切人学。古希腊、古罗马绽放光辉的人性与人本主义，在神的映照中黯淡失色，最终哲学让位于神学，理性退居到二线，宗教成为无数人的精神寄托。中世纪的宗教神学对人的禁锢达到了令人难以想象的程度。为了配合罗马帝国的统治需要，教会里涌现出大量"教父"的经院哲学家痴迷于论证诸如"一个针尖可以站立几个天使"的"哥德巴赫猜想"，他们炮制出一系列基督教教义，以维护封建专制统治。16 世纪的欧洲宗教改革是人类通过教会摆脱信仰的开端，对于路德领导的宗教改革运动，马克思评价为"路德战胜了虔信造成的奴役制，是因为他用信念造成的奴役制代替了它……他把肉体从锁链中解放出来，是因为他给人的心灵套上了锁链"①。同时，马克思还指出，动物只是按照"它所属的那个种的尺度和需要来构造，而人却懂得按照任何一个种的尺度来进行生产，并且懂得处处都把内在的尺度运用于对象；因此，人也按照美的规律来构造"②。正如德国哲学家卡西尔所言，"认识自我乃是哲学的最高目标"③，这看来已经是世所公认的重要命题。

（一）东西方神话传说中人学观的有益启示

无论是东方的女娲造人抑或是西方的神创说，都给后人以丰富启示④：第一，人源于自然，或者说人是自然的一部分。神话说，人是神用泥土塑成的，蕴含着自然是人类之母。人生于土，终将复归于土。这也就是古代先民讲的"大块劳我以生，息我以死"，由此，实现了人与自然的紧密联

① 马克思，恩格斯.马克思恩格斯选集（第 1 卷）（第二版）[M].北京：人民出版社，1995：10.

② [德] 马克思.1844 年经济学哲学手稿 [M].中共中央编译局，编译.北京：人民出版社，2000：58.

③ [德] 卡西尔.人论：人类文化哲学导引 [M].甘阳，译.上海：上海译文出版社，1985：3.

④ 姚新中，等.中西方人生哲学比较 [M].北京：中国人民大学出版社，2001：6－7.

系。第二，人的出现比高原山川、动物植物要晚一些。无论在西方神话，抑或东方传说，人类总是后出世的。在西方是上帝创造了天地万物之后，在第 6 天才创造了人。而在中国，为了分出先后，竟然动用了盘古和女娲才有了人的出场。盘古开天辟地，女娲造人，这就表明了，人类不过是地球的后来居民，是天地万物的一部分。第三，人优先于万物。东西方神话传说都对此作了详细论证。人是神的受造物，神按照自己的形象塑造了人类，既然人乃神造之物，那么人成为天地之最宝贵就顺理成章了。不仅如此，神还赋予了人类灵气、生气与精明。在西方神话中，上帝对其他动植物不满意，才有了亚当和夏娃来管理这个世界，奠定了人是万物的主宰地位。而在中国传说中人是女性所造，这就在其禀赋中嵌入了温柔色调。在中国人心目中，世界上的一切都是有序的。女娲造人是觉得自己孤独，造人是为了让这个世界更有生机活力。

从东西方人学思想史的比较发现，西方传说中神所创造的人似乎多了些霸道和蛮横，中国神话所创造的人似乎多了些安详与温顺。也许这就是后来西方哲学多讲人与自然的差别和对立，而中国人生哲学更多注重天与人合一的缘故。

（二）东西方思想的人生境界观体现了西方人求真理与东方人求道理

东西方的人学思想发展体现了历史与逻辑的辩证统一，诚如学者王元化认为："历史的发展固然可以从中推导出某些逻辑的规律，但历史和逻辑并不是同一的，后者不能代替前者。历史的发展往往并不是根据逻辑来推理，顺理成章地得出结论的"。① 与人的身体一样，人生境界总是伴随着人的一生，而无论容颜如何改变，人生道路如何坎坷，人生命运如何波折，无论在何种境遇下，个人始终能够拥有和自主把握的是其人生境界。人学是哲学精神的集中展现，人是现实的、经验的，又是理想的、超验的。人要在现有经验中对自身做出肯定，使其生活在当下，而人生境界是

---

① 王元化. 思辨录 [M]. 上海：上海古籍出版社，2004：214.

人学命题中最具有时代精神的核心观点。人生境界是人在自然界、人类社会和精神世界的存在方式，与自然存在对应的是人的身体，与社会存在对应的是人的社会角色，而与精神存在对应的是人的心灵。所以，有学者指出人生境界是虚灵的存在，是真实的存在，也是最本己的存在。其对应的是个体"心灵的存在"，指向心灵总体的"状态和水平"①。人生境界高贵意味着思想之深远，道德之高尚，审美品格之高格；人生态度之高远，也意味着深层次的幸福感。传统儒家以"仁"安顿心灵，以"仁心"超越自我为中心；道家以"无"作为心灵达致的高度，主张"吾丧我、无所待，体天道、任自然，由道而德、尊道贵德"；佛家以"空"为心灵安顿的超脱境界，推崇"万法皆空、诸法无我，无缘大慈、同体大悲，一花一世界、一叶一如来"。西方基督教大师奥古斯丁强调"灵魂攀附"的思想传承，主张罪性与救赎，谦卑、忏悔与爱，以及与上帝合一。可见，东西方传统文化就是安顿心灵、提升人的境界。

三、东西方人学思想的殊途同归

仰察宇宙之无穷，俯究万物之运动。天地苍苍，谁能穷究宇宙的真谛；人心惟危，谁能参透生活的禅机！纵观东西方传统思想文化的人学观一般都围绕或者聚焦于经典作家及其文本的诠释，其中孕育了文化的精粹、学术的方法，酝酿爱智和生命，从而激发人性的尊荣。

（一）东西方人学观都强调伦理生活是关系性的概念，属于作为超越的天或者圣者之神的结果②

基督教用"神圣"这个词有属于神圣者的旨意，上帝以圣智和爱与受造物发生关系，因为人是按照上帝的形象塑造的。人类有上帝的形象，这

---

① 郝永刚. 人生境界论［M］. 上海：上海社会科学院出版社，2012：22 – 23.
② 杨克勤. 圣经人论——行在光与爱的人性［M］. 北京：宗教文化出版社，2013：1.

也就是人类与上帝之间的特殊关系：人是上帝在人间的代表。一个人皈依主，也就是期望在伦理上有正义、在道德上有善良。儒家以天论人，把人的本性看成是在自然界中的天性。用基督教的话语讲就是：成人是上天的恩赐。同样，儒家经典《中庸》的"天命之谓性"，意即人人拥有上天给予的性情或倾向，这就是"性"。所以，人天生就具有相同的人性，最终，儒家伦理人学观指向超越的天给人发出道德为善的命令，因而内在反映了超越天的价值合理性。

（二）基督教人学观和儒家伦理人学观共同指向成圣目的都在于关爱邻人

基督教的爱神是爱人伦理的哲学基础，而儒家的伦理指向是成人的道路，主要指向仁爱他人。仁与圣爱都是互联互通的，但是神的爱是无条件的。神在基督教里向人类启示，神是如此完全的"被离弃和鄙视的邻人"① 他们常常把"德"视为是"天"的表达一样，而儒家从来是把"仁"视为成人的核心本质和重要标识。

（三）东西方人学的哲学逻辑

中西方思想史上人学观的演绎一般遵循，从古希腊哲学注重实际本原问题到近代哲学注重思维与存在的关系问题，再到马克思主义哲学注重人的解放和发展问题，这一奔流不息的思想之河映射了人学认识从外到内再到链接内外的实践，从物质到精神再到人自身生存和发展的变革进程，经历了远古时代从神和自然对人的奴役、哲学对人的塑造、科学对人的发现与回归，以及人对于自然的超越与升华等诸多方面。

1. 哲学对于人的重塑

古希腊的亚里士多德明确地肯定，人是政治动物、社会动物。他宣称人在本质上是政治动物，具有社会属性。而柏拉图认为，人天生要在城邦

---

① 杨克勤. 圣经人论——行在光与爱的人性［M］. 北京：宗教文化出版社，2013：13.

生活。中世纪的欧洲宗教神学占据社会生活的绝对统治地位，认为带有"原罪"的人是上帝的创造物，人就应当弃绝肉体，弃绝现实生活为上帝服务，以祈求上帝恕罪。著名神学家托马斯·阿奎那（Thomas Aquinas）继承了亚里士多德和奥古斯丁的思想，也认为人是政治动物，要过社会的生活。因此，君主政体是实现公民权利神圣目标的最好工具。到了17世纪，欧洲资产阶级的思想家们，诸如霍布斯、斯宾诺莎和洛克等用大自然的权威来反对神的权威，认为人性就是理性，表征人的自然本性。而国家、社会和法等则是基于人的理性的产物。18世纪的法国启蒙学者也把人归为"自然人"，把人的本质归结为自然本性。而人为了脱离原始自然状态要通过缔结契约进入社会，这样，人就成了社会的人，以此获得了社会性。孟德斯鸠认为，人们"相互结合"，对"社会生活的愿望"是"自然法"的体现。① 伏尔泰认为，每一种动物都有它的理性所主导的本能，任何人如果绝对孤独地生活，他很快就会失去思想和表达自己的能力而成为自己的一个负担，最后只剩下变为野兽这一条路。② 德国古典哲学家康德从理性原则出发，以严密的逻辑推导出人作为理性的动物，必然处于社会中，并在其中接受教育。费希特也认为，既然社会是由富有理性的人结合而成的，那么有理性的人就应该是社会的人，理所当然地应该过社会生活。③ 由此也明确透露出，西方哲学家大都以理性作为人的本质。

古希腊哲学家毕达哥拉斯是第一个试图讲道德的人。他虽然相信神的存在，但更强调"一切都要服从命运"。其他理性主义者进一步主张人类要掌握命运的观点。赫拉克利特认为："逻各斯"是统治和驾驭一切的必然性，同时也是人的灵魂固有的属性。早期的智者学派代表性学者普罗泰戈拉提出"人是万物的尺度"思想，把人由"从属位置"摆到了"主体位置"。德谟克利特利用原子论来说明万物，认为人的灵魂是由最精细的、

① 北京大学哲学系外国哲学史教研室编译. 西方哲学原著选读（下卷）［M］. 北京：商务印书馆，1985：41.

② 周辅成. 西方伦理学名著选辑（下卷）［M］. 北京：商务印书馆，1987：14.

③ 夏甄陶. 人是什么？［M］. 北京：商务印书馆，2000：126–129.

最圆润的、最灵敏的原子组成的，人就是灵魂原子和肉体原子的结合。亚里士多德提出："人的特殊功能是根据理性原则而具有理性的生活。"① 伊壁鸠鲁主张人要保持独立性的道德生活。而西方文化对于人的真正发现始于 15～16 世纪，那是从中世纪向近代过渡的伟大时代，是被著名的文化史学家布克哈特称为"世界的发现"和"人的发现"的时代。1517 年，马丁·路德在德国威滕伯格教堂举起了 16 世纪宗教改革的旗帜，从而把千年来对人的认识推向了新的高度。路德的宗教改革是在基督教内部对中世纪教会的批判，是在保留上帝、基督教信仰的条件下对人的价值的发现，在一定程度上引起了人们对于人神关系的再思考。问题在于，宗教改革虽然否定了教会对人的束缚和压抑，但没有彻底摆脱神对人的奴役，人仍然是神的奴仆，还没有获得自己独立的人格。

2. 科学技术支撑和促进人的发现与回归

近代科学的兴起，从根本上动摇了中世纪教会的权威，上帝造人说再也无法束缚人类认识自己的冲动了。这个时候，人由上帝的奴仆一跃成为世界的主人，很快人们就抛弃了神话和宗教，开始了人类起源、人与自然关系的科学探索。把人与神区别开来，不让神来监管人是东西方文化在重新认识人自身的初期阶段共同走过的路径。在中国，人们对人的再认识也是从解决人与神的关系开始的。周代采取的"敬鬼神而远之"的策略就是当时的应对之法。春秋时期，人们逐渐认识到，人与神的关系不是主人与奴仆的关系。子产提出："天道远，人道迩，非所及也。"孔子主张："务民之义，敬鬼神而远之。"② 这些思想极大影响了后人，促进了中华民族以人为本，重视当务之急的现实主义文化传统。春秋时期还出现了具有科学意义的人神关系理论。道家重视人的地位。儒家更是以发现人、推崇人道主义为己任。后期的思想家逐渐确立了"天人合一"理论，足以表明，我国传统哲学思想已经发现了人性中自有的本体性。

① 周新城. 西方伦理学名著选辑（上卷）[M]. 北京：商务印书馆，1964：280.
② 弘丰. 左传·昭公十八年 [M]. 北京：中国文联出版社，2016.

由此可见，在关于人类起源这个问题上，东西方人学思想的差异主要表现在认识方法、人学内容及发展方向等若干领域。直到近代科学兴起之后，人们对于人类起源的探索和研究掀开了新的篇章。1859 年，达尔文的《物种起源》开创了进化论思想，用自然科学的最新成果进一步证明了人起源于猿的科学真理性。

（四）人对于自然和社会的超越与升华

人从诞生的那一刻起，就执着地追寻着人类的终极存在，探寻着人生的终极意义，以此显示出与众不同。的确，正如俄国作家陀思妥耶夫斯基所说，人是一个秘密。应当识破这个秘密，不用说，要认识人的整个生命，需要时间……英国学者史蒂文森（Stevenson）认为，关于人的命题是至为关键的一个问题。因为，世间的很多事情都取决于人的看法。诸如人生的意义和目的如何？人生期望达到什么目标等，所有这一切都从根本上固守着我们心目中的人之"真实"与"真正"之本性的影响。[①] 的确是这样，人是从自然的怀抱里孕育生成并阔步向我们走来，好似携带着地球母体美妙和谐的韵味与内涵，开始了自己独立的人生之旅和自我意识，从而演绎着一幕又一幕生命的悲喜剧。人作为社会存在和社会意识的本体，是天地间最为重要而高贵的生灵。正如《尚书》记载道："惟天地万物父母，惟人万物之灵。"[②] 老子在其《道德经》中也写道："故道大、天大、地大、人也大。域中有四大，而人居其一焉。"关于人指向认识自我过程中生发的诸多困惑与问题思考，就是这一幕又一幕的生命剧演。伴随着宇宙与社会的逐渐分离，预示着自然与文明走向对立。为此，黑格尔解释道，人因为制造和使用工具而"具有支配外部自然界的力量，然而就自己的目的来说，他却是服从自然界的"[③]。同样，马克思在其《资本论》第 1 卷中批判边沁等的"效用原则"时就深刻阐释了人的本质的多维层次性，

---

① ［英］莱斯利·史蒂文森. 人性七论［M］. 袁荣生，译. 北京：商务印书馆，1994：4.

② 张景，张松辉. 道德经［M］. 北京：中华书局，2021.

③ 列宁. 哲学笔记［M］. 北京：人民出版社，1974：202.

这就是说，假如"我们想知道什么东西对狗有用，我们就必须探究狗的本性。这种本性本身是不能从'效用原则'中虚构出来的。如果我们想把这一原则运用到人身上来，想根据效用原则来评价人的一切行为、运动和关系等，就首先要研究人的一般本性，然后要研究在每个时代历史上发生了变化的人的本性"①。人作为完全意义上的人的存在，具有自然本性、精神本性和社会本性，是自然存在、精神存在和社会存在的有机统一体。可见，随着人类与自然之间、人与人之间以及人与社会之间的冲突越发增多，进一步促使人类不断思考如何才能实现人与自然的和解，实现人与人的和解，以及实现人与社会的和解，进而走向人对于自然、人对于人以及人对于社会的真正回归，使人摆脱自然、社会的束缚而成为真正的人。

1. 人的自然本性是人为万物之灵的第一要义

从纵向和横向交错维度来作全面考察，历史可以划分为自然史和人类史，众所周知，人与自然之间密切关联，是命运共同体。可以说，只要有人存在，自然史和人类史就会彼此相互制约。② 人作为自然界长期发展与逐渐进化的产物，人依靠自然界生活，自然界不仅给人提供生活资料，而且供给生产资料，这就注定了人的自然本性指向作为自然存在物之人的自然属性，而人的这种自然属性应该回归到自然界中去追根溯源。马克思主义认为，未来人类社会必须着力遵循人与自然的和谐相处规律。那是因为，在人面前总是摆着一个"历史的自然和自然的历史"③，在工业社会更是如此。自然总是在不经意间留下人的活动的痕迹，所谓自然是人的无机身体，而人是自然的有机身体就是最贴切的人与自然画像，生产劳动是人的自然属性的直接表征，是人与自然之间彼此区分又相互统一的中介。

---

① 马克思. 资本论（第1卷）//马克思恩格斯文集（第5卷）[M]. 北京：人民出版社，2009：704.

② 马克思，恩格斯. 德意志意识形态（节选本）[M]. 北京：人民出版社，2003：10.

③ 转引自杜刚清，陈辉，等. 向马克思学什么 [M]. 北京：国家行政学院出版社，2018：136.

人向自然的生成其实是完成了人的本质的自然化，进而化身为一种与大自然相统一的人性。① 正如马克思在《资本论》第 3 卷中深刻指出："社会化的人，联合起来的劳动者，将合理地调节他们和自然之间的物质变换，把它置于他们的共同控制之下，而不让它作为一种盲目的力量来统治自己；靠消耗最小的力量，在最无愧于和最适合于他们的人类本性的条件下来进行这种物质变换。"② 而在中国传统儒士眼里，人理所应当是自然之子。中国儒家所讲的"性"字其实就是"生"字。道家经典《道德经》曰："道生一、一生二、二生三、三生万物。"③ 孔子认为："生之谓性。"在宋明理学那里尤其格外关注："存天理、灭人欲。"与此同时，在西方思想史上，人性也就是人的自然性，人的自然本性就是人的生命这样一个基本事实。在基督教会统治下的中世纪，人的自然本质让位于人的神学本质，人遮蔽在神的光环下，掩饰了人的主体性。启蒙思想家约翰·洛克（John Locke）认为，在道德学维度上的"人，是一个永不变的观念，是一个有理性、有形体的东西"④。这就把"人"看作是一个有形体的、感性的和富有理性的存在物。英国哲学家戴维·休谟（David Hume）也主张"人类心灵的主要动力或推动原则就是快乐和痛苦。"⑤ 而 18 世纪的法国哲学家克洛德·阿德里安·爱尔维修（Claude Adrien Helvetius）更是从人的自然本质出发来反观人性的基本内涵和内在逻辑。综合起来看，古今中外学者关于人的自然本性的内在规定性大致如下所示。

第一，人是自然生命谱系的最高形式。人本源出于自然而又高于自然，人的第一本质或者说本性就是人的自然属性，毕竟人是自然的生物性存在。科学研究表明，人是在宇宙诞生 137 亿年前或者地球诞生 47 亿年后才由自然界发展到一定阶段的偶然又必然的产物。作为人的"吃、喝、

---

① 曹孟勤. 人向自然的生成［M］. 北京：生活·读书·新知三联书店，2012：16.

② 马克思. 资本论（第 3 卷）//马克思恩格斯文集（第 7 卷）［M］. 北京：人民出版社，2009：928－929.

③ 张景，张松辉. 道德经［M］. 北京：中华书局，2021.

④ ［英］洛克. 人类理解论（上下）［M］. 关文运，译. 北京：商务印书馆，1997：506.

⑤ ［英］休谟. 人性论［M］. 关文运，郑之骧，等译. 北京：商务印书馆，1997：616.

性行为等，固然也是真正的人的机能。但是，如果使这些机能脱离了人的其他活动，他们就是动物的机能。"① 所以，人的本质就展现为自然物质和精神境界的统一、自然物质和社会属性的统一，人的本质就在于生产物质生活本身，现实的生产关系规定人的本质，人的本质是一个不断完善的过程，人性始终是自然属性与精神属性以及社会属性的有机统一，人是生命体的最高形式。人与自然是命运共同体，人类必须尊重自然、顺应自然、保护自然。

第二，人的自然本质展现了人作为生物的本质属性。人自从来到这个星球上就始终处于自然的包围中，这就注定了人与自然的关系从一开始就体现为人通过行动建立起来的实践关系。② 人依赖于自然，人与自然是一个有机整体，人在自然面前的解放是人找回人的真实自我，从而向自然生成自己的真正本质的过程。正如马克思在《资本论》第 1 卷中深刻指出："为了在对自身生活有用的形式上占有自然物质，人就使他身上的自然力……使他自身的自然中蕴藏着的潜力发挥出来，并且使这种力的活动受他自己控制。"③ 这是马克思对于人的自然本性的唯物主义诠释，毕竟，"人是肉体的、有自然力的、有生命的、现实的、感性的、对象性的存在物"④。人类出自自然，最终将回归于自然，这是万物循环轮回的自然规律，早已被 19 世纪的自然科学研究成果《能量守恒与转化规律》所证实。诚如中国自古以来信奉的"天人合一"思想蕴含人与自然关系的经典表达，表征人类追求和谐的文化基因，彰显人类社会发展的理想状态。学者张岱年认为，天人合一的基本含义"就是肯定'自然界和精神的统一'"⑤，当然，"天人合一"也意味着天人同构、天与人有着共同的运行

---

① 马克思，恩格斯. 马克思恩格斯全集（第42卷）（第一版）［M］. 北京：人民出版社，1979：92.
② Karl Marx. Texts on Method ［M］. Oxfod：Basil Blackwell，1975：190.
③ 马克思. 资本论（第1卷）//马克思恩格斯文集（第5卷）［M］. 北京：人民出版社，2009：208.
④ 马克思，恩格斯. 马克思恩格斯文集（第9卷）［M］. 北京：人民出版社，2009：24.
⑤ 张岱年. 中国哲学中的"天人合一"思想剖析［J］. 北京大学学报，1985（1）.

法则，以及天地内事皆为己分内事。① 可见，"人是自然界唯一达不到自己目的的存在物，是整个宇宙中唯一不配做上帝创造物的成员"②。人的自然本性指向人天然具有谋生与求生本能。这种本能按马克思在《资本论》第1卷中的说法就是人类史与自然史的互动中，人类史是人类自己的产物，而自然史非人类力所能及③，是长期的生物进化中遗传和变异的对立统一过程。当然，人的生存离不开自然界，同时也受到自然界的束缚和压迫，这就决定了人的自然本性也集中于人对于自然的改造和利用，要秉持敬畏自然、尊重自然、顺应自然、保护自然的理念，实现人与自然的和谐共生，让人民共享自然美、生命美和生活美，切实走出一条"产业兴旺、生态宜居、乡风文明、治理有效、生活富裕"的文明道路，使人真正"成为自然界的自觉的主人"。

2. 人的精神本性是人为万物之灵的第二要义

人之所以为人，不仅在于其肉体生命具有自然属性和社会属性，更在于其肉体生命中蕴含的无限超越性的精神，毕竟，人还是"有意识的类存在物"。如果"没有'人的感情'，就从来没有也不可能有人对于真理的追求。"④ 人时常受到自身的束缚，要获得解放必须正确认识人自身，认识人的精神、本质以及价值，使人"成为自身的主人——自由的人"。毕竟，人的感情是人作为主体对客体是否符合需要的依赖或反应，是人的一切行为的原始驱动力。人的意志作为人的劳动产品的对象性存在正是人的思想和意志的客观呈现。

第一，精神本性是人作为万物之灵的条件和基础。生活在这个世界上的人必然具有自然本性，然而人之所以是自然界发展阶段的最高级产物，

---

① 董伟. 中国传统人观史纲 [M]. 北京：人民出版社，2018：344 - 353.

② Karl Marx, Die Vereingung der Glaubigen mit Christo nach Joh. 15, 1 - 14, in ihrem Grund und Wesen, in ihern unbedingten Nohwendigkeit und in ihren Wirkungen darge-stellt [M]. Marx - Engels Gesamtausgabe, I/1, Dietz Verlag, Berlin, 1975, S. 450.

③ 马克思. 资本论（第1卷）//马克思恩格斯文集（第5卷）[M]. 北京：人民出版社，2009：429.

④ 列宁. 列宁全集（第25卷）（第二版）[M]. 北京：人民出版社，1988：117.

就在于人的精神性存在，如果没有了这一灵魂，人其实与金石草木无异。所以，马克思认为："人的自我意识具有最高的神性。不应该有任何同人的自我意识相并列"①。当然，现代科学已经证明了人的精神是如此神奇而瑰丽，以至于人类往往把精神当作是独立的实体。

第二，精神本性指引人类走向智慧和自由。科学技术已经证明了在一定条件下，精神对于物质的支持作用不可小觑。在现代社会，精神文明的重要性毋庸讳言，已经成为超越物质文化而跃升为统一人类文化的重要方面和人类生存发展的必然趋势。

3. 人的社会本性是人为万物之灵的第三要义

实践是人特有的存在方式，是人类社会生活的本质。而社会是人的社会，人是社会的人，人不仅是社会的局中人，也是社会的剧作者，人与社会的密切联系不可分割。在马克思视野里，人不仅是自然存在物，更是社会存在物。一句话，人的本质是现实的人之所以存在的内在根据。因为，人类为了生存和发展必须从事社会生产劳动和其他实践活动。而人类只有在社会中才能成就其真正本质，社会是"人同自然界的完成了的本质的统一，是自然界的真正复活，是人的实现了的自然主义和自然界的实现了的人道主义"②。只有在"社会中，人的自然存在对他来说才是他的人的存在"③，毕竟"孤立的一个人在社会之外进行生产……是不可思议的"④。荀子曾经说过："人之所以为人者，何已也？……夫禽兽有父子而无父子之亲……故人道莫不有辨。"⑤ 浏览西方思想史上，关于人的社会本质的研究也伴随着人的自然本性的探索。霍布斯就认为，自然创造了人类，但

① 马克思，恩格斯. 马克思恩格斯全集（第 40 卷）（第一版）［M］. 北京：人民出版社，1982：190.

② 马克思，恩格斯. 马克思恩格斯文集（第 1 卷）［M］. 北京：人民出版社，2009：187.

③ 马克思，恩格斯. 马克思恩格斯全集（第 34 卷）（第二版）［M］. 北京：人民出版社，2008：164.

④ 马克思，恩格斯. 马克思恩格斯全集（第 12 卷）（第二版）［M］. 北京：人民出版社，1998：734.

⑤ 方勇，等. 荀子［M］. 北京：中华书局，2011.

由于人的利己天性，一旦当人们追求同一样东西时，个体为了自己的利益和安全考虑，就有可能互相压制、相互为敌，从而造成了"所有人对所有人的战争"①，以及社会对于人的奴役和压迫。马克思在《资本论》及其手稿中最终解答了，人要摆脱社会的束缚和压迫，使人"成为自己的社会结合的主人"，也就是说人的本质不是单个人所固有的抽象物，在其现实性上是一切社会关系的总和。"不管个人在主观上怎样超越各种关系，他在社会意义上总是这些关系的产物。"② 可见，人的本质是改造自然的社会实践，是改造人类自身的社会实践。一言以蔽之，社会性是人的本质属性。

第一，人的自然性和人的精神性的对立统一是人的社会性的前提和基础。人的本质是多元复合体，就如人的需求多样化一样的道理。自从人成其为人的那一刻起，人的自然本质和精神本质就开始了社会化的过程。之后，随着人类社会的迅速发展，人的本质的社会化程度不断提升，以至于人的本质指向就只能是社会化的自然本质和精神本质及其延伸。

第二，人的社会性促进人的自然性和人的精神性的同步发展。作为社会动物，人的价值只能在社会中实现。人生活于社会中，就促进了人的民族、职业、阶级、生活水平、生活方式、生产方式、语言文字以及思维方式等千差万别。与此同时，这些差异进一步促进了人的自然本性和精神本性的优化，从而形成自然本性是前提和基础，社会本性成为根本和关键，精神本性是不可或缺的属性。其实，人是一种"三维矛盾性"的实体存在，其中有神性的火花、好善的激情、对真理的渴求，也有欲望的火焰、罪恶的诱惑和对世俗富贵功名的不懈向往和无限遐想。人是世界上最为复杂的自然存在物，又是高于自然的社会存在物，是唯一自觉到自己矛盾性的存在物。简而言之，人的本质是构筑于自然属性和精神属性之上的社会

---

① Tonnies. On Sociology: Pure, Applied and Empirical [M]. Chicago: University of Chicago Press, 1971.

② 马克思. 资本论（第1卷）//马克思恩格斯全集（第23卷）（第一版）[M]. 北京：人民出版社，1972：12.

本性，在此基础之上，人与社会构成人类命运共同体。

　　总之，当下的世界是科学技术突飞猛进的时代，也是知识经济和信息化喷涌的世界。这就在客观上要求人类既要充分发挥科学技术是第一生产力的独特优势，又要从客观上警惕科学技术可能带给人类的负面效应，使科学技术与人的自由而全面发展实现和谐共生。唯有如此，才有可能真正消除科学技术与人性的对立面，实现科学之真与人性之真的有机融合与完美统一。从根本上讲，马克思主义是人的学说，是为人类谋幸福、实现人类解放，走向共产主义的学说。人从来不应该是孤立的存在，而是与自然、社会，乃至于自身发生着千丝万缕的关联。人的实践活动既体现着客体对人的制约性，又表现着人对客体的自主性、能动性和创造性。所以，马克思实践人学认为，人的本质属性在其现实性上是"一切社会关系的总和"。当然，人的本性既是变化的又是不变的，不变的是其内核，变化的是其呈现出来的样态，而"人"的内在本质犹如宇宙一样在更为根本的深层维度也许是个难解的奥秘，但是不管怎样，人类对于人自身的认知一直在向前推进也许永远无法完全明了。正如马克思主义经典作家所说，任何人的职责、使命、目的、任务就是全面地发展自己的一切能力。① 即使如此，也需要真正促使马克思实践人学揭示人生意义和价值，塑造理想人格，丰富人类精神，提升人的德性修养，协调人与自然、人与人以及人与社会的和谐共生关系，指引人生趋向"真善美"之至高境地。

① 马克思，恩格斯．马克思恩格斯全集（第3卷）[M]．北京：人民出版社，1960：5.

《资本论》及其手稿中实践
人学的生成与发展

马克思经过长期执着而严谨的学术探究，解答了困惑，找到了答案，这就是"人的根本就是人本身"①。只有重视人，回归人，聚焦于人的问题，回归到生活世界本身，才有可能找寻到人的科学本质。犹如马克思所说，历史什么事情也没有做，它"不拥有任何惊人的丰富性"，它"没有进行任何战斗"！其实，正是人，现实的人、活生生的人在创造这一切、拥有这一切并且进行战斗。并不是"历史"把人当作手段来达到自己——仿佛历史是一个独具魅力的人——的目的。历史其实不过是追求着自己目的的人的活动而已。② 在这个认知层面上，马克思总结为，人是社会关系的总和，人是社会历史的存在，归根结底，人是社会实践的存在。由此可见，《资本论》及其手稿的实践人学彰显了人类形而上追求的普遍性，其理论内涵表征了人类"文明的活的灵魂"，就在于其是在吸吮了东西方人学思想精华的滋养下生成发展，表达了全人类的共同追求和崇高愿景。

➡第一节
从抽象人学到马克思《资本论》实践人学的转型与深化

对于人本身的一如既往地关注和重视是马克思主义者的初心所系和价

---

① 马克思，恩格斯. 马克思恩格斯文集（第1卷）［M］. 北京：人民出版社，2009：11.
② 马克思，恩格斯. 马克思恩格斯文集（第1卷）［M］. 北京：人民出版社，2009：295.

值追求。1943 年 12 月，毛泽东在其《关于人的基本特性及其他》一文中深刻地指出，人的思想是历史地发生与发展着的，并不是一开始就能做到尽善尽美、完美无缺的。① 正如马克思在《1857—1858 年经济学手稿》中明确指出，人是"最名副其实的政治动物，不仅是一种合群的动物，而且是只有在社会中才能独立的动物"②。孤立的个体在社会之外生存是难以想象的事情，在已经内在地具有社会力量的文明人偶然落到荒野时，可能会发生就像许多个人不在一起生活和彼此交谈竟有语言发展一样，也是不可思议的。可见，只有社会性是人的本质属性，离开了社会性将无法科学理解人的本质属性。也许这就是为什么哲学家们致力于论证人的尊严，并且着力把人的权利还给人自身的原因所在。

一、《资本论》及其手稿中实践人学的西方文化渊源

任何一种思想的出现都不可能割裂与以往理论内在的血脉相通的必然联系。就像鲜花是不能够生长在岩石上的，同理，任何伟大思想的诞生都是时代哲学的精华，不仅需要相应的物质因素，也需要适宜的思想土壤资源的滋养和培育。《资本论》及其手稿的实践人学思想是世界现代化进程中本源于西方而传播影响到全世界的重要思想体系之一，可以说，马克思实践人学思想来自人类全部知识总汇的精华，尤其是从 19 世纪 40 年代的现实生活中生长出来的③，更是历史和现实、理论和实践、革命和科学，以及马克思本人的先天禀赋与后天勤奋创作的结晶和产物。新时代，探析马克思实践人学思想的源承关系，对于深入理解马克思实践人学思想具有重要意义。正因为马克思实践人学思想的综合性特点，要透析和解读马克思实践人学观就必须从其历史与文化统一的前提着手，回顾和考察当时欧

---

① 毛泽东选集（第3卷）［M］. 北京：人民出版社，1996：81–85.
② 马克思，恩格斯. 资本论手稿选编//马克思恩格斯文集（第 8 卷）［M］. 北京：人民出版社，2009：6.
③ 陈先达，靳辉明. 马克思早期思想研究［M］. 北京：中国人民大学出版社，2016：2.

洲的社会思想文化发展的特定场域。① 也就是说，马克思实践人学观缘起于人类提升自身地位，以揭示和实现一切使人自己成为人的因素，着力于解决人本身生发的疑惑和神秘化现象孕育成形的产物。其中，历史纵深维度的考察可以追溯到古希腊和古罗马，而近维度考察可以回望到近代以来欧洲的文艺复兴、宗教改革、科学革命和启蒙运动。

（一）古希腊古罗马文化是西方文明的源头活水

古罗马时代希伯来文化中犹太教的社会正义观、普济精神以及个人主义等宗教伦理都被西方文明传承下来。而西方文明中的理性思维则来自古希腊。古希腊人不仅摆脱了近东的神话观，而且孕育了新型的自然观与社会观，由此成为西方科学与哲学传统的基础。② 古希腊哲学开创人泰勒斯对自然界的理性探索，智者学派对人类文化的理性思考，苏格拉底理性的个人，柏拉图致力于建立的理性社会，以及古希腊理性思维创造性的集大成者亚里士多德，都是西方文明理性思维传统的开创者和奠基者。古罗马人继承和发展了古希腊人的文化遗产，从而为中世纪之后欧洲的文艺复兴和近代的科学革命保留了火种。

（二）14～17世纪的文艺复兴主题以探析人的本质作为突破口

文艺复兴是"人类以往从来没有经历过的一次最伟大的、进步的变革，是一个需要巨人而且产生了巨人的时代"③，人们都努力去冲破禁锢人的中世纪的上帝之城。个人可以自由决定自己的命运，唯有历史的经验、现实的环境力量以及人类本性的推动力才能影响到个体的命运。于是，代表资本主义兴起的人文主义盛行，提倡"个性解放""人的伟大"，

---

① ［南］弗兰尼茨基．马克思主义史［M］．衣俊卿，译．北京：人民大学出版社，1981：18.

② ［美］马文·佩里．西方文明史（上卷）［M］．胡万里，等译．北京：商务印书馆，1993：92.

③ 马克思，恩格斯．马克思恩格斯选集（第3卷）（第二版）［M］．北京：人民出版社，1995：847.

注重对人本身的价值、幸福和尊严的追寻。个人一旦从神学中解脱出来，就成为历史的产物又作为历史的创造者而发挥自己的作用。然而，宗教对人的束缚使人性受到压抑和摧残。16世纪的马丁·路德的宗教改革运动则主张回到《圣经》和早期基督教教义，旨在挑战或试图剥夺教会对人的统治权，着力于把人的获救与解放还给人自身，可以通过自己的内心和信仰获得上帝认可，而无须向上帝赎罪，使人"在心灵的深处所听到的内在的言语"①。相比而言，文艺复兴是上层贵族运动，而宗教改革则是下层平民运动。文艺复兴和宗教改革共同开启了西方一个新的"人的复归"时代，被漫长的中世纪压制的人性获得了空前的解放，狄德罗、赫尔德、歌德、康德和费尔巴哈等学者都用不同的方式论述了人的问题。这个时代由于充分肯定了人的价值，等于变相降低了教会和天国的重要性，人的主观能动性获得了前所未有的舒展和释放。可以说，宗教改革孕育了德国古典哲学的精神渊源，由此产生的丰富成果成为拉开科学革命序幕的前奏和先声。

（三）17世纪后的科学革命助力对人的本质的正确认识

启蒙运动②时代的著名思想家伏尔泰的卓越贡献是宽容和人权，他的至理名言："我不同意你的每一个字，但是我愿意誓死捍卫你说这些话的权利"③。卢梭主张个人私利应该让位于社会公利，并在其《社会契约论》和《论人类不平等的起源》中所阐述的人的权利论对于马克思实践人学的形成产生了重要影响。其中，《人类的起源》指出，人与古猿的分化并进化到人的模样，经历了漫长的过程，在距今300万～200万年之间，才实

① 周辅成. 西方伦理学名著选辑 [M]. 北京：商务印书馆，1964：532.
② "启蒙运动"是18世纪初至法国大革命前欧洲近代资产阶级上升时期，资产阶级反对封建意识形态的思想文化运动，涉及自然科学、哲学、伦理学、政治学、经济学、历史学、文学以及教育学等诸多学科领域。启蒙运动的主题是确立人的地位和价值，目的在于摆脱宗教对人的束缚，为资本主义发展扫清障碍。参见牛江伟，等. 马克思主义政治学原著选读 [M]. 哈尔滨：黑龙江教育出版社，2019：15.
③ [美] 爱德华·伯恩斯，等. 世界文明史（第2卷）[M]. 北京：商务印书馆，1987：304.

现了从猿到人的转变，可见，人类从最初形成和产生以来，有 200 万～300 万年的历史，其间经历了猿人、古人、新人等若干阶段，才基本上实现了到现代人的转变。关于这一点，马克思曾经指出，整个所谓"世界历史不外是人通过人的劳动而诞生的过程"①，这就足以说明随着科学革命的深入推进，劳动在人的本质分析中的重要作用日益得到了越来越多人的认同。

1. 康德的"自由理性"人学观

康德是德国古典哲学的奠基者和创始人，他在哲学史上引发了"哥白尼式的革命"。关于"人是什么？"的问题也是康德"三大批判"的核心论题，其结论指向人是理性存在物和自由存在物，也就是人的"真善美"问题，但是事实上由于康德仅仅局限于道德领域而无法真正回答和揭示人的科学本质问题。诚如当代德国著名哲学家米切尔·兰德曼（Michael Landmann，1998）所言："康德当时写的人类学没有达到他自己的水平，它也没有试图这样做。它只是一种充满着新奇东西的描述性的、人种学的和心理学的人类学。"② 即使这样，康德的人学观也成为后世理性主义精神的基础价值。

第一，康德富于理性色彩的人性理论。康德指出，人作为"有理性之物是以自己为目的而存在"③，而理性是本体界的象征，是完全纯粹的自由。而世人以经验判断人性善恶是非理性的，人们之所以称"一个人是恶的，并不是因为他所做出的行动是恶的（违背法则的），而是因为这些行动的性质使人推论出此人心中的恶的准则"④。

第二，康德人学是自由人性的彰显。基于"自由理性"人学观的康德并没有一般性地做出人性善或恶的主观臆断。他认为，人的尊严是人性的

---

① 马克思，恩格斯. 马克思恩格斯全集（第 42 卷）（第一版）[M]. 北京：人民出版社，1979：131.

② ［德］米夏埃尔·兰德曼. 哲学人类学 [M]. 张乐天，译. 上海：上海译文出版社，1998：42.

③ ［德］康德. 道德形而上学基础 [M]. 北京：商务印书馆，2012：43.

④ ［德］康德. 道德形而上学基础 [M]. 北京：商务印书馆，2012.

重要组成部分，而人的尊严源自于人的理性和善良意志。康德对人的普遍赞颂，重拾并强化了启蒙时代的人道主义精神。

2. 黑格尔的"自我意识"人学观

德国是富有哲学辩证思维传统的伟大民族，被誉为"奥林匹斯山上的宙斯"的黑格尔人学观集中体现为对"精神、理性和自我意识"的高度推崇。其实，聚焦和关注于"人"始终是黑格尔哲学思想的始点、基点与终点。黑格尔终其一生都在围绕"人的本质及其现实化"① 命题进行执着的探究。黑格尔人学来源于古希腊哲学和近代启蒙哲学中的人学观念。按照黑格尔的说法，"自我意识是从感性的和知觉的世界的存在反思而来的。并且，本质上是从他物的回归"②。黑格尔主张人人有平等的自由权利，他坚持讨论被异化为自然界的精神而自我认识、自我实现，因为在那里，人被规定为普遍的精神并且是绝对精神发展自身的必备环节。就这样，黑格尔把人看作是精神性的存在，那就等同于无意识。黑格尔甚至认为，"人能超出他的自然存在，即由于作为一个有自我意识的存在，区别于外部的自然界"③。黑格尔对于人的精神性存在的逻辑出发点的阐释是绝对精神的客观存在。所以，马克思后来总结到："人的本质，人，在黑格尔看来＝自我意识"④，把人的本质定位于自我意识，把人理解为具有自我意识的存在物。同时，黑格尔进一步指出："人类自身像这样地被尊重就是时代的最好标志，它证明压迫者和人间上帝们头上的灵光消失了"。⑤这实际上是对人的本质规定的抽象定义，从而使自我意识成为主体，现实的人反而成为主体的谓词。⑥ 由此观之，黑格尔的人学观给予了马克思广

① 张君平.黑格尔人学思想研究［M］.北京：知识产权出版社，2015：1.
② ［德］黑格尔.精神现象学（上）［M］.贺麟，译.北京：商务印书馆，1981：116.
③ ［德］黑格尔.小逻辑［M］.贺麟，译.北京：商务印书馆，1980：80.
④ ［德］马克思.1844年经济学哲学手稿//马克思恩格斯文集（第1卷）［M］.马恩列斯著作编译局，译.北京：人民出版社，2009：207.
⑤ ［德］黑格尔.黑格尔通信百封［M］.苗力田，译.上海：上海人民出版社，1981：43.
⑥ 陈培永.什么是人民、阶级及其他：以马克思的名义［M］.南京：江苏人民出版社，2018：16.

泛而深刻的积极启示和有益引领①：一是作为推动原则和创造原则的否定性的辩证法；二是自然向人生成的目的论的世界观；三是历史和逻辑相一致的唯物史观的发展观，也就是对马克思继承黑格尔思想的"合理内核"，并对超越黑格尔生成科学的实践人学具有重要的指导意义。

3. 费尔巴哈带有"机械直观性的抽象"人学观

费尔巴哈是 19 世纪德国杰出的形而上学唯物主义者，也曾经是青年黑格尔派②的活动积极分子和主要成员，他是德国哲学界第一个指出黑格尔哲学"头脚倒置"特性的学者，他的人学思想发展逻辑和演进轨迹对于马克思实践人学的生成和定型具有重要的方法论启迪。费尔巴哈认为，人的问题是"哲学上最高的东西"③，对于人的探讨和追问触及了人的真正本质，反映了人的存在的终极关照和价值旨归，构成了人的自我意识的内在逻辑。费尔巴哈为此系统论证了在宗教中被异化的人，强调把人从绝对中解放出来。当然费尔巴哈的直观人学并没有从"宗教批判"走向"政治批判"，而是从"宗教批判"直接走到了"人本主义"，使他在对宗教的批判中发现了人之于上帝的至高无上性。1841 年，费尔巴哈在其《基督教的本质》中指出，人自己意识到的"人的本质究竟是什么呢？或者，在人里面形成类，即形成本来的人性的东西究竟是什么呢？就是理性、意志、心。一个完善的人，必须具备思维力、意志力和心力。思维力是认识之光，意志力是品性之能量，心力是爱。理性、爱、意志力，这就是完善性，这就是最高的力，这就是作为人的绝对本质，就是人生存的目的"④。费尔巴哈从批判黑格尔哲学入手，展开对宗教的批判，试图从人的关系出发去发现人的本质，以揭示人的独立个性和应有尊严，借以表达对人性的

---

① 邓晓芒. 马克思从黑格尔那里继承了什么？[J]. 马克思主义与现实，2008（2）.

② 有学者认为青年黑格尔派反对保守主义，主张用自我意识哲学改造黑格尔哲学，同时把精神看作是人的本质，借助于自我意识来表达人的自有本质。参见吴楠，朱虹. 马克思人本思想的历史轨迹及其当代价值 [M]. 北京：中国社会科学出版社，2016：47.

③ 费尔巴哈著作选集（下卷）[M]. 荣震华，李金山，译. 北京：商务印书馆，1984：83.

④ 费尔巴哈哲学著作选集（下卷）[M]. 荣震华，李金山，译. 北京：生活·读书·新知三联书店，1962：27 – 28.

诉求和期望。只是由于他把人归结为同动植物一样的自然存在物，也就不能真正理解生产劳动对于人的生成和发展的重要意义和决定性作用。在马克思实践人学孕育结实过程中，费尔巴哈起了桥梁和纽带的中介作用。马克思正是借助批判费尔巴哈人学观，以批判和清算黑格尔的唯心主义人学观，确立了人在哲学中的应有地位，从而成长为一个辩证唯物主义和历史唯物主义者。马克思认为，"费尔巴哈对感性世界的'理解'一方面仅局限于对这一世界的单纯的直观，另一方面仅局限于单纯的感觉：费尔巴哈谈到的是'人自身'，而不是'现实的历史的人'。'人自身'实际上是'德国人'"①。与此同时，费尔巴哈"从来没有看到真实存在的、活动的人，而是停留在抽象的'人'上，并且仅仅局限于情感范围内承认'现实的、单独的、肉体的人'，也就是说，除了爱与友情，而且是理想化了的爱与友情以外，他不知道'人与人之间'还有什么其他的'人的关系'"②，这就是费尔巴哈带有机械直观性的人学观表达。

由此可见，在马克思视野里，费尔巴哈用直观的方法观察和审视人的本质，只能得到局限于类本质的范围内那些可直接感受到的诸如亲友关系等内容，而对于诸如社会分工、生产关系等深层次关系是无法用肉眼观察到的。这就决定了费尔巴哈头脑里关于人的本质只能是生物学意义上的，而有关人的具体生活方式或存在特点，并没有进入费尔巴哈的学术视野，最终只是对唯心主义作了一些改造，也没有彻底超出黑格尔哲学的牛角尖。所以，马克思据此认为费尔巴哈的这种"把生活过程中外部表现出来的东西，按照它表现出来的样子加以描写、分类、叙述并归入简单概括的概念规定之中"③，也就是直观的形而上学唯物主义人学观所常见的表面的、暂时的、偶然的、可直接感受的变化和关系。

① 马克思，恩格斯. 马克思恩格斯全集（第3卷）（第二版）[M]. 北京：人民出版社，2002：48.

② 马克思，恩格斯. 马克思恩格斯文集（第1卷）[M]. 北京：人民出版社，2009：207.

③ 马克思. 资本论（第3卷）//马克思恩格斯全集（第26卷）（中册）（第一版）[M]. 北京：人民出版社，1973：182.

4. 空想社会主义大师富于"理想化与浪漫主义情怀"的人学观

19世纪的英法空想社会主义也是马克思实践人学的直接理论源泉，其中的代表性人物圣西门、傅里叶和欧文都十分关注人的解放、人的发展和人的幸福，并在此基础上进行了细致深入的学术研究，成为他们各自改造社会方案的根本依据，从而为马克思实践人学奠定了坚实的思想基础和理论依据。

第一，圣西门关于"实业制度"的人学观。圣西门是法国大革命的产物，他把追求"人的全面发展"作为一生的奋斗目标，他提出要为全体社会成员创造最广泛的可能条件来助力和发展他们的才华，提高他们的能力。首先，圣西门推崇全面发展的人是他的毕生追求。圣西门首次提出"全面发展的人"的概念①，并且习惯于把文艺复兴时期的那些多才多艺的人士界定为是"全面发展的人"，这显然具有认识上的局限性，当然也映射了圣西门对资本主义客观现实的不满以及对人类解放前景的美好追求。其次，圣西门批判资本主义不合理并设计理想的社会框架。圣西门指出，资本主义是建立在人与人之间的对抗与压迫基础上的不正常社会，严重损害了人的尊严，并主张将资本主义改造成适合大多数人的最大利益需求，以尽可能满足个体有尊严生活的社会。

第二，傅里叶关于"法郎吉与和谐制度"的人学观。关于人的解放与发展问题的阐释上，傅里叶赋予了人类解放与发展的确定内涵，使他比圣西门有了明显的进步。傅里叶从经济角度无情揭露和严肃批判了资本主义制度在物质和道德上的贫困，乃至于罪恶，进而从人的劳动视角勾勒出了未来美好社会的理想架构，这就是"法郎吉"式的"和谐制度"。恩格斯对于傅里叶给予了很高的评价，他认为傅里叶在思想史上"第一个确立了社会哲学的伟大原理"以及"确立了劳动和享受的同一性"②的重要观点。傅里叶认为，在任何一个社会中，妇女的解放程度是衡量普遍解放的

---

① 洪波. 马克思个人理论的整体性与当代性研究［M］. 杭州：浙江大学出版社，2015：51.

② 马克思，恩格斯. 马克思恩格斯全集（第1卷）（第二版）［M］. 北京：人民出版社，2002：578.

天然尺度和"晴雨表"。总之，在傅里叶的思想中，资本主义文明是建立在人性压制基础上的，要想彻底实现人的解放和自由发展，他潜心设计的良方就是"和谐制度"的人学观。

第三，欧文关于"共产主义新村与新和谐平等公社"的人学观。当19世纪40年代的欧洲革命风暴席卷法国的时候，英国正在进行一场较为平静，但是并不显得缺乏力量的变革。这个时候，工业革命把工场手工业推向了现代机器大工业。社会的贫富分化越来越严重，欧文目睹了这一切并且很快以一个改革家的工厂主形象展现了出来。作为那个时代接受了唯物主义启蒙思想的有为青年，他认为，劳动人民的贫困是现存资本主义制度的产物，而"私有财产是贫困的唯一根源，由于贫困而在全世界引起各种无法计算的罪行和灾难"①。要想改变这一切，根本出路在于"以社会的生产经营为基础"②的共产主义公社制度。其中，生产资料公有制和按需分配是其基本经济结构，公社的最高权力属于全体社员是其政治结构。按照这个思路，欧文进行了富有理想化和浪漫主义的"共产主义新村"实验。当然，由于时代的局限性，最终只是成为一个美好的实验，但是在人类探索理想社会的道路上是一抹美好的风景。

总之，西方人学思想发展和演进的过程中，一直到文艺复兴之前，神的地位至高无上，严重遮蔽了个体的存在。同样，在世俗社会中，人的地位更是被湮没。只有到了文艺复兴运动提倡以"人性代替神性"，以"人的尊严"代替"神的权威"，从而唤醒了人性的复归和张扬，人才能以应有的面貌出现在世人面前。伴随着资本主义生产关系的确立和发展，尽管人性在形式上得到了彰显，但是又陷入了人的异化困境，真正意义上的人的出场还在漫漫酝酿之中，甚至于遥遥无期。而《资本论》及其手稿的实践人学思想就是在创始人经由作为唯心主义的民主主义者向唯物主义的共产主义世界观转变和形塑过程中，马克思在对黑格尔"自我意识的人"、

---

① ［英］欧文. 欧文选集（第3卷）［M］. 柯象峰，译. 北京：商务印书馆，1981：13.

② 马克思. 资本论（第1卷）［M］. 北京：人民出版社，2004：874.

费尔巴哈"抽象、直观的人"的批判和扬弃的基础上，将具体的人置于社会变革的实践基础之上，进而从"现实的人"的视角出发探察人的丰富内涵，以及实现人之为人的现实理路和实践坐标，通过转换和超越的方式最终从"抽象的人"回归到了"现实的人"的实践人学。

二、《资本论》及其手稿中实践人学的生成条件

作为一个历史人物终究无法超越个人的家庭出身、人生经历、社会环境、接受的教育背景以及当初的历史情况等，就如德国哲学家卡尔·西奥多·雅思贝尔斯（Karl Theodor Jaspers）在其《历史的起源与目标》一书中总结到，一个人"自身能够成为什么样的人，这一点作为状况，取决于他在生命旅程中所遭遇到的他人以及召唤着他的种种可能的信念"，年轻时的马克思很早就树立了鸿鹄之志，发誓要践行求真精神以成为他内心所召唤的那种理想化身。马克思出生于犹太人家庭，其家族的犹太文化和宗教信仰深深地浸润并影响着他的生活世界和学术研究。在他出生后不久，他的家庭因故接受宗教洗礼并改信基督新教。可见，马克思家族的宗教信仰传统由来已久。俗语讲，这个世界上最难做的事情有两件：一件事是把别人口袋的钱合理合法地装入自己的口袋，另一件事就是把自己的思想装入别人的脑袋且让对方心甘情愿、心悦诚服。那么，马克思作为一个基督徒，是如何实现自己世界观和政治信仰的顺利转型和华丽变身，从一个有着浓厚宗教信仰的唯心主义者转变为彻底的唯物主义者，从一个革命民主主义者成长为坚定的共产主义者，最终创立马克思主义的。除了马克思本人的先天禀赋和后天勤奋之外，还离不开他的家乡特利尔城的自由而民主的社会氛围熏陶，更离不开马克思成长的理性而温馨的家庭感染，以及在威廉中学接受的良好教育等综合因素的塑造和栽培，优良的内外环境陶冶了马克思高尚的灵魂，促使马克思对"人"产生了特殊的持久的敬畏感。① 经过长

---

① 吴学东. 马克思的劳动思想研究［M］. 北京：中国社会科学出版社，2018：190.

时期的修炼和升华，直到 1844 年马克思在《德法年鉴》上发表了《〈黑格尔法哲学批判〉导言》和《论犹太人问题》这两篇重量级的文章，标志着马克思实践人学思想的彻底转变。后来，马克思与恩格斯的伟大友谊，二人志同道合的革命斗争和学术探索，一直到 1848 年《共产党宣言》在伦敦的发表，这个时候最终标志着马克思人学思想以崭新的实践形式隆重出场，并且为改变这个世界而进行着不懈努力。

（一）特利尔城自由而民主的社会氛围

马克思于 1818 年 5 月 5 日生于德国西部莱茵省南部摩泽尔河畔的边境城镇特利尔市的犹太人家庭，特利尔城由于靠近德法边境，所以法国大革命时代的自由、平等和博爱的思想直接影响了莱茵省的青年和包括马克思父亲、未来的岳父威斯特华伦等在内的有识之士，也许这就是所谓的"人创造环境，同样，环境也创造人"①。所以，马克思居住在自由而民主的特利尔城对他的未来成长和思想发展产生了重要影响，这也进一步说明了有着浓厚文化积淀的城市对生活在这个地区的个人的思想倾向有着积极的引领和促进作用，由此特利尔成为马克思实践人学的生长点。

（二）理性而民主的家庭环境

马克思家中有兄弟姊妹 9 个，他排行老三。因为当时的医疗条件有限，他的哥哥 4 岁时夭折，两个弟弟和两个妹妹也早早地死于肺结核。最后姊妹们只剩下了卡尔、姐姐索菲娅，还有两个妹妹路易莎和埃米莉。卡尔不到两岁的时候，他们全家搬到了特利尔城西梅昂大街 1070 号。特利尔是葡萄之乡，卡尔家在离城市不远的山丘上还建了几个葡萄园。全家生活既温馨又富足，卡尔的童年是在无忧无虑中度过的。卡尔天资聪颖，活泼好动，顽皮又淘气，这也使他的智力和体力得到了锻炼和发展。马克思

---

① 马克思，恩格斯. 马克思恩格斯选集（第 1 卷）（第二版）［M］. 北京：人民出版社，1995：92.

的父亲亨利希·马克思是当地著名的犹太人律师，后来担任了特利尔城的律师公会主席。他尊崇善良，1836 年 12 月 28 日亨利希·马克思写信给卡尔："不管我把你的智力估计得有多高，要是没有一颗善良的心，你的智力对我来说就失去了任何意义。"① 他学识渊博，崇尚思想自由和理性精神，尤为推崇 18 世纪法国启蒙思想家伏尔泰、卢梭、孟德斯鸠等资产阶级人道主义精神先驱的著作，并深深影响了孩童时的马克思，这对于培育马克思丰富的思维、严密的逻辑和雄辩的演说才能影响很大。马克思的母亲罕丽达·普勒斯堡，是信奉犹太教的荷兰女子，出生于一个犹太律法学家的家庭。她受过相当好的教育，贤淑善良，并擅长操持家务。她是一位朴素、慈祥、善良的女性，对马克思疼爱有加。有教育家指出，母亲对于孩子影响巨大，马克思就是这样成才的。在马克思的家里，有较为富裕的条件和充满文化气氛的环境，这个家庭充满了和谐、幸福、欢乐，幼年的马克思就生活在这样一个散发着浓郁的理性和民主的家庭氛围里。另外，马克思的未来岳父路德维希·冯·威斯特华伦男爵是特利尔的名门望族且受过良好的高等教育，是一个十分有教养的人。由于枢密顾问官的工作缘故，他同卡尔的父亲、特利尔的首席律师亨利希·马克思联系较多。威斯特华伦男爵毫无门第贵贱之偏见，他与同样优秀的亨利希·马克思很谈得来。这样，两个社会地位相差悬殊的家庭经常来来往往，大人和孩子们都亲密无间。小卡尔特别喜欢威斯特华伦男爵，把他看作是像父亲一样亲密的朋友，威斯特华伦也非常喜欢这个邻家聪明活泼的男孩子。威斯特华伦男爵的知识十分广博，他能流利地讲多种语言。威斯特华伦有较高的文化素养，他一有空就带上两家的孩子，去美丽如画的小山丘上和幽静的树林中散步，同时用英语和德语给他们背诵荷马史诗《伊利亚特》和《奥德赛》中的部分篇章，给孩子们讲述古代英雄的刚强威武、机智勇敢，以及他们那种洋溢着英雄主义和集体主义精神的既有趣又有意义的故事。威斯特华伦还把自己喜爱的英国文豪莎士比亚作品中的诗篇和戏剧中人物的独

① 马克思家书集［M］. 余斌，译. 北京：人民出版社，1985：20.

白朗诵给孩子们听。马克思后来对诗歌的情有独钟，不能不说与这位男爵的早期灌输有密切的关系。与其他贵族有所不同，威斯特华伦具有鲜明的自由主义倾向。当卡尔逐渐长大后，他还给卡尔讲解法国空想社会主义者圣西门的故事，空想社会主义大师的主张经常使卡尔感到既新奇又向往。从威斯特华伦那里所受到启蒙教育，对马克思未来的人生选择和学术走向产生了重大而深远的影响。正因为这样，马克思从小到大，一直对威斯特华伦怀有非同寻常的感激、感恩和感谢之情。卡尔的小学课程是由父母指导在家里完成的。少年时代的卡尔已经显示出了较高的天赋和领悟力，各门课程都掌握得很好，父亲对他很满意。同时，父亲严谨的治学态度和丰富的学识也为卡尔提供了榜样的力量，"父子俩一直保持着成年人般的稳固关系"①。尤其是没有经历过普鲁士官方学校那种严酷而刻板的小学教育，反而促进了卡尔的自由主义与独立个性的形成和发展。加之，得天独厚的优渥生活与家庭社会环境，使年轻的马克思能够快乐、健康且充满阳光地成长起来。

（三）马克思家人从信仰犹太教到皈依基督新教的转变

马克思家族原先信奉犹太教，按照普鲁士国家的法律规定，凡是担任普鲁士公职人员必须信仰基督教，所以马克思家庭迁居到特利尔城之后，服从政府规定先后洗礼改信基督新教。新教是路德推行宗教改革后的产物。中世纪的基督教认为，只有由教皇、大主教、主教和教士等组成的教会制度才是通向天国的唯一途径。故而，圣徒必须遵守教会的各项制度，多做善事，才能获得救赎。基督教会甚至利用平民的无知，以兜售赦罪券的方式敛财。路德目睹了这一切，促使他指出《圣经》已经给予了人们称义的力量和获救的道路，这就是上帝的特许，所以应由圣徒个人直接面对上帝。他在其《人的发现——马丁·路德与宗教改革》中指出，你若愿意成全律法，又能够按照上帝的旨意不贪心，你就来信仰基督，在他的恩典里，公义、平安、自

---

① ［法］雅克·阿塔利. 卡尔·马克思 ［M］. 刘成福，等译. 上海：上海人民出版社，2010：13.

由及万事都允许你并给你了；"你若相信，就有一切，你若不信，就缺一切。"① 路德的宗教改革"因信称义"说与中世纪的基督教会制度产生了激烈冲突。事实上，也正是路德开启的宗教改革极大地削弱了中世纪欧洲的基督教会势力，粉碎了基督教会的一统天下，并最终淡化了其传播力和影响力。另外，路德的宗教改革思想中确实也孕育生成了近代人类理性思维觉醒的积极因素，助力随之而来的以个人主义为基础的人文主义的滥觞。与此同时，"宗教改革还造就了一种个人道德观念。新教寻找在上帝和个人之间建立直接联系的关系并且自己去解释《圣经》。新教认为，人不论是得到上帝的拯救还是遭到上帝的诅咒，这些都取决于自己而无须教会的帮助和担保"②。他们自己成了上帝的选民，这就给圣徒以精神上的无比自信和大胆果敢，也与文艺复兴倡导的那种崇高的个人主义相映生辉。

（四）威廉中学的良好教育

1830 年 10 月，12 岁的马克思进入特里尔中学，也就是历史上鼎鼎有名的威廉中学学习。马克思的历史和哲学老师维滕巴赫是一位坚定的康德思想崇拜者和追随者，作为教师同时作为校长，他主张用康德的理性主义指导学校的发展，并且一直在努力试图把特利尔中学打造成一所理性的高地和学术的殿堂。他始终反对宗教蒙昧主义，崇尚科学和理性，也参加反对普鲁士专制政体的政治活动。特里尔中学有教育家威登巴赫等一批优秀的老师执教，马克思在这里接受了典型的人道主义教育，追求真理、向往自由。中学阶段的马克思先后学习了希伯来文、希腊文以及拉丁文等多种语言，威廉中学成绩卡记载着马克思在校期间成绩优异。其中，马克思 17岁时的宗教作文《根据〈约翰福音〉第 15 章第 1 至 14 节论信徒同基督结合为一体，这种结合的原因和实质，它的绝对必要性和作用》、德语作文《青年在选择职业时的考虑》以及拉丁语作文《奥古斯都的元首政治应不

---

① 转引自李平晔. 人的发现——马丁·路德与宗教改革［M］. 成都：四川人民出版社，1984：98.

② 马文·佩里. 西方文明史（上卷）［M］. 北京：商务印书馆，1993：434 – 435.

应该算是罗马国家较幸福的时代?》三篇中学考试作文阐释了年轻的马克思略带浪漫而富于理想主义的德行观、职业观与幸福观。① 尤其是其《青年在选择职业时的考虑》一文对马克思实践人学的生成影响甚为深远,马克思谆谆告诫青年人在选择职业时,应当遵循的"主要指针是人类的幸福和我们自身的完美⋯⋯如果我们选择了最能为人类福利而劳动的职业,那么,重担就不能把我们压垮,因为这是为人类而献身。那时,我们所感到的就不是可怜的、有限的、自私的乐趣,我们的幸福将属于千百万人"②。马克思的德行观聚焦于有德行的人"为对方作出牺牲",职业观聚焦于完美人"最能为人类福利而工作"以及幸福观:幸福人"为人民谋福利"。这三篇中学作文深刻阐释了中学时代的马克思对人与自然、人与人、人与社会以及整个人类等诸多人学问题的思考和探索,并对人的德行、职业和幸福等与人的发展密切相关的问题予以格外关注。尤其是中学毕业论文《青年在选择职业时的考虑》以文笔优美、语言深刻、思考缜密、推理严格而著称于学界,读后使人兴奋、催人鼓舞,给人以振聋发聩的精神力量。毕业论文中所表述的一些见解和许多哲理性语句都深入实际,贴近现实,给人以有益启迪和满满的正能量。马克思在毕业论文中指出:如果人只是为了自己而劳动,他也许能成为有名的学者、绝顶聪明的人和出色的诗人,但他绝不可能成为真正的完人和伟人。如果我们选择了最能为人类谋福利而劳动的职业,我们就不会为它的重负所压垮,因为这是替全人类所付出的牺牲。那时,我们感到的将不是一点点自私而可怜的欢乐,我们的幸福将属于千万人,我们的事业可能并不会显赫一时,但将永远存在。马克思从幼童到少年在家庭和学校就接受了人道主义、理性主义和圣西门学说等启蒙思想的教育和熏陶,这就使他在中学时期就坚定地确立了拥护

---

① 孙福胜. 马克思中学时代人学思想基本要义探析——以马克思的三篇中学考试作文为例[EB/OL]. 百度,2018 - 10 - 17.

② Karl Marx, Friedrich Engels. Collected Works, Volumes 1 - 50 [M]. Moscow, London, New York: Progess Publishers, Internation Publishers, and Lawrence & Wishart, 1975 - 2004. Volume 1, 4 - 9.

进步政治主张与批判反动势力的正确立场，并树立起为人类造福的伟大理想和崇高精神。

总之，理性主义、理想主义、启蒙主义、浪漫主义，以及为人类的幸福而工作的崇高志向和价值理念熏陶孕育了马克思中学时代具有朴素自我意识的人学观，其基本要义表征为完美人的本性内涵是"人们只有为同时代人的完美，为他们的幸福而工作，才能使自己也达到完美"①，而真正的乐趣和幸福就在于必须选择"最能为人类福利而工作的职业，那么，重担就不能把我们压倒，因为这是为大家作出的牺牲，我们的幸福将属于千百万人"。由此既合乎价值又合乎逻辑地得出，只有为"人类福利而工作"，才能达到自身的完美和拥有真正的幸福的科学结论。

（五）青年黑格尔派和费尔巴哈的有益启迪

1835 年秋天，中学毕业后的马克思按照父亲的意愿进入了波恩大学攻读法律专业。父亲亨利希希望马克思能够学有所成，未来就可以子承父业从事律师职业。在波恩大学的第一年学习期间，马克思享受到了大学期间最为轻松惬意而自由浪漫的生活。第二年转学到有着悠久历史与文化传统、具有理性主义风格的柏林大学继续学业，柏林大学的前身是洪堡大学，是当时世界上公认最好的大学之一，在这里马克思开始痴迷于历史与哲学，并与鲍威尔兄弟一起成为青年黑格尔派的铁杆分子，就是因为这段学习经历使马克思后来一直坚称自己是黑格尔的学生②，一直到 1841 年马克思以《德谟克利特的自然哲学和伊壁鸠鲁的自然哲学的区别》③ 论文完

---

① 马克思，恩格斯. 马克思恩格斯全集（第 40 卷）（第一版）[M]. 北京：人民出版社，1982：7.

② 马克思在《资本论》第 1 卷的第二版跋中为黑格尔公开辩护并且声称，他是大思想家黑格尔的学生。参见马克思. 资本论（第 1 卷）[M]. 北京：人民出版社，2004：22.

③ 有学者认为，在博士论文《德谟克利特的自然哲学和伊壁鸠鲁的自然哲学的区别》中，马克思的基本立场还停留在青年黑格尔的自我意识，其核心指向是关注人的现实性和能动性，凸显了人的自由本质；关注此在中的自由，凸显人的社会本性；关注原子外化，凸显人的对象化本质。参见吴楠，朱虹. 马克思人本思想的历史轨迹及其当代价值 [M]. 北京：中国社会科学出版社，2016：39－46.

成柏林大学学业,同年申请获得耶拿大学博士学位。据普鲁士档案记载,时年 23 岁的马克思是普鲁士历史上最年轻的哲学博士。与此同时,费尔巴哈"头脚倒置"的唯物主义也为马克思实践人学的孕育和出场提供了有益养分和积极启迪。

(六)莱茵报时期《关于林木盗窃法的辩论》促使马克思从哲学思辨初步转向关注物质利益

1841 年取得博士学位的年轻马克思,踌躇满志地原本计划听取好友鲍威尔的建议到波恩大学谋取一份教职,从事他擅长的学术研究工作。然而,天有不测风云,人有事不如意,因为德意志帝国政治风云突变未能如愿。考虑到现实生活也为了个人事业发展,1842 年 4 月,时年 23 岁的哲学博士马克思应聘担任《莱茵报》编辑,思想敏锐、逻辑严谨、成绩突出的马克思很快升任《莱茵报》主编。马克思深厚的哲学功底为撰写政论文章奠定了理论基础。在这块宣传阵地上,为了争取出版自由,他勇敢地反对普鲁士的书报检查制度。马克思曾经形象的比喻道,正是因为万紫千红、百花争艳,才使自然界生机盎然与赏心悦目,其实文化领域又何尝不是这样。如果"没有出版自由,其他一切自由都是泡影"①。与此同时,马克思还遇到了第六届莱茵省议会为了保护地主阶级利益,以《林木盗窃法》制止农民到附近山上捡拾枯枝树叶,否则以盗窃林木罪论处,这个事件在电影《青年马克思》中有着生动而入情入理的细节展示。年轻的马克思继续践行着中学毕业论文中的铿锵誓言,为了最广大人民的根本利益、终极幸福而不懈奋斗的志向促使他发起了《关于林木盗窃法的辩论》和《摩泽尔记者的辩护》,开始探讨物质利益问题并发表意见,就这样他第一次从"精神殿堂"走向"世俗世界",马克思称之为"现在演的是现实生

---

① 马克思,恩格斯. 马克思恩格斯全集(第 1 卷)(第二版)[M]. 北京:人民出版社,2002:633 - 644.

活的戏"①，从这个时候马克思开始逐渐关注物质生产的重要性，也就是说从哲学进入经济学领域，开始重视物质资料的生产在人的生活中的第一位的基础性地位。但是，此时的马克思虽然一只脚已经踏进了现实世界，并接触到了物质利益，但是另一只脚却还留在唯心主义的精神世界，依然遵循黑格尔的国家观。所以，此时的马克思为贫困人民利益的呐喊和维权，其立足点还不单纯是经济分析，而是局限于法律层面，从逻辑和理论上阐释带有思辨味道的经济问题。在马克思看来"日耳曼的头脑"已经到了必须与"法兰西的行动"相结合才能推动世界变革的时候了。② 《莱茵报》被查封后，马克思退回到书房找寻答案，经过《黑格尔法哲学批判》一直到克罗茨纳赫时期的理论反思和实践总结，尤其是在 1844 年的《德法年鉴》上发表了《〈黑格尔法哲学批判〉导言》和《论犹太人问题》，最终标志着马克思实现了哲学世界观和政治立场彻底转变为共产主义，也就意味着马克思实践人学的设计酝酿和隆重出场。

▶ 第二节
《资本论》及其手稿的实践人学孕育及成形结实

对于人的格外关注是东西方哲学思想的重要学术课题和热点研究对象。在漫长的人类社会发展过程中，无数哲人总是在自觉或不自觉地响应和践行着苏格拉底那句"认识你自己"的铮铮誓言和至理名言，在不停地追寻着人的自我本质。总体来看，马克思之前的学者们对于人学的探索大概经历了从柏拉图主义"理念的人"、笛卡尔的"知识人"、拉美利特的"机器人"、费尔巴哈的"自然人"以及亚当·斯密的"理性经济人"等若干实践理路和历史坐标，其殊途同归之处就是大都把"人"看作历史性

---

① 马克思，恩格斯. 马克思恩格斯全集（第 1 卷）（第二版）［M］. 北京：人民出版社，2002：592.

② 郭强. 历史、人性与革命——马克思前期思想的当代阐释［M］. 北京：中共中央党校出版社，2016.

的存在物来审察。① 由此，把人性引向了失去真实性与超越性的"抽象性的存在物"。历史等待着马克思将人真正还给人自己，确定"现实的个人"作为马克思实践人学的起点。实际上，从历史发展的纵向深厚感来看，马克思的实践人学思想从孕育、成形和结实经历了一个不断走向成熟的发展阶段。首先，马克思克服了唯心主义历史观，毕竟他无法摆脱家庭生活给予他的潜移默化的影响，直到对人的考察建立在了唯物主义基础上。马克思看到了人民群众是历史的主体和动力。大学毕业后，年轻的马克思博士在《莱茵报》工作卓有成效，在他的主持下报纸发行量迅速提升，很快成为在当地有重要影响的一份报纸。只是由于马克思的办报风格观点与当时普鲁士当局的品位格格不入，一年后马克思被迫辞去了报纸编辑职务，并成为自由撰稿人，这为《资本论》及其手稿的实践人学思想生成做了重要铺垫。

一、《1844 年经济学哲学手稿》中以自由理性为起点的马克思实践人学阐释

18 世纪被称为启蒙的世纪，因为启蒙运动席卷欧洲大陆，深刻地影响了那个时代欧洲大陆的思想嬗变与社会发展。而法国巴黎是启蒙运动的中心和策源地，这场运动不仅持续时间长而且波及范围广，其影响深深触及宗教、文学、艺术、建筑以及科学等诸多学科领域。启蒙运动主要是通过哲学的方式确证了启蒙的理念，指出了主体所带来的现代性问题。1843年，马克思在《莱茵报》工作期间所遇到的"物质利益"问题就是受到启蒙思想影响和感染的产物。而《莱茵报》的工作经历又促使马克思开始批判黑格尔哲学对普鲁士国家的辩护，其至理名言"存在的就是合理的，合理的就是存在的"就是最好的表白。对于马克思来说，就像他当年从富于理想气息的浪漫主义转向黑格尔主义一样，这次是坚决地转向了激进民

---

① 洪波. 马克思个人观研究 [M]. 北京：中国社会科学出版社，2010：33 - 34.

主主义，其理论上的表现就是对于黑格尔唯心主义辩证法的哲学批判。正如马克思在其《法的历史学派的哲学宣言》中所言，自然状态是"人类本性的真正状态"。其实，马克思在科罗茨纳赫和《德法年鉴》时期主要是对自己原有观点的重新审视和回顾反思，其立场仍然是激进民主主义者。1843 年，马克思在《黑格尔法哲学批判》中指出，个人"既然是国家职能和权力的承担者，那就应该按照他们的社会特质，而不应该按照他们的私人特质来考察他们"，这是马克思给予国家和社会关系的全新定义。而在《论犹太人问题》中论述了政治解放和人类解放的辩证关系，并暗示了从政治批判到对市民社会解剖的哲学转变。

马克思后来在其 1859 年的《〈政治经济学批判〉序言》中作了进一步说明，为了解决苦恼的疑问，他的第一部著作就是对黑格尔法哲学的批判性分析，其导言发表在 1844 年的《德法年鉴》，研究结论就是"法的关系正像国家的关系一样，既不能从他们本身来理解，也不能从所谓人类精神的一般发展形式来理解，相反，它们根源于物质的生活关系，这种物质生活关系的总和，黑格尔按照 18 世纪英国人和法国人的先例，概括为'市民社会'，而对市民社会的解剖应该到政治经济学中去寻找"①。从马克思实践人学的发展维度和演进历程来看，《1844 年经济学哲学手稿》（又称为《巴黎手稿》）奠定了马克思实践人学理论创新和哲学创新的历史与逻辑起点，其中彰显了马克思关于人是自然存在物、人是类存在物、人是对象性存在物、人是社会存在物的人的"四重界说"，标志着马克思实践人学的酝酿和生成。从某种意义上可以讲，这部手稿打开了古老的"斯芬克斯之谜"，为科学地阐释"人"的存在，揭示"人为何物"的本质提供了一把科学的钥匙。

（一）人的本质思想的哲学内涵

作为马克思哲学的诞生地和神秘之所，《1844 年经济学哲学手稿》是

---

① 马克思，恩格斯. 马克思恩格斯选集（第 2 卷）（第二版）[M]. 北京：人民出版社，1995：32.

马克思早期人学思想发展的一部重要著作，其中蕴含着丰富的实践人学表达，马克思明确地把人的本质规定为自由自觉的活动①，这部著作标志着马克思由《莱茵报》时期开始酝酿的从唯心主义到唯物主义，从革命民主主义到共产主义"两个转变"的彻底完成，成为马克思实践人学观奠定的起点和标志。在这部著作里，马克思阐释了他的人学观，人被看作是"类存在物"，把人的"类特性"看作是"自由的有意识的活动"②，而将人的现实的社会关系看作是人的真正本质。为此，马克思通过批判费尔巴哈的"感性人"，科学诠释和界定了人的"类本质"概念。随着研究的一步步深入，马克思发现，人们在劳动关系，抑或在劳动产品的交换中，彼此之间存在着某种相互关系，这就相当于人的类生活，在此基础上马克思将人的本质规定为"人的真正的社会联系的总和"，科学地展现了马克思唯物主义实践人学的实质与核心。

（二）人的存在思想的规定性指向

马克思在《1844年经济学哲学手稿》中批判黑格尔哲学将人看作是"非对象的存在物"的唯心主义人学观。马克思认为，人直接的是"自然存在物"，并且论证了作为自然存在物的人的能动性和受动性存在。人在社会生活中，一方面是作为现实的个体的社会存在物，另一方面是作为人的生命表现的总体而存在。马克思扬弃了黑格尔关于人的"自我意识"和费尔巴哈关于自然的"现实的人"观点，用感性的实践活动取代感性原则，用生活的生产和再生产取代"类"本质，由此在历史与逻辑相统一的视角下形成了马克思基于实践基础上人的存在思想。

（三）从人的异化走向人的科学本质的真正复归

马克思在《1844年经济学哲学手稿》中，将劳动理解为是私有财产

---

① 吴楠，朱虹. 马克思人本思想的历史轨迹及其当代价值［M］. 北京：中国社会科学出版社，2016：4.
② 马克思，恩格斯. 马克思恩格斯全集（第3卷）（第二版）［M］. 北京：人民出版社，2002：272-273.

的主体本质，将私有财产理解为是异化劳动的结果，按照这种逻辑推演的必然结果，私有财产的扬弃就是异化劳动向有意识的自由劳动的转变过程，是人向合乎人性的真正人的价值复归，是一种合规律性与合目的性的统一，这就是马克思设想的"人—人的异化—异化的人向真正人的回归"的逻辑理路。其中一以贯之的是以"社会关系的总和"作为人的本质规定的"现实的人"是马克思唯物史观的立足点，也是马克思创立其实践人学的逻辑起点。由此可见，马克思在《1844年经济学哲学手稿》中使用"异化劳动"使人的本质得到肯定，这就是劳动者同他的劳动产品的异化、劳动者同他的生产行为的异化、劳动者同自己类本质的异化以及劳动者之间的异化。由此导致的结果是工人生产得越多，他能够消费的就越少；工人创造的价值越多，他自己就越没有价值；工人的产品越完美，他自己越畸形；工人创造的对象越文明，他自己越野蛮；劳动越有力量，工人越无力；劳动越机巧，工人越愚笨，越成为自然界的奴隶。① 马克思以学者的良知深刻地总结道："工人降低为商品，而且降低为最低贱的商品；工人的贫困同他们在产品的力量和数量成反比。"② 而"工资的提高在工人身上引起资本家般的发财欲望，但是工人只有牺牲自己的精神和肉体才能满足这种欲望。工资的提高以资本的积累为前提并且导致资本的积累；因而劳动产品越来越作为某种异己的东西与工人相对立。同样，分工使工人越来越片面化和从属化；分工不仅导致人的竞争，而且导致机器的竞争。因为工人被贬低为机器，所以机器就能作为竞争者与他相对抗。最后，正像资本的积累增加工业的数量，从而增加工人的数量一样，由于这种积累，同一数量的工业生产出更大量的产品；于是发生生产过剩，而结果不是有很大一部分工人失业，就是工人的工资下降到极其可怜的最低程度。这就是对工作最有利的社会状态，即财富正在增长、增长的状态所产生的后果。"③ 随着"对象性的现实在社会中对人来说到处成为人的本质力量的

---

① 马克思.1844年经济学哲学手稿 [M].北京：人民出版社，2000：109.
② 马克思.1844年经济学哲学手稿 [M].北京：人民出版社，2000：106.
③ 马克思.1844年经济学哲学手稿 [M].北京：人民出版社，2000：69.

现实，成为人的现实，一切对象对他来说也就成为他自身的对象化，成为确证和实现他的个性的对象……因此，人不仅通过思维，而且以全部感觉在对象世界中肯定自己。"① 与此同时，物质世界的增值同人的世界的贬值成正比。劳动生产的不仅是商品，也生产作为商品的劳动自身和工人。

总之，从人的需要来规定人的本质和审察人的发展是马克思实践人学的独特视角。诚如马克思在《1844 年经济学哲学手稿》中进一步阐释了"人的需要"就是"人的本性"，而人的需要包括人的生物性需要与人的社会性需要、物质需要与精神需要、个人需要与社会需要，也有活动需要、生存需要以及人的发展需要等诸多领域和层面。马克思特别强调，人的需要与动物的需要是有本质区别的，人依靠主体能动性，以改造自然的创造性生产活动来满足自身的基本需要，而动物仅是依赖于自然的恩赐或出自本能的活动获取自身所需。诚如马克思在其 1844 年的《詹姆斯〈政治经济学原理〉一书摘要》中关于人的本质与人的需要所作的表述："我的劳动满足了人的需要从而物化了人的本质，又创造了另一个人与人的本质的需要相符合的物品。"② 此外，人的需要的内容和满足方式受到物质生产和社会关系的客观性制约。人的一般需要是人的一切活动的前提和基础，是进行生产乃至于结成社会关系的最初动因，也是人的利益的生活基础和物质源泉，更是人进行观念上生产的历史前提。马克思的研究结论就是，人的本质力量越是迫切地追寻自己需要的对象力量，其确证是人的需要的满足，从而表达了人的本质与需要是遵循历史与逻辑相统一的辩证法。

二、《神圣家族》中立足于现实探索的马克思实践人学呈现

1842 年，马克思与恩格斯在《莱茵报》仓促会面，两个富有才华和鲜明个性的年轻人产生了思想碰撞和言语冲突，第一次谈话不欢而散。

---

① 马克思.1844 年经济学哲学手稿［M］.北京：人民出版社，2000：140.
② 马克思，恩格斯.马克思恩格斯全集（第 42 卷）（第一版）［M］.北京：人民出版社，1979：37.

1844 年 8 月下旬，马克思和恩格斯在法国巴黎郊外的雷让斯咖啡馆第二次历史性的会见，这一次是开怀畅谈 10 天，并充分交换了彼此的内心所想与人生规划，从此两位思想家结下了长达 40 年的深厚友谊。也许东西方古老的传说中出现过各种非常动人的友谊故事，正如列宁所说，马克思和恩格斯的伟大友谊"超过了古人关于人类友谊的一切最动人的传说"①。后来，恩格斯回忆这次会面场景时激动地说，当我"1844 年夏天在巴黎拜访马克思时，我们在一切理论领域里都显出意见完全一致"，从此就开始了我们共同的学术研究和革命实践工作。我们还自豪地设想，"等不到50 岁生日这一天的到来，我们早就被砍头了，那时我们是多么富有青年人的满腔热情啊！""我还从来没有一次像在马克思家里度过的十天那样感到心情愉快，感到自己真正是人"②。很快，马克思、恩格斯开始了第一次学术研究合作与探索，这就是广为人知的《神圣家族——对批判的批判所做的批判》的出场。在这本著作里，马克思、恩格斯第一次运用唯物史观揭示了人的本质"不仅仅是通过对象而被设定的，正因为他本来就是从自然来的，所以它就通过对象而被设定。所以，在设定的活动中，它不是从自己的'纯粹的活动'跌进创造对象的活动，而不过是证明把对象的产品作为该对象的活动、作为对象的自然本质的运动而已③"。这是马克思实践人学关于人的本质出场的早期阶段。在《神圣家族》中进一步指出："有产阶级和无产阶级同样表现了人的自我异化……而无产阶级在异化中则感到自己是被消灭的，并在其中看到自己的无力和非人的生存的现实。"④ 既然"人是从感性世界和感性世界的经验中汲取自己的一切知识、感觉等，那就必须这样安排周围的世界，使人在其中能认识和领会到真正合乎人性的东西，使他能够认识到自己是人……既然人天生就是社会的生物，那他就只有在社会中才能发展自己真正的天性，而对于他的天性的力

① 转引自习近平. 在纪念马克思诞辰 200 周年大会上的讲话［N］. 人民日报，2018–05–05.
② 刘乃勇. 马克思自述传略［M］. 北京：新华出版社，2014：63.
③ 转引自 A. 施密特. 马克思的自然概念［M］. 欧力同，译. 北京：商务印书馆，1988：61.
④ 马克思，恩格斯. 马克思恩格斯文集（第 1 卷）［M］. 北京：人民出版社，2009：261.

量的判断，也不应当以单个个人的力量为准绳，而应当以整个社会的力量
为准绳。"如果说博士论文《德谟克利特的自然哲学和伊壁鸠鲁自然哲学
的差别》是对人的活动本质问题的理解，《黑格尔法哲学批判》中国家是
人的本质的表现，《1844年经济学哲学手稿》中劳动是人的本质的基础，
那么《神圣家族》就是处于《1844年经济学哲学手稿》与《德意志意识
形态》的联系环节，从这里马克思意识到人的本质的科学理解应该在社会
关系中实现社会历史的统一，唯有科学地解剖社会关系，才能真正挖掘出
人的科学本质所在。由此可见，《神圣家族》对于马克思实践人学的最终
完成具有重要的过渡意义。

三、《德意志意识形态》经由革命发展和完善的马克思实践人学系统阐释

1845～1846年，在马克思与恩格斯合著的《德意志意识形态》中，
将人的需要看作是人的本性，从人的内在本质力量的角度来阐释人的本
质，具体地表达了人与自然的统一关系。马克思指出，全部"人类历史的
第一前提无疑是有生命的个人的存在。因此，第一个需要确认的事实就是
这些个人的肉体组织以及由此产生的个人对其他自然的关系"①。也就是
说人类社会的第一前提需要是人们为了创造历史，必须首先能够生存下
来，而为了活下来，就注定需要衣、食、住以及其他物质资料，因而人必
须投身于生产需要的活动中去，就是物质生产实践活动本身。② 人的需要
是人的历史活动的前提和基础。而作为现实的人必有其内在的规定性，由
于他的需要及其与现实世界的联系所产生的需要，就是人的全部活动的动
力之源。当然，人与自然的原初关系是人区别于动物的"第一个历史行

---

① 马克思，恩格斯. 马克思恩格斯选集（第2卷）（第二版）[M]. 北京：人民出版社，
1995：32.

② Karl Marx, Friedrich Engels. Collected Works, Volumes 1－50 [M]. Moscow, London, New
York：Progess Publishers, Internation Publishers, and Lawrence & Wishart, 1975－2004. Volume 5, 41.

动"，在这里表达的思想是《1844 年经济学哲学手稿》和《神圣家族》中的人本来就从自然界而来的具体事实。由此可见，《德意志意识形态》展示了马克思实践人学思想的雏形。

四、《哲学的贫困》中马克思实践人学的理性批判和发展出场

继马克思、恩格斯合作撰写《神圣家族》之后，1845～1846 年，马克思和恩格斯又合写了《德意志意识形态》，标志着马克思实践人学的出场，在这部著作里马克思、恩格斯第一次全面阐述了其辩证唯物主义与历史唯物主义的新世界观及其与德国古典哲学传统的彻底决裂，这是一部当时没有发表的作品。所以，马克思风趣地讲道，既然把问题都搞清楚了，那么就留给老鼠去批判吧。1847 年马克思撰写《哲学的贫困》以反对蒲鲁东的《贫困的哲学》。在这部著作中，马克思运用已经形成的唯物史观基本原理批判蒲鲁东所依赖的黑格尔式形而上学哲学基础，深入研究资本主义的前生今世，以及社会主义运动的现实根据和未来方向，并认为："人们的社会历史始终只是他们的个体发展的历史"。以此推论，人的本性是追求自由自觉的活动，而人对于这种活动的追寻和实现的过程便是历史，是人的活动的内容和形式的不断嬗变与演化，人类本性也在做适应性调整，毕竟人是社会历史的产物，这就是马克思在《哲学的贫困》中提出的"整个历史无非是人类本性的不断改变"的实践人学思想。

五、《共产党宣言》标志着马克思实践人学的确立和成熟

马克思于 1841 年获得哲学博士学位，其人生中的第一份工作是在《莱茵报》担任编辑，在经历了莱茵省议会《关于林木盗窃法的辩论》之后，马克思将他的研究视野从哲学领域转向了政治经济学领域，他开始关注物质生产资料对于人的重要性。马克思过人的先天禀赋和后天勤奋使他很快实现了从唯心主义到唯物主义，从革命民主主义者到共产主义者的转

变，到 1844 年与恩格斯会面后，他们合作撰写了《神圣家族》，其深刻表达了马克思对于人的关注情怀，继而在 1845 年《关于费尔巴哈的提纲》中马克思已经完整阐释了他的实践人学观，这就是"人的本质不是单个人所固有的抽象物，在其现实性上，它是一切社会关系的总和"① 的重要思想。在《德意志意识形态》中进一步展示了马克思实践人学观，中间经过了《哲学的贫困》中对人学思想的理性批判。可以说，马克思的实践人学观走向成熟已经在路上，就等着《共产党宣言》做一个正式的宣告。1848 年 2 月 24 日，马克思、恩格斯合作撰写的《共产党宣言》在英国伦敦出版发行，这个小册子标志着马克思实践人学的诞生和定型。正如马克思在其 1843 年的《〈黑格尔法哲学批判〉导言》中所言："理论只要说服人，就能掌握群众，而理论只要彻底，就能说服人。所谓彻底，就是抓住事物的根本。但人的根本就是人本身。"这是马克思主义经典作家第一次阐释了无产阶级历史使命的庄严宣告，也是马克思实践人学的贴切表达。"从来没有一个策略纲领像这个策略纲领一样是得到了证实的。它在革命前夜被提出后，就经受住了这次革命的检验；并且从那时起，任何一个工人政党每当背离这个策略纲领的时候，都因此而受到了惩罚。"② 马克思、恩格斯在《共产党宣言》中运用历史唯物主义方法，从现实的社会关系出发探讨人的本质，并且指出了实践人学的现实道路③，"过去的一切运动都是少数人的，或者为少数人谋利益的运动。无产阶级的运动是绝大多数人的，为绝大多数人谋利益的独立的运动"。马克思实践人学的底色代表了最广大人民的根本利益。同时，马克思、恩格斯还从"资产者和无产者、无产者和共产党人、社会主义和共产主义的文献以及共产党人对各种反对党派的态度"四个层面，深入刻画了无产阶级的历史使命和重要地位，勾

---

① 马克思，恩格斯. 马克思恩格斯选集（第 1 卷）（第二版）［M］. 北京：人民出版社，1995：56.

② 马克思，恩格斯. 马克思恩格斯选集（第 4 卷）（第二版）［M］. 北京：人民出版社，1995：181.

③ 吴楠，朱虹. 马克思人本思想的历史轨迹及其当代价值［M］. 北京：中国社会科学出版社，2016：177.

勒了未来的共产主义基本目标和实践措施，对当时流行的社会主义流派进行了科学分析，最终提出了共产党人的策略原则，这就是致力于人的解放和自由全面发展。这里面马克思还阐述了社会划分为人的阶级性问题，一切人"只是经济范畴的人格化，是一定的阶级关系和历史的承担者，……不管个人在主观上怎样超越这种关系，他在社会意义上总是这种关系的产物"①。而阶级性作为人的一个特定历史时期的本性，并不是说一切社会关系都可以简单地归纳为阶级关系。在阶级社会中，人们的实践活动和社会关系是多层面多维度的。马克思在《共产党宣言》中信心满怀地号召全世界无产阶级联合起来，为实现"自由人联合体"的共产主义新社会而努力奋斗。

综上所述，《资本论》及其手稿的实践人学开创了人学史上科学人学本质的"哥白尼式革命"，其思想架构是以唯物史观为理论基础，以实践活动为逻辑起点，以现实的人为根本着力点，不断致力于人的自由全面发展为价值旨归的人的解放学说，其理论大厦体现为人的存在论、人的本质论以及人的政治、经济、文化、社会和生态文明"五位一体"发展现代化为旨归的人的终极目的幸福观，其精神实质和科学内涵可以归结为人的存在本体论、认识论、价值观和历史观"四位一体"②的内在规定性。

第一，马克思实践人学本体论聚焦于以实践的人及其活动为主体。物本只是为人本而存在的，离开了人的物本根本谈不上存在，也就不会有什么光彩可言。正如马克思主义经典作家所说："我们的出发点是从事实际活动的人"③，而人的感性世界是"世世代代活动的结果"④。在马克思看来，实践作为人的感性活动，是关于现实的人及其历史发展的活动，是思维和存在的桥梁与中介。

第二，马克思实践人学认识论指向实践活动的人为认识的载体。1963

① 马克思. 资本论（第 1 卷）//马克思恩格斯全集（第 23 卷）（第一版）［M］. 北京：人民出版社，1972：12.

② 张富文."以人为本"的科学内涵与实现途径研究［M］. 北京：人民出版社，2017：13 – 20.

③ 马克思，恩格斯. 马克思恩格斯文集（第 1 卷）［M］. 北京：人民出版社，2009：525.

④ 马克思，恩格斯. 马克思恩格斯文集（第 1 卷）［M］. 北京：人民出版社，2009：528.

年，毛泽东在其《人的正确思想是从哪里来的?》一文中开宗明义地自问自答道："人的正确思想是从哪里来的? 是从天上掉下来的吗? 不是。是自己头脑里固有的吗? 不是。人的正确思想，只能从社会实践中来"。人的认识只能来源于实践，并且随着实践的发展而不断深化。

第三，马克思实践人学价值观以人成为真正的人为最终目的与价值依归。天地之间人为贵，人是世界的核心，人类社会都要以人为存在目的和价值标准，着力于满足人的需要，实现人的价值。毕竟只有"现实的、活生生的、特殊的个人"是"社会联系的主体"①。当然，人的主体性存在是有目的的存在物，改造自然是为了满足主体自身的需要。因此，马克思主义创始人从现实的人和人的现实活动出发，来分析人的本质问题，把人看作是价值主体和价值客体的有机统一体，目的与手段的有机统一体，借以拨开不可知论遮蔽在人的价值问题上的种种迷雾或神秘面纱，为人类认识世界、解释世界和改造世界奠定了坚实的人学基础。

第四，马克思实践人学历史观以从事实践活动的人作为历史的创造者。在实践视野的"合目的性"与"合规律性"的作用下推动着人类社会的生成、演变与发展。所以，也"正是人，现实的、活生生的人在创造这一切，拥有这一切并且进行战斗。并不是'历史'把人当作手段来达到自己的——仿佛历史是一个独具魅力的人——目的而已"②。马克思人学观从实践基础上的人及人的实践出发，不断探索追寻，最终发现了既不是上帝，也不是救世主，更不是圣贤创造了历史，而是从事实践活动的人民在创造着历史。

可见，马克思实践人学的精神实质和基本内涵包括其语境起源、现实起点、价值诉求和终极目标。其中，有意识活动的自由人的"类特性"是马克思实践人学观的语境起源和逻辑起点。③ 诚如海德格尔所说："动物

---

① 马克思，恩格斯. 马克思恩格斯全集（第42卷）（第一版）[M]. 北京：人民出版社，1979：25.

② 马克思，恩格斯. 马克思恩格斯文集（第1卷）[M]. 北京：人民出版社，2009：295.

③ 张富文. "以人为本"的科学内涵与实现途径研究 [M]. 北京：人民出版社，2017：20–34.

没有世界，也没有周围世界的环境"，只有自由的有意识的活动是人之为人的依据和属性。而从事实践活动的人是马克思实践人学观的现实起点，马克思对人的本质认识经历了"自我意识—感性对象—感性实践活动"的心路历程与转变过程。马克思从人的现实世界与生活图景来认识人、理解人，看到了实践基础上的人的巨大历史作用，为人的解放找到了现实的力量和支点。同时，马克思实践人学观把人当作价值主体、实践目的和最终归宿。因此，《资本论》及其手稿就当之无愧地成为理解马克思实践人学及其人的自由全面发展思想的致思理路和实践坐标，其中蕴含的丰富人学思想经历了从"理性理想主义"到"批判现实主义"，再到实践的历史唯物主义的逻辑演进与发展过程，以及包括宗教批判、异化劳动和人的解放与全面发展框架下，以自由、理性为基点的萌芽和孕育阶段，立足于现实的探索和形成阶段，以及经由革命实践的发展和完善阶段，展现了马克思实践人学自身形成和发展的内在逻辑。

第三节
《资本论》及其手稿的实践人学指导国际工人运动

18 世纪英国杰出的启蒙主义学者亚历山大·蒲伯（Alexander Pope）在其《论人》中充满深情地写道，人一定"要认识你自己，不要以为上帝了解就够了；正是人才是人类进行研究的适当题材"①。的确，对于人的关注和探索是古今学者研究的问题域。而只有马克思的辩证唯物主义和历史唯物主义开创了科学的实践人学，从人的对象性活动探讨人的存在方式，是在扬弃黑格尔的"思辨人学"与费尔巴哈的"感性人学"的基础上，马克思基于人的对象性实践活动，实现了人学研究的哲学革命和根本性变革。从马克思实践人学的孕育到成形结实的理论演进和实践坐标彰显

① 转引自［美］C. 拉蒙特. 作为哲学的人道主义［M］. 贾高建，等译. 北京：商务印书馆，1963：79.

其突出特点，是从人的对象性活动出发去理解人的存在方式的真正意义和科学价值。因为，现实的世界必然是人类世界，而唯有劳动是人类世界最基本的存在方式，从而是整个感性世界的深刻基础。① 马克思实践人学集中蕴含在《资本论》及其手稿等文本群中，在那里最为集中地展示了马克思实践人学全部研究的总结果，深刻揭示了人类社会历史的演化规律，特别是作为"现实的历史"的资本主义及其发展规律，系统表述了马克思关于唯物史观和剩余价值理论的"两个伟大发现"，因而构成了马克思关于"现实的历史的人"和人的自由全面发展为特征的马克思实践人学的现实逻辑和实践坐标。由此，马克思实践人学也就成为指导社会主义国家工人运动的理论基础。

一、"第一国际"活动是马克思实践人学的初步尝试

为了彻底改变资本主义生产关系下人的异化状态，马克思着力通过宗教批判、政治批判来实现人的自由全面发展，使人能够真正成为人，回归人的本真状态。为此，马克思进行了长期深入细致的理论研究工作。早在1847年，马克思和恩格斯就义不容辞地接受了"正义者同盟"的邀请，并将"正义者同盟"整合和改组为"共产主义者同盟"，并且为同盟起草了党纲。后人广为熟知的《共产党宣言》中"全世界无产阶级联合起来"是其政治宣言，也是实践旗帜。换句话说，只有普天下的劳动人民团结起来，才能够消除人的异化状态，摆脱人对人的依赖，超然于人对物的依赖，进而最终实现人的自由全面发展。由此，"国际工人协会"即"第一国际"的出场就是顺理成章的事了。

（一）"第一国际"是欧洲工人运动与马克思实践人学相结合的产物

1848年欧洲革命夭折之后，伴随着科学技术革命的强力推进，资本主

---

① 邵然.《资本论》与人类解放的现实道路［M］. 北京：社会科学文献出版社，2018.

义获得了飞速发展，助推人类从民族国家的历史迅速向世界历史的华丽转身。与此同时，新航路的开辟，新大陆的陆续发现，新的世界市场也随之形成了，大胆走出去寻求更多利润是资本的本能需要，使资本主义世界各国的联系越来越具有国际性。当然，19世纪50年代末至60年代初的欧洲工人运动经过短暂沉寂之后也获得重新高涨，全世界劳动人民遭受的压迫日益严峻，反抗斗争此起彼伏，为了维护工人阶级的共同利益，迫切需要国际无产阶级团结起来反对压迫者以推动共同斗争。在这种情况下，为了便于统一领导各国工人运动，1864年9月28日，英国、法国、德国、意大利和波兰等国的工人代表齐聚英国伦敦商讨成立"国际工人联合会"，这就是"第一国际"（1864～1876年）。马克思应邀出席大会并成为创始人之一，也是实际上的领袖与核心。马克思在《国家工人协会成立宣言》中指出，"十小时工作法案"的通过具有世界历史意义，因为"工作日的缩短的绝对界限就是劳动的普遍化"①，毕竟实现人的真正解放，"工作日的缩短是根本条件"。

（二）"第一国际"促进了马克思实践人学的不断丰富和进一步发展

"第一国际"在英国伦敦成立之后，马克思接受其委托代为起草了《国际工人协会成立宣言》和《协会临时章程》等，文件中阐明了协会存在的价值和目的，这就是领导无产阶级运动推翻资本主义，建立工人阶级政权，实现劳动人民的翻身当家做主人，旨在号召工人阶级的解放应该由工人阶级自己去争取。1870年"普法战争"爆发，结果是法国战败从而引发了1871年发生的"巴黎公社革命"，"第一国际"法国支部参加并领导了"巴黎公社运动"。巴黎公社在存续期间相继出台了政教分离、保障妇女选举权、废除借款利息、以赎买方式收归私营企业、废除官员高薪制，以及教育和技术培训向所有人免费开放等众多有利于工人阶级的积极举措。由于反动势力过于强大，"巴黎公社"仅存在了72天后归于失败。

① 马克思. 资本论（第1卷）[M]. 北京：人民出版社，2004：605.

但是，"巴黎公社"对广大无产者和劳动人民制定的极为有利措施，也体现了《资本论》及其手稿中实践人学思想的初步实践。"巴黎公社"的昙花一现，导致欧洲各国资产阶级反动政府开始敌视进而构陷"第一国际"。加之内部的不团结日益严重，组织日渐涣散，总委员会在欧洲已经无法开展工作。1872年召开"第一国际"海牙大会，根据恩格斯的提议，决定将总委员会机关从英国伦敦迁往美国费城。德国社会主义者左尔格当选为"第一国际"总书记，他和马克思、恩格斯经常保持联系。由于远离欧洲工人运动中心，"第一国际"实际上已经名存实亡。正如恩格斯所说："摩尔的一生，要是没有国际便成了挖去了钻石的钻石戒指。"① 马克思实践人学作为第一国际的指导原则，"成功地把欧美绝大多数社会主义者团结在统一的战士队伍中"②。总体来看，国际工人协会就这样前后存在了将近13年，之后于1876年自动宣告退出历史舞台。

二、"第二国际"活动是马克思实践人学的深入推进

1876年，"第一国际"解散之后，马克思继续投入艰苦的理论探索和学术研究，整理出版了《资本论》第1卷。1883年3月14日下午马克思与世长辞，恩格斯独自担负起了组织和领导国际工人运动的光荣责任和崇高使命。与此同时，伴随着资本主义进入相对稳定的发展时期，以及科学社会主义在欧美的广泛传播，为了进一步加强工人社会主义者的国际联系，1889年在巴黎成立了工人运动的世界组织——"社会主义国际"，简称为"第二国际"。

（一）"第二国际"积极推动有利于工人阶级利益的法案相继出台

19世纪80年代末，"第二国际"成立之后，就把维护和加强工人阶

---

① 马克思，恩格斯．马克思恩格斯全集（第36卷）（第一版）［M］．北京：人民出版社，1974：44.

② 马克思，恩格斯．马克思恩格斯文集（第10卷）［M］．北京：人民出版社，2009：566.

级的国际联合作为重要工作。在国际的推动下，《劳工法案》和《五一节案》获得议会通过，同时宣布每年的 5 月 1 日为"国际劳动节"，每年的 3 月 8 日为"国际妇女节"，并且着力推动了争取 8 小时工作制运动，这不仅有利于工人劳动条件改善，也为进一步争取自身解放奠定了基础。随着资本主义生产力日益发达，工人遭受剥削日益严重，这些积极举措都展现了社会主义国际组织和团结劳动人民争取个人权利的不懈斗争。

（二）随着帝国主义时代到来，"第二国际"面临严峻挑战

1895 年，恩格斯去世之后，以受德华·伯恩施坦（Eduard Bernstein）为代表的民主社会主义大肆泛滥，这些机会主义者原来自称为马克思、恩格斯的圣徒，之后成为机会主义者，披着马克思主义的外衣，却在暗地里试图修正马克思主义。19 世纪末，随着资本主义从自由竞争发展到了垄断帝国主义阶段，为了继续延缓和维持资本主义的统治地位，资本家改变了统治策略，在一定程度上也做出了改善劳动条件、缩短工作时间、提高工人福利等积极举措，再一次平滑了资本主义的衰败，给外界社会的感觉是貌似资本主义灭亡的时间遥遥无期，更为要紧的是资本主义在政治上的民主选举权给工人阶级领袖以巨大诱惑。尤其是 1899 年 6 月，法国独立社会党人米勒兰以"挽救"共和国、和平长出社会主义为借口，擅自出任资产阶级统治集团的内阁工商业部长，成为第一个在资产阶级政府中任职的社会党人，而饶勒斯、维维安尼和白里安等积极支持"米勒兰入阁"并为其行为进行辩护，积极鼓吹放弃无产阶级斗争策略，争取和平过渡到社会主义。可以说，"米勒兰入阁事件"直接导致了法国社会主义运动的分裂。此后，各国机会主义者仿效米勒兰纷纷参加本国资产阶级政府，这就意味着"第二国际"的社会主义者们已经背弃了马克思主义"暴力革命"的根本原则，试图通过争取议会部分席位换取工人权利改善，这就使"第二国际"面临前所未有的挑战。最终导致"第二国际"形同虚设，近于无形消失，实质上宣告了"第二国际"的破产已不可避免。

三、"第三国际"活动是马克思人学思想的创新和发展

1914 年，第一次世界大战爆发后，帝国主义忙于瓜分世界地盘，尤其是到了战争后期的俄国出现了有利的革命形势，于是在帝国主义统治薄弱的、经济文化较为落后的俄国取得了十月革命的伟大胜利，极大地鼓舞了亚非拉半殖民地国家的民族解放运动，也直接促成了第三世界国家共产党的建立，客观上也要求建立新的国际组织。

（一）"第三国际"的应运而生

"第二国际"破产后，列宁和布尔什维克党人始终高举马克思主义旗帜，为建立一个新的国际而不懈斗争。1914 年，列宁在其《战争与俄国社会民主党》一文中发出了建立"共产国际"的号召。1917 年，列宁在《四月提纲》中明确提出了建立革命的"共产国际"的任务。十月革命胜利之后，列宁在有关著作中揭露和批判了"第二国际"修正主义者，为建立"共产国际"的横空出世奠定了理论前提和思想基础。于是，1919 年 3 月，莫斯科迎来了"共产国际"成立大会，通过了《告国际无产阶级宣言》《共产国际行动纲领》《关于资产阶级民主和无产阶级专政的提纲》等文件，宣告"第三国际"成立。共产国际的主要任务就是"建立共同战斗的机关，以保持经常的联系和对运动实行有计划的领导，共产国际中央应使每个国家的运动的利益服从国际范围内的革命的总利益。"[1] 以促进社会主义运动持续高涨。

（二）"第三国际"为促进工人阶级的国际解放作出应有贡献

"第三国际"对于团结和带领世界无产阶级革命运动，战胜德意日法西斯国家，取得第二次世界大战的最终胜利发挥了巨大作用，到了 1943

---

① 刘先春. 科学社会主义理论与实践［M］. 兰州：兰州大学出版社，2008：60.

年第二次世界大战进入新阶段，基于反法西斯阵营以及各国内部和国家之间的情况都比过去更为复杂①，同时，各国共产党经过革命锻炼在政治上已经较为成熟，为了适应反法西斯战争的新发展和新需要，也为了便于各国共产党独立自主地处理有关问题，"共产国际"宣布解散。

---

① 毛泽东选集（第 3 卷）[M]. 北京：人民出版社，1996：19 – 23.

《资本论》及其手稿中
实践人学的内在规定

人类伟大思想的拓展不仅是社会实践和时代要求的产物，而且天然具有独立性的演进轨迹和内在发展线索，无论是个人抑或整个人类的思想史发展大抵都是如此，这条历史经验的有益启示就是，如何在一部著作中同时展现实践人学的现实历程和内在思想发展，有可能成为一个难题。但是，马克思的《资本论》（三卷本）和《1857—1858年经济学手稿》、《1859—1861年经济学手稿》、《1861—1863年经济学手稿》以及《1863—1867年经济学手稿》等在内的手稿文本群共同建构了马克思实践人学的研究目标、任务和原则等丰富而全面的对象题域。马克思从政治经济学视角，深入资本主义经济运行内部，解剖了私人劳动与社会劳动的矛盾运动，揭露了资本家对工人的剥削秘密，以及资本主义必然被共产主义取代的历史逻辑和理论逻辑。

▶ 第一节
《资本论》及其手稿中实践人学的基本目标

《资本论》是影响了20世纪以来人类社会发展进程和历史轨迹的伟大著作，其内涵博大精深，是马克思耗费40年，阅读1500多本书籍，整理

400 余本笔记铸就的心血之作和思想精华。① 马克思着手《资本论》的构思和创作是极为艰辛而复杂的历史过程，经历了一个从预备到初稿及反复研究定稿的逻辑演进阶段，其中贯穿始终的一条红线就是马克思实践人学。正如马克思在《1857—1858 年经济学手稿》中深刻指出，"人的依赖关系"起初完全是自然发生的，是最初的社会形态，集中表现为"农奴和领主，陪臣和诸侯，俗人和牧师。物质生产的社会关系以及建立在这种生产的基础上的生活领域，都是以人身依附为特征的"②，在这种情况下，人的生产能力只能在狭窄的范围和孤立的地点上发展着。而"以物的依赖性"为基础的人的独立性，是第二大形态，由于生产力水平的提升，商品经济的发展，人的需要得到更多的满足，由此形成普遍的社会物质基础、全面的关系、多方面的需求和全面的能力的体系。建立在个人全面发展和共同的社会生产能力成为他们的社会财富这一基础上的"自由个性全面发展"是其第三个阶段。③ 马克思基于科学的实践人学观对于人的发展的分析，是建立在对现实社会的合乎逻辑的批判中的，其中物的依赖为自由全面发展的第三阶段创造了物质基础和精神条件，搭建了扎实的基础，其目标旨在推动人的发展与社会的发展保持同向同行，真正促进人的自由全面发展，实现真善美的大同世界，走向自由人联合体的共产主义新社会。

一、推动人的发展与社会发展的同向同行

人的发展与社会发展在其全面性意义上具有辩证统一性，人的发展的价值目标与内在规定彰显了社会发展的全面性。人的本质规定着人的全面发展，人的全面发展体现着人的本质。人对理想社会的自觉追求，实质上

---

① 21 世纪，为什么要再读《资本论》？［EB/OL］. 存在与思维，2017 - 03 - 04.

② 马克思. 资本论（第 1 卷）//马克思恩格斯文集（第 5 卷）［M］. 北京：人民出版社，2009：94 - 95.

③ 马克思，恩格斯. 资本论手稿选编//马克思恩格斯文集（第 8 卷）［M］. 北京：人民出版社，2009：52.

是追求人的全面自由发展，而社会的全面发展与进步，归根结底也是聚焦于人的全面发展，集中体现为实践人学是"马克思主义的'最高命题'或'根本价值'"①，旨在推动人的自由个性在实践活动中取得全面释放和最大实现，故而，马克思主义也被称为马克思人学。人的自由全面发展的现实道路要在根本上实现，离不开对"现实的人"和"现实的历史"的科学梳理和深入解读。马克思《资本论》及其手稿文本群作为马克思表达其实践人学主题的理论旨趣集中成果，既承担了对现实的人及其历史发展的阐释功能，又表达了马克思追求人类解放的"理论历程"和实现路径。

（一）人的发展是社会发展的前提、基础和终极目的

天地之间人最为贵。人的发展彰显着人的需要、能力和个性的发展，蕴含着一种价值指向，是社会发展的最终体现。从古希腊时代关于"人"的问题出场，中世纪基督教下"人"是上帝的仆人略带有神性，文艺复兴时期感性浪漫而富有色彩的"人"，启蒙运动时代的人略带至高无上的理性法则，近代工业革命后自然的"人"，以及马克思视野里现实的自由全面发展的人，这是哲学思想史上人的发展的逻辑理路和演进轨迹。而社会是人的集合体，是人生存繁衍的栖息地。社会是人的社会，人是社会的人。人最终将走向自由全面和谐的理想社会状态。为此，马克思从坚持客体原则与主体原则的统一、宏观视角与微观视角的统一、逻辑分析与历史考察的统一三个维度阐释了人的发展的丰富意蕴。

1. 社会发展是人的自我创造性活动

社会发展并不是外在于人的纯粹的自然运动过程，而是人的积极主动自我创造性的活动结果。就如"历史什么事情也没有做……历史不过是追求着自身目的的人的活动而已"②。人的实践活动不仅改变了人自身，也推动了社会的不断发展与进步。

---

① 马耀鹏. 制度与路径——社会主义市场经济制度变迁的历史与现实制度 [M]. 北京：人民出版社，2010：235.

② 马克思恩格斯全集（第2卷）（第二版）[M]. 北京：人民出版社，2005：118 – 119.

2. 社会发展遵循自身从低级走向高级的内在规律

1894 年，恩格斯在《致瓦·博尔吉乌斯》的信中明确指出，社会发展规律依循着力的平行四边形法则，是各种因素综合推动的结果。随着实践的深入推进，人的认识世界与改造世界的能力不断提升，人类意识到社会发展从一个阶段过渡和转型到另一个阶段，既保留了积极因素，也增添了新的创造成果，并在新的高度达成整合与一致。

（二）社会发展为人的发展创造条件和基本保证

社会发展从形态上看①，指向社会整体的经济、政治、文化、社会以及生态文明等诸方面的演变和发展；从内涵上看，指向其内在的结构以及诸环境的不断趋向合理性的变化；从本质上看，社会发展主体是具体的、历史的人。由此可以发现，社会发展实质指向人类及其生存方式的不断完善和进步过程。总体来看，社会发展是人们通过交往构建的社会存在，是制约和决定人的发展的条件和保证。

1. 生产力发展是人的发展的前提和基础

生产力是人类社会存在和发展的最终决定力量。所以，唯物史观认为，社会发展归根结底是生产力和生产关系的互动引发的经济基础和上层建筑的联动关系，其结果是社会发展形态不断从低级走向高级，也就是从原始社会、奴隶社会、封建社会到资本主义、社会主义的发展和升级过程。可见，人的发展取决于现实的社会生产力的发展水平和发展规模。

2. 人的发展是社会历史的主体

人是社会发展的主体，社会历史始终具象化为人的发展轨迹形成的历史，也就是说"人们的社会历史始终是他们的个体发展的历史，而不管他们是否意识到这一点"②。在人对自然界的实践活动过程中，实现按照人

---

① 金建萍. 人的发展和社会发展的一致性研究 [M]. 北京：中国社会科学出版社，2013：91－92.

② 马克思，恩格斯. 马克思恩格斯选集（第 4 卷）（第二版）[M]. 北京：人民出版社，1995：532.

的目的对自然界的改造和变化。从社会发展的历史过程来看，"历史的主体是人……但是，最终是个人，历史的内容是人的能力发展和自由的逐步实现，历史的手段是人所追求的自由自觉的创造性劳动，而历史的目的则是每个人自由而全面的发展"①。人类未来的美好图景就是人的发展与社会的发展同向同行的共产主义社会。

综上所述，正如马克思在其《1844 年经济学哲学手稿》中深刻而中肯地指出："实践上，人的普遍性正是表现在他把整个自然界——首先就它是人的直接的生活资料而言，其次就它是人的生命活动的材料、对象和工具而言——变成人的无机的身体。自然就它自身不是人的身体而言，是人的无机的身体。人靠自然界来生活。这就是说，自然界是人为了不致死亡而必须与之形影不离的身体。说人的物质生活和精神生活同自然不可分离，这就等于说，自然界同自己本身不可分离，因为人是自然界的一部分"。② 也就是说，马克思认为人类是克服和同化物质世界的过程的产物，以此将自己界定为一种特殊类型的存在。③ 马克思的类存在物观念不仅是辩证的，也是特殊的生态学的，它是理性——把人类从非人类的生命中区别出来的条件——关联到我们实现物质需求的方式。人类是把自己的生活活动本身变成自己的意志和意识的对象，就是要在社会中获得自身的地位和存在感，从而实现人的发展与社会发展的同向同行，为促进人的自由全面发展，走向真善美的自由人联合体的共产主义新社会奠定坚实的基础。

二、促进人的自由全面发展

作为 19 世纪欧洲思想家的马克思在本质上仍然是一个植根于启蒙传

① 韩庆祥.建构能力社会：21 世纪中国人的发展图景［M］.广州：广东教育出版社，2003：81－108.
② 马克思.1844 年经济学哲学手稿［M］.北京：人民出版社，2000：112.
③ 马克思.1844 年经济学哲学手稿［M］.北京：人民出版社，2000：113.

统的人文主义哲学家，马克思的学术旨趣与亚里士多德的"幸福"或人类的"自我实现"不可避免地相关联。马克思终其一生的学术研究给予了资本主义对人性摧残的彻底批判，展示了他一心一意为普天下的劳苦大众谋幸福的"乐观主义人性观"，其实马克思一生追寻的愿景和芸芸众生一样都是聚焦于人的幸福美好生活。① 哲学的出发点应该是从事实际活动的人，而且是从他们的现实生活中可以描绘出的这一生活过程在意识形态上的反射和响应的过程。② 人的自由只能是对自我对象化的追求的自由。由此，马克思认为，人是"把自身当作普遍的因而也是自由的存在物来对待"③。由于受到西方启蒙时期的人本主义启迪和黑格尔哲学的影响，也由于达尔文对自然选择、优胜劣汰原理的论证，马克思关于人是类存在物的概念代表了对早期的那种静止的、二元论的，倾向于人是动物的一类的人性观念的拒斥。④ 马克思始终认为，人之所以是人，完全不同于其他感性动物，人类不能被定义为是不变的、给定的类成员之物，人与自然的关系既是物质的又是理性的，既是物理的又是心理的。可见，在马克思的学术语境里，人的发展理所应当包含自由发展与全面发展这两个向度。所以，只有促进人的自由全面发展，才意味着人摆脱了外界的束缚和局限，真正掌握了人是人的最高本质的内在规定性。可见，马克思实践人学既是永恒的课题，也是现实的追问，不是乌托邦式的幻想，而是现实的物质运动⑤，其本真旨归是人的自由全面发展。其实，在马克思看来，自由的最高目标是人的解放⑥，其根本途径是社会革命，而共产主义作为人的发展与社会的发展一致性的统一体，是实现自由的最高社会形式。

---

① ［美］温迪·林恩·李. 马克思传［M］. 陈文庆，译. 北京：中华书局，2014：2-3.
② 马克思，恩格斯. 德意志意识形态［M］. 北京：人民出版社，2018：48.
③ 马克思. 1844 年经济学哲学手稿［M］. 北京：人民出版社，2000：112.
④ ［美］温迪·林恩·李. 马克思传［M］. 陈文庆，译. 北京：中华书局，2014：6-7.
⑤ 张端. 马克思的解放思想及其当代价值［M］. 北京：中国社会科学出版社，2018：1.
⑥ 人的解放的历史轨迹是上帝的消解和人的现实生成的历史。参见马克思，恩格斯. 马克思恩格斯文集（第 1 卷）［M］. 北京：人民出版社，2009：676.

（一）自由发展是人的发展的本真状态

就总体而言，人的发展离不开人的自由。人追求自由的过程也就是人的发展的本真状态，反之，自由的不断实现也促进了人的逐渐发展。在马克思看来，人的发展不仅体现在人性的丰富和完善上，更蕴含在人的实践活动的目的和性质上。由此可见，人所追求的最终目标和世界历史发展的内在本质的展现，是以人的解放和全面发展为个人自由的前提。正如马克思在其《关于新闻出版自由和公布省级等级会议辩论情况的辩论》中指出："自由确实是人的本质。"[①] 与此同时，"任何解放都是使人的世界即各种关系回归于人自身"[②]。在马克思的视野里，个人无疑是自由的，这是人类本质与自由特性的体现。毕竟，自由源于人类的自然本性。马克思在《1844年经济学哲学手稿》中将人的生产活动分为必要劳动和剩余劳动。必要劳动是人们生产他们生活所必需的产品的活动，其基本功能指向"维系作为生物物种的人类的生存和繁衍"[③]。因此，必要劳动完全是在生理本能和自然界支配下的劳动。而剩余劳动是人们摆脱了自然界的支配，在满足了人的基本需求之后的生产劳动，这就意味着人对于自然界还有一定的自由。但是，在资本主义生产关系下，资本的逐利本性决定了剩余劳动存在的必然性。人的自由发展是建立在现实社会生产的历史发展基础之上，只有生产力水平的不断提升，人的自由时间才能增加，也只有生产者的自主联合代替了自然的社会结构，人的活动才能摆脱社会关系的支配，继而获得在物质生产领域内的自由。诚如恩格斯在其《反杜林论》中指出："自由就在于根据对自然界的必然性的认识来支配我们自己和外部自然；因此，他必然是历史的产物。"[④] 只有生产力发展了，人类才可能进

---

① 转引自刘国平. 走进经典——马克思主义经典著作解析 [M]. 北京：社会科学文献出版社，2013：38.

② 马克思，恩格斯. 马克思恩格斯文集（第1卷）[M]. 北京：人民出版社，2009：85.

③ 鲁品越. 剩余劳动与唯物史观的建构 [J]. 哲学研究，2005（10）.

④ 马克思，恩格斯. 马克思恩格斯文集（第1卷）[M]. 北京：人民出版社，2009：120.

入自由状态，成为自然的主人、社会的主人，成为自己生产关系的主人，才能谈得上"真正的自由"①。马克思在其《1857—1858 年经济学手稿》中集中论述了人的自由命题，并且从社会形态历史发展维度指出，第一个社会形态是基于生产能力极端低下的自然经济状态的以人的依赖关系为特征的社会；第二个社会形态是建立在人的生产能力、社会联系以及社会需要普遍提高的基于市场经济的以物的依赖为基础、人的独立性为特征的社会；第三个社会形态是在个人全面发展以及共同的社会财富基础上的以"自由个性"②为特征的社会。可见，人的自由发展的前提和基础是生产力的高度发展，否则一切都只是乌托邦的美好愿景而已。

（二）实现人的自由全面发展的实践坐标和现实逻辑③

马克思基于唯物史观之上不仅从生产方式的角度科学预测了人的自由全面发展，而且，还据此提出了实现人的自由全面发展的实践坐标、必经阶段和独特视角。

1. 人的自由全面发展的实践坐标

高度发展的生产力是人的自由全面发展的物质基础。自由全面发展的"人不是在某一种规定性上再生产自己，而是生产出他的全面性"④。自由时间的增加是人的自由全面发展的前提条件。科学技术的广泛运用，促使"整个社会的劳动时间缩减到不断下降的最低限度，从而为全体社会成员本身的发展腾出时间"⑤。交往实践是人的自由全面发展的动力机制。德智体美劳诸方面全方位教育是人的自由全面发展的重要着力点。马克思认

---

① 马克思，恩格斯. 马克思恩格斯文集（第 9 卷）[M]. 北京：人民出版社，2009：121.

② 马克思. 资本论手稿选编//马克思恩格斯文集（第 8 卷）[M]. 北京：人民出版社，2009：52.

③ 袁杰. 马克思人的解放理论与实践研究 [M]. 北京：人民出版社，2017：199 – 210.

④ 马克思. 资本论（第 3 卷）//马克思恩格斯全集（第 46 卷）（上）（第一版）[M]. 北京：人民出版社，1979：486.

⑤ 马克思. 资本论（第 3 卷）//马克思恩格斯全集（第 46 卷）（上）（第一版）[M]. 北京：人民出版社，1979：221.

为，未来教育"就是生产劳动同智育和体育相结合，它不仅是提高社会生产的一种方法，而且是造就全面发展的人的唯一方法"①。可见，人的自由全面发展需要自由闲暇时间以及实践与教育的结合。

2. 人的自由全面发展的必经阶段

马克思在《资本论》中提出了人的历史发展的"三阶段论"，即资本主义社会之前的原始社会、奴隶社会和封建社会等人的依赖关系阶段，资本主义社会以物的依赖为基础的人的独立性阶段，以及建立在个人全面发展和他们共同的、社会的生产能力成为从属于他们的社会财富的共产主义社会的自由人联合体阶段。

3. 人的自由全面发展的独特视角

思想解放是人的自由全面发展的前提和先导条件，个性解放是人的自由全面发展的"阿莉阿德尼线"②，以及政治解放是人的自由全面发展的关键。可见，思想解放、个性解放和政治解放是人的自由全面发展的独特视角。

（三）全面发展是人存在的价值追求和最终旨归

人的全面发展是人的最高信仰，彰显了生活之美，体现了崇高之美，实现了理想之美，表征了智慧之美③，就其实质来讲是通过人的本质力量的对象化而不断发展与完善自身的过程。全面发展才能使人的能力得到充

① 马克思. 资本论（第1卷）［M］. 北京：人民出版社，2004：556.
② "阿莉阿德尼线"（The Line of Ariadne）的典故出自古希腊神话传说，古希腊克里特王弥诺斯的迷宫内藏有怪物米诺陶洛斯，弥诺斯强迫雅典每9年进贡7对童男童女作为牺牲品。雅典王子提修斯决心为民除害，扮作男童来到克里特岛，并自告奋勇进入迷宫试图去杀掉怪物。但是迷宫的构造十分复杂，很难找到怪物，并且即使杀了怪物，自己也走不出来。克里特王弥诺斯的公主阿莉阿德尼对提修斯一见钟情，见此情景，便给了提修斯一个小团，一头系在迷宫的大门上。提修斯将线团的另一端系在身后，边找怪物边拉线，终于找到了怪物的藏身之处，并将其杀死，然后自己巡线原路返回便顺利逃出了迷宫。此后，阿莉阿德尼的线团就成了西方比喻走出宗教起源迷宫的生命线。参见马克思，恩格斯. 马克思恩格斯选集（第3卷）（第一版）［M］. 北京：人民出版社，1976：453.
③ 朱荣英. 马克思人的全面发展理论及其中国表征［M］. 北京：中国社会科学出版社，2018：209–232.

分的提升。马克思在《1844 年经济学哲学手稿》中将人的生产看作是"全面"的生产。因为，只有在生产力发展到一定高度的基础上，剩余劳动才有可能成为促进人的全面发展的重要因素，毕竟只有必要劳动使人还处在自然的支配下。所以，马克思认为，同人的自由发展一样，人的全面发展也是建立在现实社会生产的历史发展基础上的。

1. 全面发展是扬弃异化的结果

马克思提出"人的全面发展命题"旨在通过社会主义制度设计克服资本主义异化造成的人的片面发展，从而促进每个个体都得到全面完整的发展。在《1857—1858 年经济学手稿》中，马克思阐释人的发展的三阶段时，他指出："人的依赖关系（起初完全是自然发生的），是最初的社会形式，在这种形式下，人的生产能力只是在狭小的范围内和孤立点上发展着。以物的依赖为基础的人的独立性，是第二大形式，在这种形式下，才形成普遍的社会物质交换、全面的关系、多方面的需要和全面的能力体系。建立在个人全面发展和他们共同的、社会的生产能力成为从属于他们的社会财富这一基础上的自由个性，是第三阶段"①，从上面的表述中可以感受到，马克思笔下的个人全面发展起码内含个人全面的能力、自由的个性，以及人之需要的丰富性和多面性。

2. 全面发展是人类社会发展的必然趋势

人的全面发展需要借助于社会生产力的巨大增长，社会关系的合理建构，以及社会交往的普遍发展。② 在现实生活中，人的全面发展是理想更是逐步趋近的历史过程。人总是期盼在现实条件下推进自己更好地发展，而实际上接近人的全面发展历史相继经历了人的依赖关系占统治地位的阶段、物的依赖占统治地位的人的独立性阶段，以及"建立在个人全面发展和他们共同的社会生产能力成为他们的社会财富这一基础上的

---

① 马克思，恩格斯. 资本论手稿选编//马克思恩格斯文集（第 8 卷）[M]. 北京：人民出版社，2009：52.

② 杨耕，等. 马克思主义哲学基础理论研究 [M]. 北京：北京师范大学出版社，2013：348 – 349.

自由个性"① 三个阶段。可见，促进和实现人的自由全面发展是马克思实践人学思想的学术旨趣和最高价值，也是马克思主义贯彻始终的一条红线。在马克思的视野里，自由全面发展是人的活动原本的内在规定性，因为，在资本主义社会里人处于异化劳动的场域，在那种处境下，人的自由全面发展就成为"异化劳动"向"人的本质"的回归和重塑，可见，唯有扬弃异化劳动，才有可能促进和实现人的自由全面发展。

三、实现"真善美"② 的共产主义理想社会

人类对于未来美好社会理想的向往和追求的脚步从来就没有停止过。从公元前 8 世纪的《新约全书·启示录》中预言的相对于天堂的"千年王国"，公元前 4 世纪柏拉图笔下描绘的"理想国"，孔子心目中的"大同世界"，公元 5 世纪奥古斯丁设想的"上帝之城"，15 世纪前后闵采尔期盼的"人间天国"，16～17 世纪托马斯·莫尔在其《最完美的国家制度和乌托邦新岛的既有益又有趣的金书》中勾勒的"乌托邦"和康帕内拉的"太阳城"，培根在其《新大西岛》中叙述的"人类帝国"，17～18 世纪的梅叶在《遗书》、马布里在《论法制或法律的原则》、摩莱里在《自然法典》中描写的"平均共产主义"，19 世纪早期圣西门的"新实业制度社会"、傅里叶的"法郎吉"和欧文的"模范新村"等"空想社会主义"理想，19 世纪中期之后马克思恩格斯的"科学社会主义"，同期的中国农民起义者视野里的"太平天国"，以及伯恩斯坦等向往的"民主社会主义"等美好理想。其中，历史和现实表明唯有科学社会主义标志着人类美好社会理想正式付诸实践。

---

① 马克思．资本论（第 3 卷）//马克思恩格斯全集（第 46 卷上）（第一版）［M］．北京：人民出版社，1979：104.

② 有学者认为，人类早期就已经朦胧意识到了自身存在，萌发了对人的完美与和谐发展的追寻。亚里士多德很早就提出要培养"体、智、德"和谐发展，"真、善、美"三位一体的"完美的人"，并指出社会是实现人的自我全面发展与完美的唯一途径。参见洪波．马克思个人观研究［M］．北京：中国社会科学出版社，2010：307.

(一) 历代先哲对于未来理想社会的向往和规划

社会是人的存在方式，人是社会的人，人与社会不可分离。自从地球上有了人类，人就开始勾勒和绘制，甚至遐想未来社会的理想图景，这也是人类繁衍生息的不懈追求和精神动力。

1. 古希腊"城邦"理想社会蓝图

人类对于理想社会的美好憧憬始于古希腊。以至于黑格尔深情地介绍道，一提到"古希腊这个名字，有教养的欧洲人，尤其是我们德国人，就会产生一种家园感"①。柏拉图在《理想国》中建构的"城邦"是一个理想社会。由于个体的弱小，"我们每个人为了各种需要，找来各种各样的人，由于需要许多东西，我们许多人住在一起，作为伙伴和助手。在这个公共住宅区，我们把它叫作城邦"②。在城邦里，由哲学王管理这个国家，一切财富归于国家所有，国家依照具体情况分配土地，各个阶层各司其职，安分守己，从而达到城邦和个人的完美，这就是古希腊人构建的城邦社会理想。

2. 中世纪"神本主义"理想社会

中世纪的欧洲，基督教占据绝对统治地位，哲学沦为神学的"婢女"。神学家奥古斯丁宣扬上帝成为全能的无上权威，是世间万物的主宰和创造者。人们唯有信仰上帝才能获得幸福，只有依靠上帝的荣光普照才能认识真理。所以，人类的一切行为都要服从上帝安排。而中世纪经院哲学最具影响力的学者托马斯·阿奎那（Thomas Aquinas）的人学主要是围绕人的整体性与人的个体性两个维度展开阐释的，他始终认为："上帝通过先知答应他的人民：作为一个巨大的恩惠，他把她们放在一人之下，只由一个君主来统治他们大众"。③ 由此，人们必须服从上帝的旨意，因为这是人

---

① ［德］黑格尔. 哲学史讲演录（第 1 卷）［M］. 贺麟，王太庆，等译. 北京：商务印书馆，1983：157.

② ［古希腊］柏拉图. 理想国［M］. 郭斌和，张竹明，译. 北京：商务印书馆，1986：58.

③ ［意］阿奎那. 阿奎那政治著作选［M］. 马清怀，译. 北京：商务印书馆，1963：49.

类摆脱"原罪"的唯一条件和根本路径。

3. 文艺复兴之后的"理性"社会

中世纪之后，欧洲发生了影响整个西方世界的文艺复兴运动，自然科学推动的社会生产力获得了迅速发展和直线提升，与此同时，人类开始重新反思和探讨人性复归的问题。霍布斯从机械唯物主义出发，将人看作一部精巧的机器，人类的一切生理活动，都是受机械欲望支配的。卢梭认为，人类先是生活在自由的自然状态下，而后才进入社会状态。洛克认为，在没有私有制的地方是不会有不公正的。在理性社会中，人可能成为政治家、历史学家、哲学家、战略家或者演说家、牧师等综合体，在这一系列的角色中，个人才能得到充分展示和自由全面发展。

4. 工业革命之后的"空想"社会主义理想

随着资本主义生产关系的一统天下，私有制存在的基本矛盾问题日益暴露无遗。早期的空想社会主义大师莫尔在《乌托邦》中大胆预测了未来没有私有制的美好社会。闵采尔提出了财产共有的"千年王国"。康帕内拉在《太阳城》中提出了没有剥削、没有压迫的新型理想社会。之后的梅叶、马布里、莫莱里等提出了感性文学描述的社会改造方案。总之，空想社会主义者勾勒的理想社会现在看来带有浓郁的浪漫主义色彩。

5. 黑格尔的"市民"社会

黑格尔认为："社会和国家的目的在于使一切人类的潜能以及一切个人的能力在一切方面和一切方向得到发展和表现。"[1] 当然，黑格尔的市民社会，是借鉴基督教的超验力量，挖掘古希腊城邦的深刻内涵，运用理性建构他心目中理性的资本主义社会。

6. 马克思关于未来共产主义社会的理论逻辑和实践旨趣

马克思早期的人学思想，尤其是在《1844年经济学哲学手稿》中尚呈现为人道主义或表达人的全面发展的道德号召力，同时，也为我们开辟了追问"历史之谜"的崭新致思理路，表征马克思对"天问"的独特解

---

① ［德］黑格尔. 美学（第1卷）［M］. 朱光潜，译. 北京：商务印书馆，1979：59.

答。而到了 19 世纪 60 年代中期之后的《资本论》中，着力通过对于资本主义社会的资本运动逻辑的系统化揭示，马克思指明了人类"异化"或"非人化"的根本原因。正如马克思在《德意志意识形态》中曾经指出："思想、观念和意识的产生最初是直接与人们的物质活动、与人们的物质交换、与现实生活的语言交织在一起的。"马克思的实践人学代表了人类形上追求的普遍性，其内涵表征了人类文明的活的灵魂。当然，马克思也指出："共产主义是最近将来的必然的形式有效的原则。但是，共产主义本身并不是人的发展目标，并不是人的社会的形式"。① 在共产主义的现实的、具体的、可以通达的视野之外，只要人类继续向前发展，共产主义社会将成为"历史之谜"的自觉。可见，马克思把共产主义作为实践人学的存在方式，他寄希望于"联合起来的无产者"② 作为社会化的人来调节人和自然之间的物质变换关系。

第一，马克思关于共产主义新社会的哲学依据。正如国民经济学是资产阶级的学术代表，共产主义是无产阶级感性意识的理论表达，是对人类社会"历史之谜"的理论回答和实践指引，也是关于人之为人的本真性存在的洞见和最深邃的科学阐释。共产主义的头脑是哲学，心脏是无产阶级。③ 所以，马克思在其《关于费尔巴哈的提纲》中指出，旧唯物主义的立足点是市民社会，而新唯物主义的立足点是人类社会或者社会化的人类。可见，马克思理想社会建构的哲学依据就是唯物主义历史观，而共产主义新社会就是"人向自身、向社会的合乎人性的复归"④，使人走向自由全面发展的社会。

第二，马克思关于共产主义理想社会的现实基础。马克思的理想社会是建构于现实存在的人的解放基础上的，"只有当现实的个人同时也是抽

---

① 马克思.1844 年经济学哲学手稿 [M].北京：人民出版社，2000：93.
② 马克思.资本论（第 3 卷）//马克思恩格斯文集（第 7 版）[M].北京：人民出版社，2009：928.
③ 姜佑福.历史之谜的理论解答 [M].上海：复旦大学出版社，2018：199 - 200.
④ 马克思，恩格斯.马克思恩格斯全集（第 3 卷）（第二版）[M].北京：人民出版社，2002：443.

象的公民，并且作为个人，在自己的经验生活、自己的个人劳动、自己的个人关系中间，成为类的存在物的时候……人类解放才能完成"①。也才能实现将人的本质真正还给人自己的千年愿望。

（二）共产主义社会的丰富内涵

美国学者迪金森曾经指出，共产主义是世界的梦想、沼泽地里的圣杯之光、神秘之城萨拉、乐土之谷阿瓦隆！共产主义是自由的灵魂、兄弟情谊的纽带、平等的印章。② 共产主义的美好社会理想"不是基于道德原则，也不是基于信仰的宗教千年王国，而是由一系列基本原理的科学论证作为理论支撑的"③。当然，共产主义也不是空中楼阁，更不是海市蜃楼。共产主义的目的旨在"使社会的每一个成员都能完全自由地发展和发挥他的全部才能和力量，并且不会因此而危及这个社会的基本条件"④，共产主义是马克思和恩格斯在继承欧洲历史文化遗产的基础上提出和论证的伟大社会理想，是无产阶级革命运动最终构建的社会制度。

1. 共产主义的内在规定

人的本质的复归是一个与社会发展相统一的过程，其根本条件指向社会生产力高度发达基础上对生产资料的社会公共占有，也就是共产主义新社会，其最初意蕴有：一是作为最可能好的社会形式的信念，二是以建立共产主义为目标的国际运动，三是公有制、共同体的拉丁文演绎。作为一种社会思潮，共产主义出现于 16 世纪的西欧，在莫尔的《乌托邦》、康帕内拉的《太阳城》和闵采尔的言论中最早提出了"共产主义的微光"，寄托着财产共有、幸福生活的美好理想图景。到了 19 世纪，空想社会主义的思想家们相继提出了"实业社会""和谐制度"等社会理想，并且明确

---

① 马克思，恩格斯. 马克思恩格斯全集（第 1 卷）（第二版）[M]. 北京：人民出版社，2002：443.

② 转引自全燕黎. 邓小平的政治哲学 [M]. 北京：人民出版社，2012：232.

③ 陈先达. 论马克思主义基本原理及其当代价值 [J]. 马克思主义研究，2009（3）.

④ 马克思，恩格斯. 马克思恩格斯全集（第 42 卷）（第一版）[M]. 北京：人民出版社，1979：373.

提出了"各尽所能、按需分配"的共产主义分配原则。马克思和恩格斯对于空想社会主义大师们给予了很高的评价:"他们天才地预示了我们现在已经科学地证明了其正确性的无数真理。"可见,共产主义就是全面颠覆资本逻辑,消除私有制,以自由人的联合体取代市民体系和国家的过程。实现共产主义,追求人类解放,是马克思一生不变的第一主题,也是马克思毕生为之奋斗和献身的根本命题和最高价值诉求。可以说,马克思实践人学的思想精要表达的就是"一种革命性的本体论追求:把人从一切'非人'或'异化'的状态中'解放'出来"①。以鲜明的问题意识,及时回答时代关照,为最终实现共产主义提供实践人学支撑。

2. 共产主义的基本特征

共产主义是人类历史上最美好的社会制度,指向人的本质的复归和"人类解放"的真正实现。马克思在其《1857—1858年经济学手稿》中富有远见地提出,在新的社会制度中"生产将以所有的人富裕为目的"②。实际上,共产主义在马克思主义经典作家视野里"不是应当确立的状况,不是现实应当与之相适应的理想。我们所称为的共产主义是那种消灭现存状况的现实的运动"③。具体而言,《共产党宣言》对共产主义及其人类未来社会前景的展望:一是当阶级差别已经消失而全部生产集中在联合起来的个人手里的时候,公共权力就失去了政治性质;二是无产阶级在消灭旧的生产关系的同时,也就消灭了阶级对立和阶级本身存在的条件,从而消灭了他自己这个阶级的统治;三是代替那存在着阶级和阶级对立的资产阶级旧社会的,将是这样一个联合体,在那里,每个人的自由发展是一切人的自由发展的条件。

第一,基于生产力高度发达的物质财富极大丰腴和消费资料按需分配。消灭私有制,实行财产公有制,消灭阶级差别,代之以生产者自由平

---

① 孙正聿. 哲学观研究 [M]. 长春:吉林人民出版社,2007:258.

② 马克思. 1857—1858年经济学手稿//马克思恩格斯全集(第46卷)(下)(第一版)[M]. 北京:人民出版社,1980:222.

③ 马克思,恩格斯. 马克思恩格斯文集(第1卷)[M]. 北京:人民出版社,2009:539.

等的联合体。人人劳动，实行"不劳动者不得食"原则。逐步从"各尽所能，按劳分配"走向"各尽所能，按需分配"。诚如 1847 年恩格斯在其《共产主义信条草案》中所指出，财产公有制只有在生产力高度发达和生活资料无限增长的可能性基础上才会实现。① 此后，《共产党宣言》提出，资本主义创造的巨大生产力为共产主义实现准备了物质条件和历史坐标。后来，在 1875 年的《哥达纲领批判》中，马克思进一步指出，只有生产力飞速增长，集体财富源泉充分涌流，才能实现共产主义生活资料的各尽所能、按需分配，这才是分配平等的最终实现。

第二，基于社会关系高度和谐的人们精神境界得到极大提升。阶级产生不是从来就有，也不会永远存在。诚如恩格斯所说，到了未来的共产主义社会，随着阶级消失，"国家也不可避免地要消失。在生产者自由平等的联合体的基础上按新方式来组织生产的社会，将把全部国家机器放到它应该去的地方，即放到古物陈列馆去，同纺车和青铜斧陈列在一起"②。由于生产力高度发达，工业和农业、城市和乡村、脑力劳动和体力劳动的差别必然归于消失。由此使社会关系高度和谐，人们自觉践行为他人服务、为社会服务、为公共事业服务，以快乐自己的幸福理念。

第三，基于"必然王国"向"自由王国"飞跃的个人自由全面发展的理想状态。走向自由而全面发展的共产主义社会是马克思毕生矢志不渝的奋斗使命和坚毅追求，也是"一个更高级别的、以每个人的全面而自由的发展为基本原则的社会形式"③，其实质是获得人的解放和发展目标。未来随着生产力的飞速发展，人相继摆脱了自然经济条件下"人的依赖关系"，也摆脱了商品经济条件下"物的依赖性关系"，从而实现了产品经

① 马克思，恩格斯. 马克思恩格斯全集（第 42 卷）（第一版）［M］. 北京：人民出版社，1979：373.

② 马克思，恩格斯. 马克思恩格斯选集（第 4 卷）（第二版）［M］. 北京：人民出版社，1995：190.

③ 马克思. 资本论（第 1 卷）//马克思恩格斯全集（第 23 卷）（第一版）［M］. 北京：人民出版社，1972：649.

济条件下"人的自由个性"的全面发展即共产主义新社会阶段。① 到了那时候，"作为目的本身的人类能力的发展，真正的自由王国，就开始了"②。可见，人类终将从支配他们生活和生命的异己力量束缚中解放出来，实现从"必然王国"到"自由王国"的飞跃，开启人类自己创造自己的"自由王国"的崭新历史时期。

第四，中国特色社会主义共同理想与共产主义最高理想的辩证统一关系。理想是指引人们奋斗的航标，是推动社会前进的巨大精神力量，是人们关于未来的、有实现可能的向往和追求。理想是个人或群体对于未来发展的规划和勾勒，是引领人生前进的行动指南。《哲学大辞典》的实践人学词条引申出，理想作为人类特有的精神现象，是确立于观念之间，同奋斗目标相联系的、有实现可能的、对未来的想象蓝图。共同理想是最高理想的必经历史阶段，也是最高理想的现实基础和实践中介；而最高理想是共同理想发展与前进的必然结果，更是共同理想的最终归宿。中国特色社会主义共同理想是我国这样经济文化较为落后的不发达国家为了自身发展，最终走向共产主义的预备阶段。诚如邓小平谆谆告诫我们："一定要经常教育我们的人民……要有理想。为什么我们过去能在非常困难的情况下奋斗出来，战胜千难万险使革命胜利呢？就是因为我们有理想，有马克思主义信念，有共产主义信念。我们干的是社会主义事业，最终目的是实现共产主义。"③ 而中国特色社会主义共同理想是共产主义远大理想在我国社会主义初级阶段的现实表征和历史体现。在新时代，立足当前、面向未来，把最高理想融入共同理想，按照共产主义新社会的各项要求，脚踏实地做好当下工作，着力于坚持和发展中国特色社会主义，实现中华民族伟大复兴的中国梦，是全国各族人民的共同理想，更是向未来共产主义最

---

① 马克思，恩格斯.资本论手稿选编//马克思恩格斯文集（第8卷）[M].北京：人民出版社，2009：52.

② 马克思.资本论（第3卷）//马克思恩格斯全集（第25卷）（第二版）[M].北京：人民出版社，2001：927.

③ 邓小平文选（第3卷）[M].北京：人民出版社，1993：110.

高理想迈进了一大步。

→ 第二节
《资本论》及其手稿中实践人学的任务指向

东西方人学思想史从"神话到现实",从"传统到现代",从"理论到实践"的发展与演进过程中,人类对"人自身"的评价始终保持一份乐观与自豪,这就是人为天下贵,人是整个宇宙间最高贵的族类和物种。汉代许慎编撰的《说文解字》指出:"人,天地之性最贵者也。"从造字法上赏析,"人"是个象形文字。人"与天地合其德,与日月合其明,与四时合其序,与鬼神合其吉凶"。可见,人是万物间最为宝贵的。我国古代把人作为宇宙间最高贵的族类,还缘于对人性的认识。现代人创设了各类科学,论证了人的高贵之处。有学者从书法角度阐释了人的写法,"人"字左为阳,右为阴,阴阳合而才成为"人",其中蕴含了天地变易的丰富意蕴。也有学者从生活经验与感悟谈"人"字有两笔,一笔写得到、一笔写失去,一笔写过去、一笔写将来,一笔写顺境、一笔写逆境,这就是对待人生的应有态度。也有学者认为,"人"乃是上帝创造的最不会谋生的动物,这就决定了人为了生活必须得从事劳动实践活动。当然,学者梁实秋则认为有闲时候的人才最像个人,人要让生活过得有滋有味才像个人。古希腊哲学家普罗泰戈拉指出:"人是万物的尺度,是存在的事物存在的尺度,也是不存在的事物不存在的尺度。"① 这个观点充满着丰富的人本主义精神,是把人当作世界上一切事物的标准,就给了人以足够高的地位。而对于"斯芬克斯之谜"的探求则体现了古希腊人对人的本质的关切。人意识到要和周围的个人往来,从而将人从非人中区分出来,这是因为人类存在是由它克服直接性的能力来决定的。所以,马克思认为"动物

---

① 北京大学哲学系. 古希腊罗马哲学 [M]. 北京:生活·读书·新知三联书店,1957:163.

只生产本身，而人则要生产整个自然界"。中世纪的欧洲神权统治一切，宗教不是把人看作类一样的存在物，而是看作一种由栖居于世界之外的非物质灵魂来代表的非人格、非个体的抽象物，在这种情况下，人学遭到神学的打压和遮蔽，直到文艺复兴与启蒙运动，让人重新找回了尊严，以人为本理念得到充分彰显，相继掀起了人文主义、人道主义、人本主义的社会思潮，他们体现为时间上的继起性。14~16 世纪的文艺复兴运动涌现了人文主义，突出了对人的文明与博爱。17 世纪法国启蒙运动发展了人道主义，蕴含了对人在道义上的援助。19 世纪德国哲学家进而提出了基于理性思维高度出发的人本主义，则意味着"以人为本"思想较为系统的阐释和深化。人本主义将"人"作为哲学关注的出发点和落脚点，认为人是世界的主体。人本主义关注的重心是人，特别是具体的人，涵盖个人的内心体验、生命本能、自由意志和创造力，以及个体存在的价值和意义等诸多丰富的内容。总而言之，人本主义是人文主义和人道主义的巅峰，是从道德伦理角度进一步上升到自然与社会发展的世界观的高度。由此，人学的发展经历了漫长的过程，凡是人学受到重视的时候，也就是激发人的创造力，推动社会大踏步向前发展的时候，反之亦然。

一、重视人并促进人的全面发展是基本出发点和落脚点①

《资本论》及其手稿中"人的全面发展理论"是马克思主义至为重要的观点，并伴随着马克思主义的产生发展而逐步生成壮大。马克思用人的本质的历史性，用人类在实践的兴趣中理解和占有类生活的物质条件的独特能力，来表征人的类生活的特性。② 因此，重视人并促进人的发展是马克思实践人学的基本出发点和落脚点。

---

① 董瑞华，唐钰岚.《资本论》及其手稿在当代的实践与发展 [M]. 北京：人民出版社，2013：280 – 296.

② [美] 温迪·林恩·李. 马克思传 [M]. 陈文庆，译. 北京：中华书局，2014：12 – 13.

（一）人的全面发展理论的产生

早在 1845 年的《关于费尔巴哈的提纲》中就有关于"人的发展"论题的研究。这一时期，马克思以唯物史观为指导，探讨了人的发展问题。从本质上看，人的发展是一定社会关系总和的映射。在同一时期，马克思与恩格斯合著的《德意志意识形态》中进一步指出，人的发展问题应该从现实的生产力的发展状况，从现实的社会经济关系性质中去理解和找寻，"个人怎样表现自己的生命，他们自己就怎样。因此，他们是什么样的，连同他们的生产是一致的——既和他们生产什么一致，又和他们怎样生产一致"①。这个时候马克思、恩格斯已经认识到，人的发展问题，既取决于生产力，又取决于生产关系。马克思在《1844 年经济学哲学手稿》中第一次比较系统地研究了人的发展课题。马克思以资本主义社会为例探察了人的发展状况。只是由于马克思还没有完全扬弃费尔巴哈人本主义与黑格尔异化理论的影子，研究还只是停留于纯粹的理论论证上，很快马克思发现问题并找到症结，从而深入经济学进行实践人学研究。

（二）人的全面发展理论的形成

进入 19 世纪 50 年代后，马克思继续对未来社会中人的发展问题进行深入思考和不懈探讨，并且在其《1857—1858 年经济学手稿》中对人的发展论题做了进一步展望、回顾和总结。

1. 介绍了人的发展的内涵

在《1857—1858 年经济学手稿》中，马克思通过与资本主义社会人的片面化、从属化和异化的对比分析，对未来社会的人的发展内涵进行了深入挖掘，并指出未来社会的生产为人的发展创造了丰富的物质要素，这就从根本上改变了资本主义社会中人的从属性、片面性和异化性的发展状况。为此，马克思总结道，人的发展其实就是"人的现实联系和观念联系

① 马克思，恩格斯. 马克思恩格斯文集（第 1 卷）[M]. 北京：人民出版社，2009：520.

的全面性"。

2. 论述了人的发展的社会经济基础

马克思在深入分析资本主义生产目的时指出,尽管资本主义私人所有制的形式是狭隘的,但获取尽可能多的剩余价值的生产目的是驱使生产力获得快速发展的主要原因,"资本主义生产——实质上就是剩余价值的生产,就是剩余劳动的吸吮"①。因此,马克思认为未来社会生产力的发展是多元的、多层次的,这才为共产主义奠定了坚实基础。

3. 阐释了科学技术与人的发展的辩证关系

生产力的迅速发展进一步巩固了科学技术在生产力发展中的主导和统治地位。科学变为"直接的生产力"②,成为生产力发展的最可靠、最发达的形式,而人的全面发展则成为生产力发展的充分条件。③ 马克思甚至预见,未来社会的直接生产过程就是知识的运用,"一般社会知识,已经在多大的程度上变成了直接的生产力,从而社会生活过程的条件本身在多大程度上受到一般智力的控制并按照这种智力得到改造"④。总之,马克思认为,人的发展的全面性不是想象的或设想的那样,而是现实关系和观念关系的全面性。

(三) 人的全面发展理论的成形

到了 19 世纪 60 年代,从马克思的《资本论》中可以看出,马克思经济学研究中不仅是把人看作生产物质资料的手段,更是立足于历史的高度,肯定人在社会发展中的主体性地位。

---

① 马克思. 资本论(第1卷)[M]. 北京:人民出版社,2004:307.
② 马克思,恩格斯. 马克思恩格斯选集(第46卷)(下册)[M]. 北京:人民出版社,1980:219 - 220.
③ 马克思,恩格斯. 马克思恩格斯选集(第46卷)(下册)[M]. 北京:人民出版社,1980:35 - 36.
④ 马克思,恩格斯. 资本论手稿选编//马克思恩格斯文集(第8卷)[M]. 北京:人民出版社,2009:198.

（四）人的发展的阶段性

马克思在《1857—1858年经济学手稿》中运用逻辑与历史相结合的辩证法，考察了人的发展的历史过程，提出了人的发展的"三大形态"，这就是人的依赖阶段、人对物的依赖阶段和人的自由全面发展阶段。

1. 构筑在自然经济上以"人的依赖性"为基础的人的发展的原生社会形态

在漫长的自然经济时代，社会生产力低下，人们也只是在狭窄的范围和地区内发展，个人与社会的联系是贫乏的。所以，马克思把资产阶级社会之前的社会形式，那种"家长制的、古代的或封建的"人的依赖关系确定为社会的最初形式。自然界起初只是作为"一种完全异己的、有无限威力的和不可制服的力量与人们对立的，人们同自然界的关系完全像动物同自然界的关系一样，人就像牲畜一样慑服于自然界"①。而个体之间只是作为"封建主和臣仆、地主和农奴，或作为姓氏成员，或属于某个等级等"具有"某种规定性的"个人发生关系②，这就历史地决定了个体之间和个体同自然之间关系的狭隘性与有限性。

2. 构筑在商品经济上以"人对物的依赖性"③为特征的次生社会形态

随着社会生产力发展到了一定阶段，商品经济代替了自然经济。社会交换和分工的普遍性得到发展，科学技术获得了独立性和物化价值，也在一定意义上造成了人的自由和独立，使人们在物质生产劳动中结成的社会关系披上了物之间的"劳动产品的社会关系"的外衣，从而表现为"人的社会关系转化为物的社会关系，人的能力转化为物的能力"④，不是人

---

① 马克思，恩格斯．马克思恩格斯文集（第1卷）[M]．北京：人民出版社，2009：534.
② 马克思，恩格斯．资本论手稿选编//马克思恩格斯文集（第8卷）[M]．北京：人民出版社，2009：58.
③ 马克思，恩格斯．资本论手稿选编//马克思恩格斯文集（第8卷）[M]．北京：人民出版社，2009：52.
④ 马克思，恩格斯．资本论手稿选编//马克思恩格斯文集（第8卷）[M]．北京：人民出版社，2009：51.

占有社会关系，而是物化的社会关系支配和控制着人的生存和发展。

3. 构筑在产品经济上以"人的自由全面发展"为特征的再生社会形态

在马克思看来，全面发展的个人不是自然的产物，而是历史的产物，是以交换价值基础上的生产为前提，推进人从"必然王国"走向"自由王国"。这种建立在全面发展的个人基础上的自由人联合体"用公共的生产资料进行劳动，并且自觉地把他们许多个人劳动力当作一个复杂社会劳动力来使用"①，马克思称之为共产主义社会。人实现了独立于物之外、与人对立的物与物的社会关系，最终回到了人自身。人真正实现了有计划、自觉而自由地用社会资料进行社会活动和社会生产，并在创造着自己丰富的社会关系。此时，社会才真正是"人同自然界的完成了的本质的统一，是自然界的真正复活"②，从而实现了人与人之间、人与自然之间的矛盾的真正化解与和谐，这才真正成为人。

二、促进生产力发展是关键

人作为有生命的自然存在物，为了生活必须进行物质生产活动，这是人存在的第一本能需要，而生产力是提升人类社会物质生产效率的最终决定力量。生产力本质上是个人征服自然的能力表征，是个人自主活动的数量，它所确证的是个人的"人的价值"，也就是从对自然界的动物式的纯粹依附关系中摆脱出来，争得某种自我主宰地位的价值。③ 可见，生产力在马克思实践人学中具有重要地位，体现为社会生产活动中人类改造自然的能力，反映着人类与自然的关系。马克思指出："生产力当然始终是有用的、具体的劳动的生产力，它事实上只决定有目的的生产活动在一定时

---

① 马克思. 资本论（第1卷）[M]. 北京：人民出版社，2004：96.

② 马克思. 资本论（第3卷）//马克思恩格斯全集（第26卷）（下册）（第一版）[M]. 北京：人民出版社，1974：545.

③ 马克思，恩格斯. 马克思恩格斯全集（第3卷）（第二版）[M]. 北京：人民出版社，2002：77.

间内的效率。"① 但是,对于生产力的研究及其概念的使用②,早在资产阶级古典经济学家那里就已经注意到了。因为,随着资本主义的飞速发展,生产力对于社会历史发展的推动作用越来越突出。为此,《德意志意识形态》指出,"物质资料生产本身"构成了人的"第一个历史行动"③,而生产力是推进物质财富丰裕的重要条件,就是因为生产力是人类社会活动全部历史的基础。

(一) 生产力是在社会生产实践中形成的改造和影响自然的物质力量

生产力具有客观性和社会历史性。社会生产力的发展是人的自由全面发展的物质前提和现实基础,生产力的发展也是实现人的全面发展的根本条件。在一定历史阶段上人的发展程度取决于生产力的发展状况。为此,马克思解释道:"发展过程本身被设定为并且被意识到是这个过程的前提。但是,要达到这一点,首先必须使生产力的充分发展成为生产条件,而不是使一定的生产条件表现为生产力发展的界限"④。生产力的高低取决于劳动者、劳动对象和劳动资料的组合结构或其比例关系,其中,劳动者是生产力"三要素"中极为活跃的因素。

1. 生产力发展为人的发展创造物质基础

生产力始终是推动社会前进最活跃、最革命的力量。马克思指出:"当人们还不能使自己的吃喝住穿在质和量方面得到充分供应的时候,人

---

① 马克思.资本论(第1卷)//马克思恩格斯文集(第5卷)[M].北京:人民出版社,2009:59.

② 有学者认为,按照不同的标准和考察维度,生产力可以分为具体生产力和一般生产力,劳动的自然生产力和劳动的社会生产力,资本的生产力和劳动的生产力,物质生产力和精神生产力,联合生产力和个人生产力,主体的生产力和客体的生产力等。参见聂锦芳.《资本论》及其手稿再研究:文献、思想与当代性[M].北京:经济科学出版社,2013:135-161.

③ 马克思,恩格斯.德意志意识形态[M].北京:人民出版社,2018:48.

④ 马克思,恩格斯.资本论手稿选编//马克思恩格斯文集(第8卷)[M].北京:人民出版社,2009:172.

民就根本不能获得解放。"① 所谓"仓廪实而知礼节，衣食足而知荣辱"，只有生产力高度发展，物质资料极为丰富，人们才有条件摆脱"人的依赖关系"和对"物的依赖关系"，才有条件发展成为自由全面发展的人。

2. 生产力发展为人的发展提供充裕自由的时间

人的发展有个重要指标是可支配自由时间的宽裕程度，而只有高度发达的劳动生产力才能将人的物质生产劳动时间置换出来。毕竟，人类的智慧和能力发展决定着物质资料的开放深度和广度。因此，马克思指出科学技术是生产力，这可能就是内在原因。

（二）科学技术是第一生产力的重要着力点

马克思主义唯物史观指出，在人类社会从原始社会、奴隶社会、封建社会、资本主义社会和社会主义社会、共产主义社会的依次更替和演进过程中，社会基本矛盾通过不断的自我扬弃成为推动社会发展的根本动力，在阶级社会中，阶级斗争是推动社会发展的直接动力，而科学技术在推动社会发展中的重要作用不容低估。

1. 科学和技术的丰富内涵

概念是反映思维对象本质属性的理性表达，是判断、推理的基础，在理性思维中居于基础性地位。科学是"从经验事实中推导出来的知识"②，是正确反映事物本质及规律的知识体系，是系统化、理论化的自然知识、社会知识和思维知识的总称，是人类智慧的结晶，其主要特征体现为知识系统的工具化。而技术是人们为了达到特定目的而利用改造世界的一切手段和方法。很多情况下，技术进步呈现为几何级数的叠加爆发式增长。科学以发现为核心，集中指向"是什么？"着力聚焦于认识世界的知识形态的原理，而技术以发明为中心，集中指向"做什么？怎么做？"聚焦于改

① 马克思，恩格斯. 马克思恩格斯全集（第42卷）（第一版）［M］. 北京：人民出版社，1979：368.

② ［英］A. F. 查尔莫斯. 科学究竟是什么？（最新增补本）［M］. 鲁旭东，译. 北京：商务印书馆，2018：5.

造物质世界的现实手段或实践策略。科学探索指导技术革新，技术成果支撑科学探索发展，科学技术的创造性在于突破，探索性在于发现，而其连续性在于继承和发展。可见，科学和技术二者既有不同，又彼此密切相关，相互联系。

2. 科学技术对于社会生产力的巨大推动作用

科学技术是社会实践的产物，其中社会需要是科技创造和发明的实际支点。科学技术一旦有实践的需要，一经指向生产过程，与生产力中的劳动资料、劳动对象和劳动者结合转化为实际生产能力，就会极大地推动社会的进步，成为社会发展的强大动力。正如《共产党宣言》所指出："手推磨产生的是封建主的社会，蒸汽磨产生的是工业资本家的社会。"① 科学技术的革新会引起劳动资料、劳动对象和劳动者素质的跨越提升。在现代社会，科学技术对生产力发展的促进作用越来越不可忽视。诚如马克思曾经指出："火药、指南针、印刷术——这是预告资产阶级社会到来的三大发明。"② 从这个意义上讲，科学技术是先进生产力的集中体现和主要标志，是历史的有力的杠杆，是最高意义上的革命力量。从经济角度看科学技术是生产力，从政治角度看科学技术是影响力，从社会发展角度看科学技术是推动力，而从军事角度看科学技术是威慑力。一言以概之，科学技术是当之无愧的"第一生产力"，是历史前进的火车头。如果说4G改变了我们的生活，那么，新时代的5G技术已经或正在推动原有的生活方式，乃至社会的一波波洗牌，而量子革命与人工智能的深度融合又会驱动历史一波波洗牌，到不远的明天可控核聚变技术走入大众商用也许可能引发人类社会的终极洗牌，那将是人类进入星际探索新纪元开始的里程碑。由此可见，科学技术对社会生产力的发展具有巨大的推动作用。

3. 生产力和生产关系之间的互动逻辑

马克思主义认为，物质生产力是全部社会生活的物质前提，同生产力

---

① 马克思，恩格斯. 共产党宣言 [M]. 北京：人民出版社，2018.
② [德] 利普斯. 事物的起源 [M]. 汪宁生，译. 北京：敦煌文艺出版社，2000.

发展一定阶段相适应的生产关系的总和构成社会经济基础。生产力是推动社会进步最活跃、最革命的要素。人们所达到的生产力的总和决定着社会状况。生产力和生产关系、经济基础和上层建筑相互作用、相互制约，支配着整个社会发展进程。①

第一，解放和发展社会生产力是社会主义的本质要求，是中国共产党人接力探索、着力解决的重大问题。新中国成立以来，特别是改革开放40多年来，我们党团结带领全国各族人民坚定不移地解放和发展社会生产力，走完了西方社会几百年的发展历程，推动我国快速成为世界第二大经济体。② 我们要勇于全面深化改革，自觉通过调整生产关系激发社会生产力发展活力，自觉通过完善上层建筑适应经济基础发展要求，让中国特色社会主义更加符合规律地向前发展。③

第二，生产关系和生产力的辩证统一关系。生产力和生产关系构成社会的生产方式，社会生产方式在自我扬弃中实现螺旋式上升和盘旋式前进。生产关系适应生产力的发展需要和方向就会促进生产力的发展，否则就可能阻碍生产力的发展，这就是我国全面深化改革开放的原因之一。

三、人的精神境界极大提升使劳动成为人的第一需要

马克思在《1844年经济学哲学手稿》中深刻指出，劳动使类的生命成为人的生命，"劳动的对象是人的类生活的对象化：人不仅像在意识中那样在精神上使自己二重化，而且在实践中、在现实中使自己二重化，并且在他所创造的世界中直观自身"④。随着人的全面发展，从"对人的依赖"和"对物的依赖"中走了出来，到了"产品经济"阶段，人类就实

---

①③　习近平：在纪念马克思诞辰200周年大会上的讲话［EB/OL］.新华网，2018 - 05 - 04.

②　有学者认为，改革开放40多年来，我国经济发展取得了巨大成就，其奥秘源于以劳动创造财富为核心，以及强大的政府、中国特色社会主义正确道路、勤劳的中国人民、自主货币建构的四个框架，共同助力中国崛起。参见傅海棠，孙成刚，沈良.中国崛起的奥秘：财富论［M］.北京：中国经济出版社，2018：1 - 3.

④　马克思.1844年经济学哲学手稿［M］.北京：人民出版社，2000：114.

现了从"必然王国"到"自由王国"的飞跃。

(一) 人的精神境界的哲学内涵

马克思通过分析资本主义造成人的异化出发，阐释了资本逐利的本性使人重新进入了人对于物的依赖阶段，而要消解异化，就必须扬弃资本主义，走向共产主义。在那个"自由人的联合体"里，每个人都拥有发掘美好生活的眼睛与心灵，拥有完美的性格，更富有情趣的人生，更高尚的精神世界，不仅是个人之福，也是国家和社会之福，由此成为进入共产主义新社会的源头和入口。

(二) 人的精神境界提升了人的幸福指数

人类之前的"四次技术革命"，至多算作是对人的身体器官的自然延伸和互相替代，而共产主义真正实现了人类自身的替代。人在"实践中创造一个对象世界，改造无机的自然界，这是人作为有意识的类的存在物的自我确证"[①]。实践是人类"自我实现"[②] 的心脏，是个体和群体幸福的根源。基于此，实践的最本质含义是"深思熟虑的目的性"，使类存在物的自我意识通过劳动才能成为可能。所以，未来的理想社会，一是靠生产力的极大发达，二是靠人的精神境界的极大提升，只有这样在未来的理想社会劳动才会成为人的第一需要，才有可能促进社会发展与人的发展的良性互动。

➡ 第三节
《资本论》及其手稿中实践人学的建构原则

"人是什么？"这是人类从自然界独立出来后不断发出的自我追问之

[①] 马克思.1844 年经济学哲学手稿［M］.北京：人民出版社，2000：113.
[②] ［美］温迪·林恩·李.马克思传［M］.陈文庆，译.北京：中华书局，2014：147.

一，却又是个难以破译的"斯芬克斯之谜?"在有史可查的人类社会里，人们一直试图从各个层面来真正解开关于"人"的命题。有从宗教神话方面破解的，有从生物学层面破解的，有从精神与文化层面破解的，也有从哲学的视角来破解的，等等。众多的理论观点似乎指向一个结论——世界万事万物中，人是第一最宝贵的资源。马克思将实践人学观用于深入分析资本主义经济运行中工人阶级的命运和处境，坚持了唯物史观的基本原理，从事实出发，以抽象的逻辑，推进内在本质的分离，人学达到在理论上和实践上掌握世界的目的，其中分析与综合是辩证法的基础。[①] 为此，马克思用从抽象到具体的辩证法，选择从资本主义极为普遍又普通的商品切入，以商品的"二因素"抽丝剥茧般进入劳动的"二重性"，进而分析了价值构成，价值形式是从价值概念本身开始演进，其中运用的辩证方法是分析和综合，从价值概念到价值形式，从抽象对立到现实对立，从相对价值形式到等价形式，从简单价值形式到货币价值形式，从商品矛盾到货币的产生，而其中人及其社会关系是贯穿始终的一条红线。当然，也有学者认为[②]，详细对照《资本论》中实践人学思想的实际叙述过程来看，马克思的实践人学辩证法运用发生式的展开方法从根本上是依存于事实分析的，也就是马克思的辩证方法可以归结为分析和综合方法。

一、从"必然王国"走向"自由王国"的逐渐推进是其重要原则

人类自从来到这个世界上，自然会面对一系列无法提前预知的问题与困惑。从早期的人对人的依赖关系，随着资本主义生产关系的发展进入了人对物的依赖阶段，进而面对科学技术的向前推进，人类道德情操的持续

---

① ［日］见田石介.《资本论》的方法研究［M］. 张小金，译. 北京：中国书籍出版社，2013：1.

② ［日］见田石介.《资本论》的方法研究［M］. 张小金，译. 北京：中国书籍出版社，2013：213.

提升，到了共产主义就实现了人的自由全面发展，其主旨都是着力于促进从"必然王国"向"自由王国"的转变和升华。诚如恩格斯在其《自然辩证法》中提出了人的演化、产生和发展等一系列重要命题①，具体展现为：一是从猿到人的漫长演化过程；二是人有别于一般动物的根本特征；三是人怎样才能成为雄踞于自然界的主宰。

（一）人从动物性演化到认识自我的过程

人类的自然本性其实就是人类的动物性，这是人一出生就被先天赋予的无法更改的特有身份与自然本性。

1. 从猿到人的进化历程

19世纪中叶，英国学者达尔文根据生物进化论的科学研究成果提出了对于生命和物种起源的一种进化论的科学假说，其中的核心观点指向猿是人类的祖先。而恩格斯基于唯物主义证明了漫长的劳动过程中经过一代又一代遗传和积累最终促成了从猿到人的转变，"人类通过劳动摆脱了最初的动物状态"②，表征了马克思揭开的劳动对于人类的首要价值指向，归根结底是"劳动创造了人本身"③。其中，从猿到人的进化起点是手脚分工，前肢从行走的束缚中解放出来，逐渐从爬行到"采取直立行走。由此迈出了从猿到人的具有决定性意义的第一步"④。紧接着，从猿的前肢变为人的手，其标志性事件是从学会使用天然工具到自己制造工具，这就意味着"手不仅是劳动的器官，它还是劳动的产物"。与此同时，在劳动过程中促进了语言的发展，加速使猿脑进化成为人脑。

2. 劳动是表征人区别于一般动物的根本特性

长久以来，人类在劳动实践活动的基础上从动物界进化而来，开启了

① 肖广岭.《自然辩证法》导读（增订版）［M］. 北京：中国民主法制出版社，2018：105－107.

② 马克思，恩格斯. 马克思恩格斯文集（第5卷）［M］. 北京：人民出版社，1995：585.

③ 马克思，恩格斯. 马克思恩格斯文集（第9卷）［M］. 北京：人民出版社，1995：550.

④ ［德］恩格斯. 自然辩证法［M］. 于光远，译. 北京：人民出版社，1984：295.

人类自己的历史，伴随着"三次"社会大分工，人类实现了从畜牧业、农业、手工业到商业的发展和演变。这样一来，人和一般动物的差距就越走越远，最终成为高级动物，其根本区别就是能动的意识引领的劳动实践活动，劳动凭借实现的特定社会形式的差异，内在规定了人的本质。

3. 人成为自我的主人

人类一经脱胎就已经区别于一般动物。通过长期的劳动，人类掌握了自然规律，并按照规律办事，使人类成为自然的主人。人类的一切进步和发展，似乎结果都是使物质力量具有理智生命，而人的生命则幻化为愚钝的物质力量。现代工业、科学与现代贫困、颓废之间的对抗，我们时代的生产力和社会关系之间的对抗，是显而易见的、不可避免的事实。所以，康德哲学总是在追问"人是什么？"这一人的本质问题，这就是康德三大批判，尤其是《实践理性批判》与《道德形而上学批判》等著作的核心命题①，他倡导人的自由意志，认为人是理性的存在者，自由的存在者，所以人是道德的存在者。

（二）从"必然王国"走向"自由王国"展现了人与自然关系的未来图景

人的存在意义不仅在于满足自己的物质欲望，更在于在此基础上发展自己、实现自己，以及从各个维度来全面彰显自己作为人的本质力量，着力于实现从"必然王国"走向"自由王国"。

1. 自由是主体对于物质世界必然性的把控

自由本源自拉丁语 Libertas，意指从束缚中解放出来。在哲学史上，学者们对于自由的解释观点各异。柏拉图认为，自由的主体是整个社会，个人并不是自由的主体。亚里士多德认为，自由的最高形式是天赋的理性，人在自己的行动中自始至终都是自由的。在价值导向上，自由是个人

---

① ［美］芬格莱特. 孔子——即凡而圣［M］. 彭国翔，张华，译. 南京：江苏人民出版社，2002.

的自由，自由是个人的价值和尊严的体现，是最高目的而不是手段。人在"自由王国"里的活动是"由必需和外在目的规定要做的劳动"①。所以，马克思在此基础上，从主体对于物质世界必然性的掌控角度审视自由。那么，人和自我本身就处于必然之中，而人之所以是人，就在于人所具有的主体性、自由性。

2. 自由是对于社会关系的占有

在人类社会发展的过程中，人类一般要经历人对于"人的依赖"阶段、人对于"物的依赖"阶段，以及人的"自由全面发展"阶段。所以，马克思在其《资本论》中指出，当人们还在继续经历自然的必然性和社会的必然性时，人就还存在于"必然王国"场域。②而"自由王国"是全体社会成员能够共同参与的物质生产活动以自觉调节和支配人和人的关系的社会共同体。

3. 自由是合理调适人与自然关系的最佳状态

马克思在其《资本论》中指出，社会化的人，联合起来的劳动者，将"合理地调节他们和自然之间的物质变换，把它置于他们的共同控制之下，而不让它们为盲目的力量来统治自己；靠消耗最小的力量，在最无愧于和最适合于他们的人类本性的条件下来进行这种物质变换"③。与此同时，马克思基于自然是人生存的基础这一事实。他强调，人"不是土地的所有者……只是土地的占有者，土地的受益者"④。由此可见，自由只是人对于合理调节人与自然关系的理想状态和永恒追求。

4. 自由是表征人的本质力量与自然力量的交融与共生

马克思通过对资本主义社会运行的规律和本质的揭示，科学阐释了未

---

① 马克思. 资本论（第3卷）//马克思恩格斯全集（第25卷）（第二版）[M].北京：人民出版社，2001：926.

② 马克思. 资本论（第3卷）//马克思恩格斯文集（第7卷）[M].北京：人民出版社，2009：927－928.

③ 马克思. 资本论（第3卷）//马克思恩格斯文集（第7卷）[M].北京：人民出版社，2009：928.

④ 马克思. 资本论（第3卷）//马克思恩格斯文集（第7卷）[M].北京：人民出版社，2009：878.

来的社会发展趋势是"自由人的联合体",这就是以人的自由发展为组织原则的理想社会形态。也只有在这个时候,共产主义社会的自由只能是"社会化的人"①,从而由社会中的个人自我控制和自主能力统一在社会的治理体系中有计划地调节生产,实现人自身存在与社会的融合,彰显人的本质力量与自然力量的交融与共生。

5. 从"必然王国"到"自由王国"的转变和飞跃是历史发展的总趋势

"必然王国"是"自由王国"的基础,"自由王国"又影响和引导"必然王国"的发展。人类通过不断的实践活动为尽早步入"自由王国"创造条件。由此可见,个人的自由全面发展、社会化了的生产力,以及劳动作为人的自由个性的直接的现实表达,是人从"必然王国"走向"自由王国"的应然状态,也只有到了共产主义社会,现实的个体发展与社会发展达到同步性和一致性,人才真正进入"自由王国"。而"自由王国"也不是遥远的未来,它就存在于我们每一天的社会实践之中,并在改造"必然王国"的过程中实现和发展。

二、抽象"类"本质和"具体人"本质的辩证统一是基本原则

1843 年,马克思在《论犹太人问题》中指出,在完备的政治国家中,人把自己看作是社会存在物,而在市民社会中,人作为私人进行活动,把别人看作工具,把自己也看作工具,成为随意摆布的玩物,人不过是世俗存在物。同时指出,任何一种解放都是把人的世界和人的关系还给人自己。"当现实的个人同时也就是抽象的公民,并且作为个人,在自己的经验生活、自己的个人劳动、自己的个人关系中间,成为类存在物的时候,只有当人认识到自己的'原有力量'并把这种力量组织成为社会力量而不

---

① 马克思. 资本论(第 3 卷)//马克思恩格斯文集(第 7 卷)[M]. 北京:人民出版社,2009:928.

再把社会力量当作政治力量跟自己分开的时候，只有到了那个时候，人类解放才能完成。"恩格斯在 1844 年的《英国状况：评托马斯卡莱尔的"过去和现在"》中指出，只有"彻底克服一切宗教观念，坚决地诚心地回到自己本身，而不是回到'神'那里去，才能重新获得自己的人性、自己的本质"。《共产党宣言》指出："在资产阶级社会里，资本具有独立性和个性，而活动着的个人却没有独立性和个性。"马克思在其 1857～1858 年的《政治经济学批判》中指出："全面发展的个人——他们的社会关系作为他们自己的共同的关系，也是服从于他们自己的共同的控制的——不是自然的产物，而是历史的产物。"马克思在《1861—1863 年经济学手稿》中分析认为，要抽象地考察劳动，那么可以说，"最初出现的只有两个因素——人和自然。人的最初的工具就是他本身的肢体，不过，这些肢体必定只是他本身占有的"。因此，人只是制造工具的动物或工程师。1875年，马克思在《哥达纲领批判》中指出，在共产主义社会高级阶段上，在迫使人们奴隶般地服从分工的情形已经消失，从而脑力劳动和体力劳动的对立也随之消失之后；在劳动已经不仅是谋生的手段，而且本身成了生活的第一需要之后；在随着个人的全面发展"生产力也增长起来，而集体财富的一切源泉充分涌流之后……社会才能在自己的旗帜上写上：各尽所能，按需分配！"1880 年，恩格斯在《社会主义从空想到科学的发展》中指出，只有到了共产主义社会，"人终于成为自己的社会结合的主人，从而也就成为自然界的主人，成为自己本身的主人——自由的人"。

三、始终坚持"以人为本"是根本原则

"人本主义"坚持始终把人作为起点和终点，强调"人"的感性存在。"人本主义"是源于古希腊时期对"斯芬克斯之谜"的不断追问。古希腊菲尔德神庙上"认识你自己"的不朽箴言，道出了人的永恒困惑和庄严使命。人作为主体并不是与生俱来的，而是在实践中随着反思能力的形成发展而从客体中分离出来的。人类对自我的认识大概经历了直观领悟性

反思、抽象反思性认识，以及辩证具体性认识三个阶段①，然而人类对自己的认识依然十分有限。在人类的认识活动发展中，始终伴随着对自己身份、性质、使命和目标的认识，也就是自我认识。14世纪文艺复兴时代，古希腊古罗马时期的人道主义精神，达·芬奇、拉斐尔、米开朗琪罗、但丁、薄伽丘、塞万提斯、莎士比亚、哥白尼、培根和莫尔等多才多艺与学识渊博的思想巨人，主张人类从"礼拜神到关心人"，从"个性解放到反抗宗教精神枷锁"。西方的人本主义发展，虽然经历了"文艺复兴"到"启蒙运动"，再到现代人本主义，但其核心价值观指向人是世界万物的中心和社会的主体。过去是反对神权、倡导人权，现在是尊重人权，把人看作是世界的最高存在，也由此强化和主导了个人主义泛滥。为此，马克思在《1844年经济学哲学手稿》中指出，社会是"人同自然界的完成了的本质的统一，是自然界的真正复活，是人的实现了的自然主义和自然界的实现了的人本主义"②。直到1848年《共产党宣言》提出："每个人的自由发展是一切人的自由发展的条件。"③ 体现了马克思实践人学思想的发展轨迹和演进逻辑。诚如马克思对黑格尔的辩证法的革命性改造，马克思设计的人的自由全面发展的实践理路，迥异于西方思想家的历史路标，马克思是从"以众人为本"到强调"以每个人为本"，而西方思想家的学术视野则是着力于强调以个人为本位的契约社会。马克思以辩证唯物主义和历史唯物主义的"对象化"和"非对象化"的对立统一辨析了人与动物的根本区别："动物和自己的生命活动是直接同一的。动物不把自己同自己的生命活动区别开来。它就是这种生命活动。人则使自己的生命活动本身变成自己的意志和意识的对象。他的生命活动是有意识的。"④ 实际上，

---

① 杨金海. 人类自我认识的三种形态 [J]. 学术界，1995（2）.

② 马克思，恩格斯. 马克思恩格斯选集（第1卷）（第二版）[M]. 北京：人民出版社，1995：187.

③ 马克思，恩格斯. 马克思恩格斯选集（第1卷）（第二版）[M]. 北京：人民出版社，1995：294.

④ 马克思，恩格斯. 马克思恩格斯全集（第42卷）（第一版）[M]. 北京：人民出版社，1979：96.

费尔巴哈最早在哲学层面上使用"类"概念，并认为"类"是人的本性。马克思唯物辩证地对费尔巴哈的"类"概念进行了革命性改造①，直接指出人的"类本质"是自由自觉的活动，换句话说，人的本质就是基于现实之上的社会关系的总和。人的这种作为社会性的"类本质"不是人与生俱来的，而是在"劳动—异化劳动—自由劳动"的否定之否定的辩证运动过程中孕育生成的。"自由人联合体"是解决人与社会、人与人、人与自然抗争的必然产物，是其"类本质"的最高展现。马克思关于人的本质思想实现了从"抽象的人"到"现实的人"的转向是唯物史观的出发点和逻辑起点，建构了马克思唯物史观的基本内容，体现了唯物史观的最高价值取向。

（一）新时代马克思主义"以人为本"思想的历史依据与生成条件②

任何思想的生成与发展都要受到该思想所处的时代背景、文化传统和社会发展阶段等诸多因素的影响。"以人为本"思想的客观历史依据指向人是历史的主体，也是承继中华优秀传统文化，立足于社会主义基本国情和发展实际的产物。2003 年，党的十六届三中全会赋予"以人为本"科学诠释，相较于"以物为本"等传统观念，"以人为本"是借鉴了中外国家的发展经验提出的执政理念，是中国共产党的全心全意为人民服务宗旨的具体展现，也是新时代对于人的主体作用与地位的充分肯定，这真正体现了社会主义的本质规定性。所以，马克思指出："整个所谓历史不外乎

---

① 马克思的"人本主义"是对费尔巴哈的"人本主义"的扬弃，具体展现为对于"人"的理解不同、哲学基础不同、根本目的也不同。费尔巴哈的人是感性人，马克思的人是具体的现实的人；费尔巴哈人学的基础是人本学的形而上学唯物主义，马克思人学的哲学基础是辩证唯物主义与历史唯物主义；费尔巴哈人学的目的是对于黑格尔思辨唯心主义的哲学变革，使唯物主义重新登上王座，而马克思实践人学旨在坚持一切为了人，促进人的自由全面发展，走向共产主义。参见张莉．科学发展观的人学思想研究［M］．北京：经济科学出版社，2016：44 -45.

② 有学者认为，"以人为本"的提出具有丰厚的文化基础、世情基础、国情基础、党情基础和问题基础的"五个基础"，展现了对人民利益的深切关怀，是提升全体人民发展境界，最终为实现全体人民的全面自由发展创造条件。参见张富文．"以人为本"的科学内涵和实现途径［M］．北京：人民出版社，2017：49 -64.

是人通过人的劳动而诞生的过程"。① 人作为历史的主体，是人与历史关系的总概括，聚焦于人是历史的前提，人是历史的基础，人是历史的动力，以及人是历史的目的。

1. 人是历史的前提

社会是人的集合体，历史是人的活动形成的轨迹和过程的总和。从类人猿到人的转变就已经注定了人类历史的原始前提。正如马克思所言："任何人类历史的第一个前提无疑是有生命的个人的存在。"② 正因为这个世界上有了人的存在，才有了其他各种需要，也才开启了人类社会的生活意义和丰富内涵，进而形成了历史。

2. 人是历史的基础

马克思曾经指出，社会关系实际上决定着一个人能够发展到什么程度③，而社会关系总是一定历史的社会关系。不同的社会形态是构建于不同的人的发展阶段上的。人的发展本身就意味着社会形态从人的依赖社会、物的依赖社会到自由全面发展社会的依次更替，因此说，人是历史的基础。

3. 人是历史的动力

唯物主义历史观基本原理的主角就是人，只有人才是创造历史的真正动力。恩格斯的历史合力论认为，历史的发展是由无数力的四边形产生的合力运动的结果④，而这个结果又可以"看作是一个作为整体的、不自觉地和不自主地起着作用的力量的产物"⑤。具体而言，作为历史创造主体

---

① 马克思，恩格斯．马克思恩格斯全集（第42卷）（第一版）［M］．北京：人民出版社，1979：131.

② 马克思，恩格斯．马克思恩格斯全集（第3卷）（第二版）［M］．北京：人民出版社，2005：23.

③ 马克思，恩格斯．马克思恩格斯全集（第3卷）（第二版）［M］．北京：人民出版社，2005：35.

④ 恩格斯认为，历史是这样创造的，最终的结果总是从许多单个的意志的相互冲突中产生出来的，而其中每一个意志，又是由于许多特殊的生活条件，才成为他自己的那样。这样就有无数互相交错的力量，有无数个力的平行四边形，由此就产生出一个历史合力，即历史结果。马克思，恩格斯．马克思恩格斯选集（第4卷）（第二版）［M］．北京：人民出版社，1995：620.

⑤ 马克思，恩格斯．马克思恩格斯选集（第4卷）（第二版）［M］．北京：人民出版社，1995：697.

的人的主体是人民群众。毛泽东在其《论联合政府》的报告中总结为："人民，只有人民，才是创造世界历史的动力。"① 习近平总书记也强调："人民是历史的创造者，是真正的英雄。"② 在中国特色社会主义伟大实践中，只有人民群众才是我们事业的力量源泉和不懈动力，人民也是我们党的事业落脚点和终极指向，更是自由人联合体的主体指向。

4. 人是历史的目的

人的一切活动的目的都是满足人的各种物质和精神文化生活的需要。1883 年 3 月 17 日，恩格斯在《马克思墓前的讲话》中指出，人类社会的第一个历史活动就是满足人的衣食住行的基本生存需要活动。历史的最终目的是人，旨在实现人的自由全面发展。

（二）新时代马克思主义"以人为本"思想的社会动因

人是社会的人，而社会是人的社会。社会的发展是人的积极实践活动的结果，人是社会发展的积极承担者和有益推动者。社会的一切存在都是基于人的本质力量的对象化的结果，是人的活动的物化结果。所以，马克思在《资本论》第 1 卷中指出"工业较发达的国家向工业较不发达的国家所显示的，只是后者未来的景象"③，而美国学者英格尔斯指出，人的现代化是"国家现代化的必不可少的因素，他们并不是现代化结束后的结果，而是现代化在社会发展中起着越来越重要的作用"④，这就是科学技术作为第一生产力的巨大推动作用。由此可见，以人为本的社会动因体现为，人对于社会发展的追求及其活动的内在动力是人类生存和发展的基本需要。

---

① 毛泽东选集（第 3 卷）［M］. 北京：人民出版社，1991：1031.
② 习近平谈治国理政［M］. 北京：外文出版社，2014：5.
③ 马克思. 资本论（第 1 卷）//马克思恩格斯全集（第 23 卷）（第一版）［M］. 北京：人民出版社，1972：8.
④ ［美］英格尔斯. 人的现代化［M］. 罗荣渠，译. 成都：四川人民出版社，1985：45.

（三）新时代马克思主义"以人为本"的基本精神与思想内涵①

"以人为本"的核心指向是人，其中的"人"是现实的具体的人，是指在社会关系中从事实践活动的最广大人民群众，绝不是什么"抽象的人"，而"以人为本"展现了类、群体和个体的辩证统一体。"以人为本"的依托是"本"，是根本和依据，也是落脚点和最终归宿，"以人为本"的价值本位、价值原则、价值目标、价值尺度和价值导向等诸多维度的指向对象都是人。一句话，"以人为本"是马克思实践人学的逻辑起点、本质要求，也是最终目标。

1. "以人为本"的价值指向对象是"现实的人"

人类思想史上，也有许多学派坚持"以人为本"。然而，他们的主体对象大都指向"抽象的人"，唯有马克思实践哲学视野的人是具体的"现实的人"。马克思主义创始人从一开始就对"现实的人"做了严格的内涵规定和逻辑设定，这个"现实的人"表征不以个人意志为转移但是可以为主体所体验并做出准确描摹的人，是历史运动的起点，是新历史观的逻辑原点，是进行社会实践活动的社会人。

2. "以人为本"的价值原则指向对象是具有"主体性的人"

现实的人的存在是"以人为本"的前提和基础，毕竟，唯有人才是历史的主体，是一切社会活动的承担者。为此，马克思指出，整个所谓"世界历史不外是人通过人的劳动而诞生的过程"②，正因为"人的本质是人的真正的社会联系，所以人在积极实现自己本质的过程中所创造、生产人的社会联系、社会本质"③。可见，人在社会中的重要地位和积极作用，就生动体现了人的主体性，也就是说人本身是人的根本，人本身才是人的

① 万光侠，张九童，夏锋. 马克思主义人学视域的思想政治范式转换研究［M］. 济南：山东人民出版社，2014：1-12.
② 马克思，恩格斯. 马克思恩格斯全集（第42卷）（第一版）［M］. 北京：人民出版社，1979：131.
③ 马克思，恩格斯. 马克思恩格斯全集（第42卷）（第一版）［M］. 北京：人民出版社，1979：24.

独立人格的本真主体。

3. "以人为本"的价值目标指向对象是"人"

人是一切社会实践活动的发起者也是最终落脚点，充分满足人的日益增长的经济、政治、文化、社会和生态文明等诸多方面需要，是社会活动的价值目标和首要选择。人的自然性存在是人的全部需要的根本依据。而人的社会性存在是人的需要的主导依据。马克思实践人学就是要着力于重视和满足人的需要，给人以物质和精神的关怀和体贴。马克思唯物史观认为，全部人类历史的第一个前提毫无疑问应该是有生命的人的存在。因此，现实的人是历史的创造者，是推动社会发展的决定性力量。无论是在新民主主义革命时期，社会主义建设时期，抑或改革开放新的历史时期，人都是一切的根本。人是社会发展的主体和目标，人是社会发展的价值尺度和价值导向，人是社会发展的创造者和享用者，人也是社会发展的推动者和验证者。所以，习近平总书记指出："党的一切工作，必须以最广大人民根本利益为最高标准。检验我们一切工作的成效，最终都要看人民是否真正得到了实惠，人民生活是否真正得到了改善，人民权益是否真正得到了保障"。① 新时代，面对社会主要矛盾的转化，就要着力于满足人民的美好生活需要，就要切实坚持"五大发展"② 理念，坚持"权为民所用，利为民所谋，情为民所系"，创新社会治理，促进社会和谐，推进乡村振兴，着力使发展成果更多、更公平地惠及全体人民。

4. "以人为本"的价值指向具有"集体主义价值观的人"

人是社会性动物，交往的迅速扩展是促进人的发展的重要条件，可见，以人为本就是要正确处理好人与人的关系、人与社会的关系。自党的十六大以来，中国共产党在全面建成小康社会新时期，依据新的时代特征

---

① 季明. 党的群众路线学习问答［M］. 北京：人民日报出版社，2013.

② 党的十八届五中全会提出以"创新、协调、绿色、开放和共享"为核心的"五大发展"新理念，着力于实现全面建成小康社会奋斗目标，其中的人民主体原则体现了党和国家对人的发展和价值实现的高度重视。参见王晓广. 马克思"人的尊严"思想及其在当代中国的实践［M］. 哈尔滨：黑龙江人民出版社，2016：1 – 3.

和目标指向，按照社会主要矛盾变化的新要求，进一步明确提出了马克思主义"以人为本"思想。党的十八大以来，以习近平同志为核心的党中央在新的实践背景下，赋予了"以人为本"思想与时俱进的创新和发展。以人为本是中国特色社会主义的基本理念，人是价值创造的主体，这是马克思主义唯物史观的首要的必然结论，是理解价值创造与发展的主体根据，是人类历史发展的总体趋势，是马克思主义政党的基本立场。人的实践是一切价值的本质和源泉，是马克思主义价值论的基本观点，更是共产党人的理论基础和实践理性。"人本主义"坚持人的价值是最高价值的理念，坚持人的价值实现的历史性和过程性。全部人类历史无非就是一部人在解放和发展生产力的过程中达到自我解放的历史，是一部从人性复归到人的自由全面发展，从阶级解放到政治解放、经济解放、劳动解放、文化解放乃至于到全人类解放的历史。共产主义之所以具有不可遏制的吸引力和旺盛的生命力，就在于它高举每个人自由发展的旗帜，在于它克服阶级的利益分立而达到一切人的公平和谐。把人作为发展主体和发展目的的新时代，需要着力尊重全体公民的发展权，打造共建共享的"人类命运共同体"，让发展的成果惠及更广大人民，以切实增加人民群众的获得感、成就感和幸福感。

综上所述，人的解放与发展等问题是马克思实践人学的核心价值域，也是马克思一生孜孜以求的理想愿景。由此，可以从本体论、历史观和价值论三个维度涵盖马克思实践人学的科学要义和时代意蕴。① 第一，从本体论视角看，现实社会关系制约的人的实践是人类生存的本体。马克思认为，许多个人的共同劳动形成社会关系②，而个体是无法独立生存于自然界的，所以，一定的社会关系场域中人的实践活动是人类生存发展的本体。第二，从历史观视角看，人的物质实践活动是历史的基础。马克思认

---

① 吴楠，朱虹. 马克思人本思想的历史轨迹及其当代价值［M］. 北京：中国社会科学出版社，2016：212.

② 马克思，恩格斯. 马克思恩格斯选集（第1卷）（第二版）［M］. 北京：人民出版社，1995：67.

为，物质生产实践活动是人类生存的第一位的基础，离开了物质生产实践，人类一天也无法存续下去。所以说，与直接生活的物质生产相联系的社会关系是历史的基础。第三，从价值论视角看，实现人与社会的和谐发展是马克思实践人学的理想状态。《资本论》及其手稿就是聚焦于资本主义社会工人阶级的生活处境，而设计了扬弃"以物为本"资本主义的出路在于"以人为本"的共产主义，实现价值和事实的统一、人与社会的统一，"在协作和对土地及靠劳动本身生产的生产资料的共同占有的基础上，重新建立个人所有制"[1]。

① 马克思. 资本论（第1卷）[M]. 北京：人民出版社，2004：874.

《资本论》及其手稿中
实践人学的文本关照

德国哲学家马克斯·舍勒（Max Scheler）在其《人在宇宙中的地位》中指出，历史上的任何一个时代，"人都没有像今天这样成问题"①。的确，任何理论都是时代的产物，文艺复兴和启蒙运动之后，随着经济社会飞速发展，推动人类从封建主义的桎梏中解放出来，进入了资本主义社会。生产力发展水平越来越高，社会财富以历史上从未有过的算术级乃至于几何级数在快速增加，然而人的幸福指数却没有成正相关递增，反而人的异化趋势更为严重，这也从另一个侧面证明马克思实践人学的重要性与日俱增。显而易见，人学是人除了自身的生存以外最重要的原始本能及其理论展现。而人作为马克思主义全部理论与思想的核心范畴和学术靶点，人的问题始终是贯穿马克思主义的一条红线。在这个层面上审视对于人的期待和关注使我们与马克思真正同行在实践人学的真理大道上。当然，对于人的高度关注也始终是《资本论》及其手稿中实践人学丰富意蕴的核心议题，更是其理论起点和价值归宿。众所周知，《资本论》是马克思一生最重要的著述，是马克思毕生思想汇集的最高成果，是积40年心血完成的巨著，标志着马克思实践人学的成熟和定型。《资本论》从酝酿、创作到出版问世经历了一个相当长的历史过程，也形成了较为庞大的手稿文本

---

① ［德］马克斯·舍勒. 人在宇宙中的地位［M］. 李伯杰，译. 贵阳：贵州人民出版社，2018.

群，它们同样是《资本论》及其手稿中实践人学不可分割的组成部分。①《资本论》聚焦于资本主义大工业确立和社会主要矛盾日益尖锐的时代场景，从解析商品着手，通过劳动价值论、拜物教批判理论和剩余价值理论表达对于工人命运的深切关怀，集中论述了工人阶级的现实境遇和生存状况，深入分析了资本主义经济运行，以深刻揭露资本主义剥削工人的秘密，科学揭示了工人阶级反抗压迫、追求自身解放的历史命运与人类责任。可以说，《资本论》作为"工人阶级的圣经"②，不仅是诠释马克思实践人学的理论宝库和最重要的文本依据，更是其纲领性文献和思想高峰，高度凝结了马克思实践人学的全部精华。马克思将实践人学的深邃思想、理性思辨和价值思考融入了《资本论》及其手稿《1857—1858 年经济学手稿》《1858—1861 年经济学手稿》《1861—1863 年经济学手稿》《1863—1867 年经济学手稿》等文本群的字里行间，将唯物史观和剩余价值学说两大科学理论的贡献呈现于世人，以此指导工人阶级从"自发"走向"自觉"，从"必然王国"走向"自由王国"，实现人的彻底解放的共产主义新社会。

➡第一节
《资本论》及其手稿中劳动价值论蕴含的对人的本质的省察

在马克思之前，英国古典经济学家已经提出了劳动价值论，亚当·斯密已经认识到使用价值和价值是商品的二因素，李嘉图发现了商品价值量由社会必要劳动量决定，而不是取决于生产商品实际耗费的个别劳动时间。只是由于阶级与时代的局限性，那时候的古典经济学家没有能够进一步区分出具体劳动与抽象劳动、个人劳动与社会劳动之间的互动关系与内在逻辑，以至于在价值形式、价值本质和价值源泉等若干维度进入判断误

---

① 聂锦芳，彭宏伟. 马克思《资本论》研究读本［M］. 北京：中央编译出版社，2013：13.
② 马克思. 资本论（第 1 卷）//马克思恩格斯文集（第 5 卷）［M］. 北京：人民出版社，2009：34.

区。而马克思的伟大贡献就是在批判地继承古典经济学的基础上创立了"劳动二重性"理论，科学地揭示了人的劳动在商品价值形成过程中的独特作用，为揭示剩余价值奠定了科学基础，由此形成了科学的劳动价值论。正如学者杨金海在其《人的存在论》一书的扉页《灵魂寻根》中富有诗意般地描写到："天地间有许多谜，而最大的谜就是人自身；去除智慧之屏障，返回生存之现象，便会窥见人之本真；人生于世，原本是无……只因智慧之光，文化与劳作之火，才照亮和营造了一个可以使生命安顿的'世界'；此便是人的存在之'家'，一个在飘荡的宇宙中得以持存的灵魂之根……于是'我们'的'共在世界'才会日益拓广，日渐和谐，人神交融！"[①] 的确，科学阐释人的存在及其本质问题，体现于《资本论》及其手稿作为实践人学的"总和、总计和结论"，旨在彻底批判乃至于颠覆"平等地剥削劳动力，是资本的首要人权"[②] 的所谓永恒铁律。作为整体主义者的马克思，他深深体会到在资本主义生产关系场域下，工人阶级的命运之所以出现严重"异化"就是因为资本主义社会关系使然。正因为如此，恩格斯赞誉《资本论》是自从世界上有资本家和工人以来，没有一本书像《资本论》那样对于工人阶级具有如此重要的意义。马克思对于工人阶级的人性关怀和情感悲悯深刻体现于劳动价值论的独特分析和深入阐释。毕竟，只有人是持久而强大地推动人类社会不断走向文明的真正动力。只有人才是文明的逻辑起点，也是文明的价值终点，更是《资本论》及其手稿中实践人学的最高主题和集中展示。

一、劳动力成为商品是马克思考察人的本质的独特视角

每一时代的理论思维，包括我们这个时代的理论思维，都是一种历史的产物，它在不同的时代具有完全不同的形式，也具有完全不同的内容表

---

① 杨金海. 人的存在论［M］. 南宁：广西人民出版社，1995：1.

② 马克思. 资本论（第1卷）［M］. 北京：人民出版社，2004：338.

达。① 同理，任何概念都是在特定的语境里呈现出的理论思维与意蕴展示。"人学"作为《资本论》及其手稿的一个重要范畴，古今中外的学者探讨人的本质的视角可谓多种多样，形式迥异，唯独马克思基于辩证唯物主义和历史唯物主义维度对人的本质的透析最为科学，其内在奥秘就在于把"现实的人"聚焦于具体的资本主义社会关系中来进行考察和审视。在马克思的视野里，社会具有从抽象到具体的历史性、整体性和典型性特征，由此可以把社会划分为本真社会、人类社会、现实社会和典型社会。而人的本质就是浸润于人在社会关系中的总和。由此，马克思从分析社会劳动入手以定位人的本质规定性。

（一）劳动是人之为人的特有标识和根本属性

劳动是有意识性的生命活动，是人的自我创造活动，也是推动社会进步的重要力量。正如马克思在《资本论》第 1 卷中指出，人作为"一种自然力和自然物质相对立。为了在对自身生活有用的形式上占有自然物质，人就使他身上的自然力——臂和腿、头和手运动起来。当他通过这种运动作用于他身外的自然中蕴藏着的潜力发挥出来，并且使这种力的活动受他自己控制"②。这样就实现了人不仅是对于世界的认识，更在于人通过劳动实践活动对于世界和人自身的能动改造。据此，马克思明确认为，整个人类社会的发展历史其实也"无非就是人类本性的不断改变而已"③，而人与动物的根本区别就在于社会生活中的人是有意识地生产满足自己需要的生产资料和生活资料的特殊存在，这便是劳动创造财富，是人区别于动物的本质属性所在。

1. 商品"二因素"和劳动"二重性"的实践人学表达

商品是用来交换的劳动产品，是物化的社会关系，就是说商品不是以自

---

① 马克思恩格斯文集（第9卷）[M]. 北京：人民出版社，2009：436.
② 马克思. 资本论（第1卷）//马克思恩格斯文集（第5卷）[M]. 北京：人民出版社，2009：208.
③ 马克思，恩格斯. 马克思恩格斯全集（第4卷）（第一版）[M]. 北京：人民出版社，1958：174.

己消费为目的的，而交换也不仅是使用价值的交易，其实质是所有权的交换，"只有独立的互不依赖的私人劳动的产品，才作为商品互相对立"①。可见，用来交换的劳动产品才能成为商品，这就需要具备一定条件，自由劳动力以自己具体劳动形成的产品的有用性称为使用价值，同时凝结在其中的无差别的人类智慧和心血付出的抽象劳动生成交换价值。商品具有的使用价值指向的是人与自然的关系，而交换价值指向的是人与社会的关系。这样一来，商品的"二因素"和劳动的"二重性"之间就有了一一对应关系。其中最富有神秘感的当然是劳动的特殊性了。马克思认为，工人生产的一切产品对于工人只是异化，因为物的关系掩盖了背后的人与人之间的关系。工人劳动并不是为自己，反而，工人为把自己的产品变成自己的生活资料，必须在参与产品的生产中进行交换才能实现。在资本主义生产关系下，一切价值都通过货币来计量，从而使物的社会性独立于人而存在，对"活劳动能力的支配权的等价物，必须维持工人作为工人的生活"②。劳动的特有使用价值的等价物，是单纯用生产这种劳动时间的量计算的，活的劳动时间作为工人的劳动能力支配权的等价物，必须做到能够补偿工人活劳动能力的产生费用，包括维持工人及其家属的必要成本、培训费用等。当然，工人作为活劳动的价值不在于单纯聚焦在新价值，而在于兼顾着重视原来投入的基础上追加的新价值，这样才实现了资本运转的最终目的③，资本主义生产关系之所以得以持续性发展，就是因为劳动采取价值的形式，劳动的社会性质具有"物的外观"④。

2. 资本主义生产关系下劳动力价值的内在规定性

理论的方案需要通过实际经验的大量积累才能臻于完善。⑤ 马克思通

---

① 马克思. 资本论（第1卷）[M]. 北京：人民出版社，2004：55.

② 马克思. 资本论经济学手稿//马克思恩格斯文集（第8卷）[M]. 北京：人民出版社，2009：71

③ 马克思. 资本论经济学手稿//马克思恩格斯文集（第8卷）[M]. 北京：人民出版社，2009：78.

④ 马克思. 资本论（第1卷）[M]. 北京：人民出版社，2004：90.

⑤ 马克思. 资本论（第1卷）//马克思恩格斯文集（第5卷）[M]. 北京：人民出版社，2009：436.

过深入揭示工资的本质从而使劳动价值理论建构在更科学牢固的基础上。在资本生产的范围内，把工资看作资本家在生产过程中对工人进行统治和剥削的手段，进一步丰富了劳动价值理论。实际上，工人的工资在表面体现为劳动的价格，不过是劳动价值的一个"虚幻的用语"①，工资是劳动力的价值或者价格的转化形式，工资关系正好颠倒地反映了工人与资本家之间的关系。毕竟"资本家的灵魂就是资本的灵魂"②。但是，在资本主义生产关系下，劳动力的价值或价格必然表现为工资。资本家出于成本最优核算，一般会采用计时工资和计件工资的形式，以增加劳动创造的价值量。当就业不足时，资本家会迫使工人过度劳动而不支付相应的补偿，甚至于压低工资，以强化资本主义剥削。为了更清晰地阐明剩余价值的孕育生成过程，马克思把资本主义生产从理论上抽象划分为简单再生产和扩大再生产两种模型。资本主义简单再生产会再生产出劳动力和劳动条件之间的分离："工人本身不断地把客观财富当作资本，当作同他相异己的、统治他和剥削他的权力来生产，而资本家同样不断地把劳动力当作主观的、同它本身对象化在其中和借以实现的资料相分离的、抽象的、只存在于工人身体中的财富源泉来生产。一句话，就是把工人当作雇佣工人来生产。工人的这种不断再生产或永久化是资本主义生产的必不可少的条件。"③马克思通过透彻地解析简单再生产为研究更加复杂的扩大再生产提供了基础。因为，简单再生产对于资本主义没有任何意义，资本家也不会只满足于简单再生产。所以，资本家会想方设法地增加劳动力，充分发挥资本积累功能，目的在于带来更多的价值增值，这才是资本主义生产的终极目的。马克思运用模型抽象法，将资本主义生产范式总结为资本流通公式"G—W—G"，细划分为货币资本、生产资本和商品资本三种形式，它们

---

① 马克思. 资本论（第1卷）//马克思恩格斯文集（第5卷）[M]. 北京：人民出版社，2009：78.

② 马克思. 资本论（第1卷）[M]. 北京：人民出版社，2004：269.

③ 马克思. 资本论（第1卷）//马克思恩格斯文集（第5卷）[M]. 北京：人民出版社，2009：659.

在时间上继起、空间上并存，通过这个流程就会发现，剩余价值通过购买阶段雇佣活劳动，在生产阶段转移和实现价值增值，而在商品销售阶段兑现出来，这是劳动力创造价值增值的孕育生产的完整轨迹，也是资本积累的过程。通过劳动力的买卖，归根到底，资本家在整个过程中是没有付出同比投入的，在通过各种手段实现强制占有劳动产品中，资本家获得和攫取了大量财富。① 在扩大再生产过程中，资本家的所有权是无偿地占有他人劳动的权力，而工人对于生产的劳动产品并没有使用权和占有权，这就是所有权和劳动的分离，劳动的所有权被资本主义占有权取代了，服务于资本主义积累。

（二）现实的劳动是考察人的本质的着力点和社会关系场域

众所周知，劳动是人由自然存在转化为社会存在的基础，劳动推动人类社会历史进步，劳动确认人民群众的历史作用和历史地位。经过长期深入的学术研究，马克思认为，人不可能是处在某种"虚幻的离群索居和固定不变状态中的人，而是处在现实的、可以通过经验观察到的、在一定条件下进行的发展过程中的人"②。当然，人总是生活在社会关系中的人，而"社会——不管其形式如何——是什么呢？是人们交互活动的产物。人们能否自由选择某一社会形式呢？绝不能。在人们的生产力发展的一定状况下，就会形成一定的交换和消费形式。在生产、交换和消费发展的一定阶段上，就会有相应的社会制度、相应的家庭、等级或阶级组成，一句话，就会有相应的市民社会。有一定的市民社会，就会有不过是市民社会的正式表现的相应的政治国家……人们的社会历史始终只是他们的个体发展的历史，而不管他们是否意识到这一点。他们的物质关系形成了他们的一切关系的基础。这种物质关系不过是他们的物质和个体的活动所借以实

① 马克思. 资本论（第 1 卷）//马克思恩格斯文集（第 5 卷）[M]. 北京：人民出版社，2009：659.
② 马克思，恩格斯. 马克思恩格斯选集（第 1 卷）（第二版）[M]. 北京：人民出版社，1995：73.

现的必然形式罢了"①。马克思之所以选择从具体的现实社会关系入手来审视和考察人的本质，是因为人无法超越具体的社会环境，处于现实中的人必然受到一定的社会环境制约和影响。在马克思的视野里，人的"愿望是由激情或思虑来决定的，而直接决定激情或思虑的杠杆是各式各样的。有的可能是外界的事物，有的可能是精神方面的动机"②。这些动机和愿望的实现有赖于各种物质条件的具备与否。从这个视角就能很好地理解人的行为、人的动机和人的愿望的形成和发展过程。

从这个视角上，学者王维平教授给予了劳动以崇高的评价和热情讴歌，"我们的生活由劳动创造，我们的财富由劳动积累，我们的幸福由劳动铸就；我们的人生由劳动谱写，我们的希望由劳动迎接，我们的未来由劳动奠基"③。其中的奥秘就在于劳动貌似是一个十分简单的范畴。"它在这种一般性上——作为劳动一般……的表象也是古老的。但是，在经济学上从这种简单性上来把握的'劳动'，和生产这个简单抽象的那些关系一样，是现代的范畴"④，是人和自然之间的互动过程，是"人以自身的活动来中介、调整和控制人和自然之间的物质变换的过程"⑤。所谓"'劳动'、'劳动一般'、直截了当的劳动这个范畴的抽象，这个现代经济学的起点，才成为实际上真实的东西。所以，这个被现代经济学提到首位的、表现为一种古老而适用于一切社会形式的关系的最简单的抽象，只有作为最现代的社会的范畴，才在这种抽象中表现为实际上的东西"⑥。不管劳

---

① 马克思，恩格斯．马克思恩格斯选集（第 4 卷）（第二版）［M］．北京：人民出版社，1995：531.

② 马克思，恩格斯．马克思恩格斯选集（第 4 卷）（第二版）［M］．北京：人民出版社，1995：248.

③ 兰大人的坚守奋斗观｜王维平［EB/OL］．兰州大学新闻网，2019–04–19.

④ 马克思，恩格斯．资本论手稿选编//马克思恩格斯文集（第 8 卷）［M］．北京：人民出版社，2009：27.

⑤ 马克思．资本论（第 1 卷）//马克思恩格斯文集（第 5 卷）［M］．北京：人民出版社，2009：207–208.

⑥ 马克思，恩格斯．资本论手稿选编//马克思恩格斯文集（第 8 卷）［M］．北京：人民出版社，2009：29.

动的复杂程度有多大差异，劳动的实质都可以归结为"人的脑、神经、肌肉、感官等的耗费"①。可见，人的本质是在劳动实践中形成的，人的富于创造性的劳动实践活动是人类社会属性的生动展现和现实表达。而相比之下，"蜘蛛的活动与织工的活动相似。但是，最蹩脚的建筑师从一开始就比最灵巧的蜜蜂高明的地方，是他在用蜂蜡建筑蜂房以前，已经在自己的头脑中把它建成了。劳动过程结束时得到的结果，在这个过程开始时就已经在劳动者的表象中存在着，即已经观念地存在着。他不仅使自然物发生形式变化，同时他还在自然物中实现自己的目的，这个目的是他所知道的，是作为规律决定着他的活动的方式和方法的，他必须使他的意志服从这个目的"②。实际上，按照马克思的阐述，"人的目的是客观世界所产生的，是以它为前提的——认定它是现存的、实有的。但是人却以为他的目的是从世界以外拿来的，是不以世界为转移的"③。正如马克思在《1844年经济学哲学手稿》中的说明："劳动这种生命活动、这种生产生活本身对人来说不过是一种需要即维持肉体生存需要的一种手段。"④ 如果人的劳动实践是疏离于人的活动，那么这种实践就会失去人性，很显然，社会性的劳动实践活动是人区别于动物的根本标志和特有属性。而其中的这个范畴"人"一定是特指"现实的个人"⑤，他是人类社会的"现实前提"，他建构了人类社会的逻辑起点，他也刷新了人的自我认识的历史纪录，他廓清了"人之天问"的思想史前提，他构成了唯物史观与一切旧哲学的理论分野。当然，马克思毕生重点关注的"现实的个人"并不是费尔巴哈的"单个的人""抽象的人"，而是具体的现实的人，体现为一切社会关系的

---

① 马克思. 资本论（第1卷）//马克思恩格斯文集（第5卷）[M]. 北京：人民出版社，2009：88.

② 马克思. 资本论（第1卷）//马克思恩格斯文集（第5卷）[M]. 北京：人民出版社，2009：208.

③ 马克思. 资本论（第1卷）//马克思恩格斯全集（第23卷）（第一版）[M]. 北京：人民出版社，1972：202.

④ 马克思，恩格斯. 马克思恩格斯文集（第1卷）[M]. 北京：人民出版社，2009：162.

⑤ 王虎学. 人的社会与社会的人——马克思哲学的革命变革与现代视域[M]. 济南：山东人民出版社，2012：58-59.

总和。于是，马克思在"劳动发展史中找到了理解全部社会史的锁钥"①，也是理解人的科学本质及其历史发展的一个总开关和重要着力点。

二、劳动价值论揭示的资本主义社会关系

1845 年春，马克思在《关于费尔巴哈的提纲》中指出，人的本质不是"单个人所固有的抽象物，在其现实性上它是一切社会关系的总和"②。马克思在《资本论》及其手稿中将人的本质的科学揭示进一步风趣地解析为决不能用玫瑰色描绘资本家和地主的面貌。资本家作为经济范畴的人格化，映射为马克思视野里的人的身份图像，表征为"一定的阶级关系和利益的承担者"③。马克思的观点是："经济的社会形态的发展理解为一种自然史的过程。不管个人在主观上怎样超脱各种关系，他在社会意义上总是这些关系的产物。同其他任何观点比起来，马克思的观点是更不能要个人对这些关系负责的。"④ 在这里马克思形成了对于"人"的明确阐释，成为马克思理解关于人的社会属性的一个重要依据。在马克思研究视野里，资本是一种社会有机力量，资本家只是"经济范畴的人格化"，是一定社会的阶级关系和利益的承担者。"原来的货币占有者作为资本家，昂首前行"，他们"笑容满面，雄心勃勃"，而出卖了自己劳动力的工人们尾随于后，他们"战战兢兢，畏缩不前"⑤。可见，资本家的人性是基于一定社会关系尤其是一定生产关系基础上生成的。所以，马克思强调不能用玫瑰色美化资本家，也绝不能掩盖其罪恶，这是辩证唯物主义和历史唯物主义的科学态度。

---

① 马克思，恩格斯．马克思恩格斯选集（第 4 卷）（第二版）［M］．北京：人民出版社，1995：254.

② 马克思，恩格斯．马克思恩格斯文集（第 1 卷）［M］．北京：人民出版社，2009：501.

③ 马克思．资本论（第 1 卷）［M］．北京：人民出版社，2004：10.

④ 马克思．资本论（第 1 卷）//马克思恩格斯文集（第 5 卷）［M］．北京：人民出版社，2009：10.

⑤ 马克思．资本论（第 1 卷）［M］．北京：人民出版社，2004：204 - 205.

　　马克思主张用辩证唯物主义和历史唯物主义的科学方法考察资本家的历史地位和现实作用。在《资本论》中把土地占有者称为"土地"这种劳动条件的"人格化"①，因为"在土地所有者身上，土地也人格化了，也会用腿站立起来，并且作为独立的权力"②。而处于这种生产关系之下的雇佣工人"不过是人格化的劳动时间"③。并且将资本家与工人的关系形象化地表述为"作为资本家，他只是人格化的资本。他的灵魂就是资本的灵魂。而资本只有一种生活本能，这就是增值自身，创造剩余劳动，用自己的不变部分即生产资料吸吮尽可能多的剩余劳动。资本是死劳动，它像吸血鬼一样，只有吸吮活劳动才有生命，吸吮活劳动越多，它的生命就越旺盛。工人劳动的时间就是资本家消费他所购买的劳动力的时间"④。关于资本的丰富内涵，马克思在《资本论》中尤其以细腻的手笔描写到"资本害怕没有利润或利润太少，就像自然害怕真空一样。一旦有适当的利润，资本就大胆起来。如果有10%的利润，它就保证到处被使用；如果有20%的利润，它就活跃起来；如果有50%的利润，它就铤而走险；为了100%的利润，它就敢践踏一切人间法律；有300%的利润，它就敢犯任何罪行，甚至冒绞首的危险"⑤。也正是资本的本性决定了资本家的人性特质。由此就可以理解，马克思在《资本论》中分析的"商品拜物教""货币拜物教"和"资本拜物教"是多么科学、正确、中肯而又令人深省。

　　从以上马克思在《资本论》及其手稿中对于劳动力成为商品范畴细致入微的透析和阐释，人的社会属性的内在规定性跃然纸上，那就是人的本

---

　　① 马克思. 资本论（第3卷）//马克思恩格斯文集（第7卷）[M]. 北京：人民出版社，2009：898.

　　② 马克思. 资本论（第3卷）//马克思恩格斯文集（第7卷）[M]. 北京：人民出版社，2009：930-931.

　　③④ 马克思. 资本论（第1卷）//马克思恩格斯文集（第5卷）[M]. 北京：人民出版社，2009：281.

　　⑤ 马克思. 资本论（第1卷）//马克思恩格斯文集（第5卷）[M]. 北京：人民出版社，2009：871.

质属性归结为"一定社会关系所决定的必然产物"。马克思总结为"在资本主义生产方式的历史初期——而每个资本主义的暴发户都个别地经过这个历史阶段——致富欲和贪欲作为绝对的欲望占统治地位。但资本主义生产的进步不仅创造了一个享乐世界，随着投机和信用事业的发展，他还开辟了千百个突然致富的源泉。在一定的发展阶段上习以为常的挥霍，作为炫耀富有从而取得信贷的手段，甚至成了'不幸的'资本家营业上的一种必要手段。奢侈被列入资本的交际费用……虽然资本家的挥霍从来不像放荡的封建主那样是直截了当的，相反地，在它的背后总是隐藏着最肮脏的贪心和最小心的盘算，但是资本家的挥霍仍然和积累一同增加，一方决不会妨害另一方。因此，在资本家个人崇高的心胸中同时展开了积累欲和享受欲之间的浮士德式的冲突"①。这也入木三分地揭示了劳动力成为商品的资本主义人性的复杂性和多变性，也刻画出了对于人性概念不能以"性善"或"性恶"做简单化处理，而只能归纳为："人的本质不是单个人所固有的抽象物，在其现实性上是一切社会关系的总和"②。与此同时，马克思在《资本论》中还进一步概括出了人类已经或者即将经历的"直接的社会关系、人们之间的物的关系和物之间的社会关系以及自由人联合体"四大人类社会发展阶段形态理论③，并且乐观地预测性提出了消除异化，实现人的彻底解放，回归人的真正本质的逻辑理路和实践坐标，这就是"他们用公共的生产资料进行劳动，并且自觉地把他们许多个劳动力当作一个社会劳动力来使用"④。在这种新型社会生产关系中，"人"才有可能实现"全面发展"和"自由个性"，这就为人类真正找到通向自由的人的解放道路。也就是随着社会生产力的高度发展和劳动生产率的空前提高，随着人

---

① 马克思. 资本论（第1卷）//马克思恩格斯文集（第5卷）[M]. 北京：人民出版社，2009：685.
② 马克思，恩格斯. 马克思恩格斯文集（第1卷）[M]. 北京：人民出版社，2009：501.
③ 马克思. 资本论（第1卷）//马克思恩格斯文集（第5卷）[M]. 北京：人民出版社，2009：94-97.
④ 马克思. 资本论（第1卷）//马克思恩格斯文集（第5卷）[M]. 北京：人民出版社，2009：96.

类联合起来的命运共同体的人类理想社会产生①，建立在"必然王国"基础之上的"自由王国"的共产主义新社会必将到来，在这一个"自由人联合体"②里"每个人的自由而全面的发展"则是未来共产主义新社会的基本原则。

▶ 第二节
《资本论》及其手稿中拜物教批判是对人的本质的物化表达

马克思在批判地继承 19 世纪及其之前人类一切优秀思想文化遗产，尤其是在德国古典人学、英法启蒙人学的基础上，通过研究资本主义社会经济运行过程，马克思除了坚定地认为人性具有社会性、复杂性和多变性之外，继续探讨了人性的一般性内涵。马克思在《资本论》中分析了人自身的自然性质，是在劳动实践过程中发生变化的，这就意味着人在运用自身潜在的各种自然力作用于他身外的自然并改变自然时，也就同时变化了"他自身的自然"③。马克思基于唯物史观，审视和统摄人的行为、人与人的关系和人类历史的运动时，他指出，"要评价人的历史作用，就必须要研究人的一般本性，然后要研究在每个时代历史地发生了变化的人的本性"④。通过对人在一切时代所具有的共同特征的"共性抽象"，形成特定历史时期的人所具有的整体的本质的抽象。这就是马克思所说的"社会不是由个人构成，而是表示这些个人彼此发生的那些联系和关系的总和"⑤。

---

① 马克思. 资本论（第 3 卷）//马克思恩格斯文集（第 7 卷）［M］. 北京：人民出版社，2009：927 – 928.

② 马克思. 资本论（第 1 卷）//马克思恩格斯文集（第 5 卷）［M］. 北京：人民出版社，2009：683.

③ 马克思. 资本论（第 1 卷）//马克思恩格斯文集（第 5 卷）［M］. 北京：人民出版社，2009：281.

④ 马克思. 资本论（第 1 卷）//马克思恩格斯文集（第 5 卷）［M］. 北京：人民出版社，2009：704.

⑤ 马克思. 资本论（第 3 卷）//马克思恩格斯全集（第 46 卷）（上册）（第二版）［M］. 北京：人民出版社，2003：220.

在此意义上，马克思反对费尔巴哈撇开人类社会的历史进程，将人的本质确立为单个人所固有的抽象物的错误观点。既然"现实的人"的本质是"一切社会关系的总和"，是马克思创立的历史唯物主义学说的立足点，也是揭示现代社会的"经济运动规律"的逻辑起点，那么特定历史时期下的社会关系就是由特定社会关系的整体性所规定的。马克思在《资本论》中对拜物教理论下人的社会关系本质的物化形式做了详细分解和阐释。

一、拜物教出场及其内在逻辑

作为原始宗教信仰范式，拜物教本来是指神灵观念尚未产生以前，早期的原始部落把生活世界的石头、树木、弓箭等一些特定物体当作具有超自然意志的活物而加以崇拜。拜物教的提法最早源于葡萄牙语"Feitio"，意为手工制品。15 世纪的大航海时代，葡萄牙人在非洲殖民时使用当地原始部族所相信并崇拜的具有魔力的符咒或护符。学术界认为，法国历史学家查尔斯·德·布罗斯（Charles De Brosses）在 1760 年发表的《论物神崇拜》中首次将拜物教用于比较宗教学。《资本论》及其手稿通过剖析资本的"普照的光"，破除"永恒规律的幻象"，探寻"颠倒世界的秘密"[①]，深刻揭示了人的"独立性"奠基于"物的依赖性"的资本主义拜物教事实，是人在资本主义社会中被异化的命运和被奴役的生存状况，是探讨资本主义条件下人的存在和全面发展现实道路的理论巨著。《资本论》及其手稿的拜物教批判理论由此生成。

（一）马克思视野下的拜物教概念

1842 年，马克思在波恩准备关于宗教史和艺术史方面的著作而写下的摘录笔记，被后世称为"波恩笔记"，其中就包含了参考《论物神崇拜》

---

① 邵然.《资本论》与人类解放的现实道路［M］. 北京：社会科学文献出版社，2018：29－45.

的有关拜物教概念。① 在《〈科隆日报〉第 179 号的社论》中，马克思认为，拜物教作为宗教的最原始形式，在一定程度上，"拜物教远不能使人超脱感性欲望，相反，它倒是'感性欲望的宗教'。欲望引起的幻想诱惑了偶像崇拜者，使他指向'无生命力的东西'为了满足偶像崇拜者的贪欲可以改变自己的自然特性。因此当偶像不再是偶像崇拜者的最忠顺的奴仆时，偶像崇拜者的粗野欲望就会砸碎偶像"②。之后，在《关于林木盗窃法的辩论》和《1844 年经济学哲学手稿》中，马克思也使用了拜物教概念，"那些仍然被贵金属的感性光辉照耀得眼花缭乱……从拜物教就可以看出，理论之谜的解答在何种程度上是实践的任务并以实践为中介……因为他的感性存在还是不同于希腊人的感性存在"③。这里马克思把崇拜金属货币的观念称为"拜物教"。在《1857—1858 年经济学手稿》中，马克思认为拜物教把社会关系作为物的内在规定归之于物，从而使物神秘化。后来，马克思在 1859 年的《政治经济学批判》中一度用拜物教来描述和嘲笑德国思想家们把物质和半打杂物凑在一起说成是价值的元素的做法。尤其是在剩余价值理论中，马克思多次使用拜物教的概念并逐渐成为常态化。这样马克思的拜物教批判就以商品拜物教、货币拜物教和资本拜物教三种形式的层层递进的逻辑推导逐步展开其拜物教批判理论。

（二）拜物教的内涵和特点

从《资本论》及其手稿等文本群可以看出，拜物教就是沉浸在宗教世界里，虚幻的物如上帝控制着尘世的凡人，使人对其顶礼膜拜，结果导致"个人现在受抽象统治"④。在商品世界里，人们创造的物如商品、货币等同样对人形成控制并导致人对物的崇拜。在"宗教世界的幻境中……人脑

① Karl Marx. Friedrich Engels Gesamtausgzhbe［M］. DietzVerlag，Berlin. IV/1. 1976. S. 320 – 334.

② Karl Marx. Friedrich Engels – Werke［M］. DietzVerlag，Berlin. Band1. 1958. S. 91.

③ Karl Marx. Friedrich Engels – Werke［M］. DietzVerlag，Berlin. Band40. 1985. S. 552.

④ 马克思. 1857—1858 年经济学手稿/马克思恩格斯全集（第 46 卷）（下册）（第一版）［M］. 北京：人民出版社，1980.

的产物表现为赋有生命的、彼此发生关系并同人发生关系的独立存在的东西。在商品世界里，人手的产物也是这样。我把这叫作拜物教。"① 由此可见，在马克思的视野里，拜物教成为资本主义社会精神异化的典型特征并具有如下规定性。

1. 拜物教的神秘性

由于科学技术和理论创新的滞后性，导致人们认识上的偏狭，错误地把商品作为偶像崇拜，"最初一看，商品好像是一种简单而平凡的东西。对商品的分析表明，它却是一种很古怪的东西，充满形而上学的微妙和神学的怪诞"②。这就是拜物教的神秘性所在。

2. 拜物教的颠覆性

拜物教的表象是使人产生错觉，结果是"劳动为富人生产了奇迹般的东西，但是为工人生产了赤贫。劳动生产了宫殿，但是给工人生产了棚舍。劳动生产了美，但是使工人变成畸形。劳动用机器代替了手工劳动，但是它使一部分工人回到野蛮的劳动，并使另一部分工人变成机器。劳动生产了智慧，但是给工人生产了愚钝和痴呆"③。就比如马克思在《资本论》中形象地比喻道："一个人长得漂亮是环境造成的，会写字念书才是天生的本领。"④ 拜物教的颠覆性造成社会关系严重异化。

3. 拜物教诱使人与物的关系出现反转

原本是工人生产了琳琅满目的商品，可是由于劳动力成为商品，"工人被剥夺了最必要的对象——不仅是生活的必要对象，而且是劳动的必要对象。甚至连劳动本身也成为工人只有通过最大的努力和极不规则的间歇才能加以占有的对象……工人生产的对象越多，他能够占有的对象就越少，而且越受自己的产品即资本的统治"⑤。作为异化的另一种呈现方式

① 马克思. 资本论（第1卷）[M]. 北京：人民出版社，2004：90.
② 马克思. 资本论（第1卷）[M]. 北京：人民出版社，2004：88.
③ 马克思，恩格斯. 马克思恩格斯文集（第1集）[M]. 北京：人民出版社，2009：158－159.
④ 马克思. 资本论（第1卷）[M]. 北京：人民出版社，2004：102.
⑤ 马克思，恩格斯. 马克思恩格斯文集（第1集）[M]. 北京：人民出版社，2009：157.

的拜物教使原本正常的认知发生错觉，以物与物的关系掩盖着人与人之间彼此的联系，引起人与物的关系的颠倒。

二、作为社会关系的商品和商品拜物教

商品在资本主义社会可谓随处都是，因为资本主义社会本身就展现为庞大的商品堆积。然而，在资本主义社会里，商品显得既复杂又神秘，其神秘性在于商品拜物教是由劳动产品的商品形态引起的，"商品形式在人们面前把人们本身劳动的社会性质反映成劳动产品本身的物的性质，反映成这些物的天然的社会属性，从而把生产者同总劳动的社会关系反映成存在于生产者之外的物与物的社会关系……成了可感觉而又超感觉的物或社会的物"①。所以，马克思在《资本论》中从分析商品开始作为研究的切入点，就是因为最初一看，"商品好像是一种很简单很平常的东西。对商品的分析表明，它却是一种很古怪的东西，充满形而上学的微妙和神学的怪诞"②。当然，"如果把商品体的使用价值撇开，商品体就只剩下一个属性，即劳动产品这个属性……如果我们把劳动产品的使用价值抽去……它们的一切可以感觉到的属性都消失了。随着劳动产品的有用性质的消失，体现在劳动产品中的各种劳动的有用性质也消失了，因而这些劳动的各种具体形式也消失了"③。这样，商品"剩下的只是同一的幽灵般的对象性，也就是无差别的人类劳动的单纯凝结"④。换句话说，商品形式和它借以得到表现的"劳动产品的价值关系，是同劳动产品的物理性质以及由此产

---

① 马克思. 资本论（第 1 卷）//马克思恩格斯文全集（第 44 卷）（第二版）［M］. 北京：人民出版社，2001：89.

② 马克思. 资本论（第 1 卷）//马克思恩格斯文集（第 5 卷）［M］. 北京：人民出版社，2009：88.

③ 马克思. 资本论（第 1 卷）//马克思恩格斯文集（第 5 卷）［M］. 北京：人民出版社，2009：50.

④ 马克思. 资本论（第 1 卷）//马克思恩格斯文集（第 5 卷）［M］. 北京：人民出版社，2009：51.

生的物的关系完全无关的。这只是人们自己的一定的社会关系，但它在人们面前采取了物与物的关系的虚幻形式"①。这便是商品拜物教的生成和发展。

（一）商品拜物教的结构缘起

拜物教是在神灵观念产生之前的原始宗教形式之一，后来成为《资本论》及其手稿中的一个重要概念，是指诸如商品、货币等一些特定物体在人们面前采取了物与物的虚幻形式的社会呈现方式，使人误认为是具有超脱意志而盲目加以崇拜，主要体现为物支配人。马克思在《资本论》及其手稿中是以"商品"为起点开启演说或逻辑叙述，从商品呈现给人们的现象形态展开分析，明确区分了商品的物质内容和社会形式。而商品拜物教是认为商品是一种神秘力量在支配自己，因而崇拜之。《资本论》第1卷指出："资本主义生产方式占统治地位的社会的财富，表现为'庞大的商品堆积'，单个的商品表现为这种财富的元素形式。因此，我们的研究就从分析商品开始。"② 商品是作为构成财富物质内容的"使用价值"而存在的，而"交换价值首先表现为一种使用价值同另一种使用价值相交换的量的关系或比例"。交换价值的存在，表明商品具有"共同的东西"③。商品拜物教是商品经济条件下人们对商品的盲目崇拜和迷信，其秘密在于商品的使用价值负载着社会关系力量的价值实体，并在商品交换中以价值量化方式显现出来，从而构成支配他人商品的力量。商品起初是以简单而平凡的劳动产品出现的，可是在资本主义社会却充满形而上学的微妙和神学的怪诞。④ 这种神秘不是来源于商品的使用价值，而是来源于价值的内在奥秘，也即来源于生产商品的劳动所特有的社会属性，是"用物的形式掩

① 马克思. 资本论（第1卷）//马克思恩格斯文集（第5卷）[M]. 北京：人民出版社，2009：89-90.
② 马克思. 资本论（第1卷）[M]. 北京：人民出版社，2004：47.
③ 马克思. 资本论（第1卷）[M]. 北京：人民出版社，2004：47-50.
④ 聂锦芳，彭宏伟. 马克思《资本论》研究读本 [M]. 北京：中央编译出版社，2013：220-221.

盖了私人劳动者的社会关系和私人劳动的社会规定，而不是把他们揭示出来"①。《资本论》透过对"商品拜物教"的分析，揭示出在资本主义社会中被商品和资本掩盖下的异化的社会关系。《资本论》的起点是商品，商品是使用价值和交换价值内在矛盾的对立统一体。其中，使用价值是构成社会的重要元素，是观测资本主义的窗口，使用价值由现代生产关系塑形，并且用来改变这些关系。② 在资本主义社会，商品不只是当作商品来交换，而是当作资本的产品来交换。③ 劳动价值论是《资本论》及其手稿中实践人学大厦的基础，是揭示资本主义商品生产的本质和一般规律的核心内容。马克思创造性地从商品的使用价值、交换价值和价值三者的辩证统一关系出发，抽取出劳动"二重性"和商品"二因素"的互动逻辑，揭示出了资本家和工人之间的内在关系，为商品拜物教的出场奠定了理论基础。

1. 商品"二因素"与劳动"二重性"的互动逻辑

商品是"一种很古怪的东西，充满形而上学的微妙和神学的怪诞"④。私人劳动产品只有通过交换才能升格为商品。劳动产品作为彼此独立的私人劳动的物化，它们的总和构成为社会总劳动。不同的生产者为了满足自身生产和生活的需要，必须通过交换获得不同的使用价值。交换使私人劳动产品成为社会劳动产品，私人劳动的社会性质就凸显出来。人与人的关系"不是变现为人们在自己劳动中的直接的社会关系，而是变现为人们之间的物的关系和物之间的社会关系"⑤。通过不同使用价值的交换，私人劳动就获得了独有的社会性质。

①　马克思. 资本论［M］. 北京：经济科学出版社，1987：47.
②　D. Harvery. The Limits to Capital［M］. Oxford：Blackwell，1982：7.
③　马克思. 资本论（第3卷）//马克思恩格斯文集（第7卷）［M］. 北京：人民出版社，2009：196.
④　马克思. 资本论（第1卷）//马克思恩格斯全集（第44卷）（第二版）［M］. 北京：人民出版社，2001：88.
⑤　马克思. 资本论（第1卷）//马克思恩格斯全集（第44卷）（第二版）［M］. 北京：人民出版社，2001：90.

2. 商品形式的独特性

商品拜物教是以商品作为具有某种神秘力量支配自己而加以崇拜，其实质是人的劳动物化为特殊商品。商品作为用来交换的劳动产品，它与普通物品不同。普通物品只有使用价值，而商品是一种具有神秘性的东西。普通物品一旦化身为商品，它就"转化为一个可感觉而又超感觉的物"①。商品的秘密就在于："商品形式在人们面前把人们本身劳动的社会性质反映成劳动产品本身的物的性质，反映成这些物的天然的社会属性，从而把生产者同总劳动的社会关系反映成存在于生产者之外的物与物之间的社会关系。由于这种转换劳动产品成了商品，成了可感觉而又超感觉的物或者社会的物。"② 比如，"桌子一旦作为商品出现，就转化为一个可感觉而又超感觉的物。它不仅用它的脚站在地上，而且在对其他一切商品的关系上用头倒立着，从它的木脑袋里生出比它自动跳舞还奇怪得多的狂想……劳动产品一旦作为商品来生产，就带上拜物教性质"③。劳动产品本来是人创造的劳动产品，应该反映人与人之间的社会关系，可是一旦穿上商品的"马褂"，贴上商品的标签，一旦摇身变为商品，人们的社会关系就颠倒为物的社会关系，具有了拜物教的性质。然而"劳动产品一旦作为商品来生产，就带上了拜物教的性质，因此，拜物教是同商品生产分不开的"④。商品的本质是劳动产品，但是展示在人们面前把人们本身劳动的社会性质反映成了劳动产品的物的性质，反映成了物的天然的社会属性，从而把生产者和总劳动的社会关系反映成为存在于生产者之外的物与物之间的社会关系。这种转换使劳动产品成了商品，成了可感知而又超感觉的物。⑤ 商

---

① 马克思. 资本论（第 1 卷）//马克思恩格斯全集（第 44 卷）（第二版）［M］. 北京：人民出版社，2001：88.

② 马克思. 资本论（第 1 卷）//马克思恩格斯全集（第 44 卷）（第二版）［M］. 北京：人民出版社，2001：89.

③ 马克思. 资本论（第 1 卷）［M］. 北京：人民出版社，2004：88 - 90.

④ 马克思. 资本论（第 1 卷）//马克思恩格斯全集（第 44 卷）（第二版）［M］. 北京：人民出版社，2001：90.

⑤ 马克思. 资本论（第 1 卷）［M］. 北京：人民出版社，2004：89.

品形式把一定的社会关系表现为物的天然具有的属性，从而使物在人们面前神秘化了，这样就使"商品世界具有拜物教性质"①。

（二）商品拜物教是马克思拜物教批判的逻辑起点②

劳动"二重性"是商品"二因素"的根源。生产商品的劳动是具体劳动和抽象劳动的统一，而不是两次劳动。马克思指出，商品具有使用价值和交换价值"二因素"，商品本身就是使用价值的集合体，商品具有质的差别，而作为交换价值，商品体现为量的差别。所以，马克思在《资本论》中指出，商品的交换价值"不包含任何一个使用价值的原子"③。为此，马克思将商品的使用价值抽去，使商品只剩下了"无差别的人类劳动的单纯凝结，即不管以哪种形式进行的人类劳动耗费的单纯凝结"——马克思说"这些物，作为他们共有的这个社会实体的结晶，就是价值——商品价值"④。商品价值上的本质规定表征了人与人之间的社会关系，而这种社会关系要通过"商品同商品的社会关系"——"最简单的价值关系就是一个商品同另一个不同种的商品的价值关系"⑤ 体现出来。于是，作为人的本质的社会关系就物化为了由"无差别的人类劳动的单纯凝结"所形成的商品的价值关系形式，人与人之间的社会联系由此表现为商品与商品之间的物化的价值关系。正如马克思所言，商品不能自己交换自己，必须通过所有者来主持交易，交换的双方必须彼此承认对方是用来交换的产品的所有者，这种具有"契约形式的法的关系，是一种反映着经济关系的意志关系"⑥，人在其中扮演着的角色是体现为商品价值社会关系的人格化。由此，在资本主义生产关系下就有了商品拜物教，这种作为社会关系

---

① 马克思．资本论（第 1 卷）[M]．北京：人民出版社，2004：100.
② 洪远朋．新编《资本论》导读（第 1 卷）[M]．上海：上海科学技术文献出版社，2018：48 – 64.
③ 马克思．资本论（第 1 卷）[M]．北京：人民出版社，2004：50.
④ 马克思．资本论（第 1 卷）[M]．北京：人民出版社，2004：51.
⑤ 马克思．资本论（第 1 卷）[M]．北京：人民出版社，2004：62.
⑥ 马克思．资本论（第 1 卷）[M]．北京：人民出版社，2004：103.

的人的本质的物化指向，也就是商品形式本身，马克思称之为在宗教世界的虚幻中，"人脑的产物表现为赋有生命的，彼此发生关系并同人发生关系的独立存在的东西"① 一样。商品作为人们劳动的产物，在人们的生活中表现为具有天然的社会属性的独立的东西，于是，商品就像宗教中的神支配人一样，劳动产品的商品形式也支配着人们的行为，进而演变成为商品所有者的权力，"在商品市场上……他们彼此行使的权力只是他们商品的权力"②。所以，马克思用诙谐而幽默的语言指出："我的产品对你来说是作为你的愿望和你的意志的对象而存在的"，然而，你的需要，甚至于你的愿望对于我来说是软弱无力的，因此，这些商品就成为一种赋予我支配你的权力的手段。这种商品拜物教对于一定的社会商品生产形式而言，是具有社会效力的。然而"一旦我们逃到其他的生产形式中去，商品世界的全部神秘性，在商品生产的基础上笼罩着其他劳动产品的一切魔法妖术，就立刻消亡了"③，这样"劳动产品一旦作为商品来生产，就带上了拜物教的性质"④，它使人们处于"宗教世界的幻境"⑤ 而看不到身处其中的社会关系的真实状况和这种社会关系的历史发展。

1. 商品的神秘性不是来自使用价值

商品的使用价值是体现为劳动产品对人的有用属性，是具体劳动的表征。很明显，资本主义社会的商品之所以变得神秘与使用价值没有关系。

2. 商品的神秘性也不是来自交换价值

交换价值是抽象劳动的凝结，从劳动的质来说，体现为人的智慧、血汗等的消耗；从劳动的量来说，体现为劳动时间的消费；从劳动的社会形式来说，体现为一定的方式或步骤结合起来进行劳动生产。

① 马克思. 资本论（第 1 卷）[M]. 北京：人民出版社，2004：90.
② 马克思. 资本论（第 1 卷）[M]. 北京：人民出版社，2004：187.
③ 马克思. 资本论（第 1 卷）[M]. 北京：人民出版社，2004：93.
④ 马克思. 资本论（第 1 卷）//马克思恩格斯全集（第 44 卷）（第二版）[M]. 北京：人民出版社，2001：90.
⑤ 彭宏伟. 资本社会的结构与逻辑——《资本论》议题再审视//重读马克思：文本及其思想 [M]. 北京：中国人民大学出版社，2018：94.

3. 商品的神秘性来自私人劳动和社会劳动的内在矛盾

私有制下生产商品的劳动体现为私人劳动的结晶,同时社会分工的存在,使私人劳动又成为社会总劳动的一部分,而私人劳动又不是直接就是社会劳动,中间有个私人劳动产品的社会均等性交换,也就是从使用价值到交换价值的惊险一跃。可见,商品拜物教的形成,缘于生产商品的私人劳动所特有的社会性质,所以说商品拜物教是商品生产社会的必然产物。

三、作为社会关系的货币和货币拜物教

货币几乎与人类文明一样悠久。尤其在资本主义社会,货币发挥了异乎寻常的重要作用。所以,马克思在《资本论》中指出,以货币形式为完成形态的价值指向本来是极其简单的,然而"2000 多年来人类智慧对这种形式进行探讨的努力,并未得到什么结果"①,就是因为"只有在人类平等概念已经成为国民的牢固的成见的时候",一切劳动才被看作是"等同于人的类劳动"②,而它最终只有通过货币获得独立形式。马克思在《资本论》中将其称为货币拜物教。由于货币充当的价值尺度职能,使"金这个独特的等价商品才成为货币"③,可实际上这些物,"金和银,一从地底下出来,就是一切人类劳动的直接化身"④,天然地具有了货币的相关属性,从而具有了神奇的力量。货币拜物教认为货币是万能的,因而崇拜有加,仿佛人的劳动物化为货币一般。凡是人做不到的事情,凭借货币都能做到:"货币把这些本质力量的每一种都变成它本来不是的那个东西,即变成它的对立物"。货币作为"起颠倒作用的力量出现……是一切事物的普遍的混淆和替换,从而是颠倒的世界……能使冰炭化为胶漆,能

---

① 马克思. 资本论(第 1 卷)[M]. 北京:人民出版社,2004:8.
② 马克思. 资本论(第 1 卷)[M]. 北京:人民出版社,2004:75.
③ 马克思. 资本论(第 1 卷)[M]. 北京:人民出版社,2004:114.
④ 马克思. 资本论(第 1 卷)[M]. 北京:人民出版社,2004:112.

迫使仇敌互相亲吻"①。与此同时，还出现了货币拜物教的变化形式土地拜物教，"货币主义的幻觉是从哪里来的呢？是由于货币主义没有看出：金银作为货币代表一种社会生产关系，不过这种关系采取了一种具有奇特的社会属性的自然物的形式。而蔑视货币主义的现代经济学，当它考察资本时，它的拜物教不是也很明显吗？认为地租是由土地而不是由社会产生的重农主义幻觉，又破灭了多久呢？"② 这样一来，在资本主义社会，货币便天然地具有了上承商品、下启资本的重要角色。

（一）货币形式的发展凸显了拜物教色彩

人类之初是物与物的直接交换，后来交换成为普遍化。人类"三次社会大分工"之后伴随着自然经济向商品经济的过渡和转型，货币也从简单的、个别的或者偶然的价值形式，总和的或扩大的价值形式，一般的价值形式等"中介运动"③ 走向了固定充当一般等价物的货币价值形式。最终，金银获得了充当一般等价物形式的"货币的魔术"④。这样一来，货币拜物教的谜就成为商品拜物教的谜，只不过相比于商品形式变得明显了，也更加耀眼了。商品的本质是以物的形式掩盖着的商品生产者之间的社会关系。商品运动的实质是价值的运动，是货币的运动，体现为物对人的支配，而且不以商品所有者的意志为转移。可见，商品拜物教来源于商品生产的社会性质，来源于私人劳动和社会劳动的矛盾。商品拜物教并非虚构的产物，实质是对商品关系的反映，只是以颠倒的方式表征了商品生产的特性。⑤ 所以，商品拜物教是资本主义的专利，不仅体现了人剥削人，还蕴含着物支配人，由此导致人性的扭曲、精神文化的腐朽和堕落。正如

---

① 马克思，恩格斯. 马克思恩格斯文集（第1集）［M］. 北京：人民出版社，2009：246 - 247.

② 马克思. 资本论（第1卷）［M］. 北京：人民出版社，2004：101.

③ 刘召峰. 拜物教批判理论与整体马克思［M］. 杭州：浙江大学出版社，2004：41.

④ 马克思. 资本论（第1卷）［M］. 北京：人民出版社，2004：113.

⑤ 聂锦芳，彭宏伟. 马克思《资本论》研究读本［M］. 北京：中央编译出版社，2013：133.

《1857—1858 年经济学手稿》标志着马克思实践人学的确立，马克思写道："资本不可遏制地追求的普遍性，在资本本身的性质上遇到了限制，这些限制在资本发展到一定阶段时，会使人们认识到资本本身就是这种趋势的最大限制，因而驱使人们利用资本本身来消灭资本"。①

（二）货币拜物教的精神要义

商品拜物教借助于更"耀眼"、更"明显"的拜金主义、求金欲望表露出来就是货币拜物教。自从"有可能把商品当作交换价值来保持，或把交换价值当作交换价值保持以来，求金欲就产生了"②。原本货币只是充当一般等价物的商品而已，可是这种中介运动的结果是固定在金银等贵金属身上的货币出现了，它所带来的假象比"最简单的价值表现中已经存在的假象"更能迷惑人们的双眼，也使人们的错觉更加深入，使"一切东西抛到里面去，再出来时都成为货币的结晶"③。马克思在《资本论》中指出，商品是私人劳动产品，包含于其中的私人劳动的特殊性质无法直接表现出来，只能通过另一件商品进行交换这种"迂回"的方式才能证实为社会总劳动的一部分。在价值规律的基础上，马克思论证了货币转化为资本的特殊条件，剩余价值并非流通的产物，而是来源于生产，只有劳动力成为商品，货币才能转化为具有自行增值价值的资本。在资本主义社会，劳动力的价值好似一个"虚幻的用语"④，表面上工资是劳动力的价值或者价格的转化形式，而实际上工资关系正好颠倒地反映了工人与资本家之间的异化关系。为了显示按照价值规律的公平买卖，资本主义采用计时工资

---

① 马克思，恩格斯. 资本论手稿选编//马克思恩格斯文集（第 8 卷）[M]. 北京：人民出版社，2009：91.

② 马克思. 资本论（第 1 卷）//马克思恩格斯全集（第 44 卷）（第二版）[M]. 北京：人民出版社，2001：154.

③ 马克思. 资本论（第 1 卷）//马克思恩格斯全集（第 44 卷）（第二版）[M]. 北京：人民出版社，2001：155.

④ 马克思. 资本论（第 1 卷）//马克思恩格斯文集（第 5 卷）[M]. 北京：人民出版社，2009：616.

和计件工资的基本形式，这都是资本家加强对工人进行统治和剥削的常用伎俩，旨在用各种技术手段降低劳动力价格，增加剩余价值。尤其是在就业疲软的时候，资本家不仅可以强迫工人过度劳动而不支付相应补偿，还能用对超出正常工作时间给予额外报酬的方法来掩盖资本主义剥削的实质。

四、作为社会关系的资本和资本拜物教

在马克思看来，资本是资产主义社会支配一切的经济权力①，资本是能够带来价值增值的货币，"在资本主义生产方式下和在构成其占统治地位的范畴，构成其起决定作用的生产关系的资本那里，这种着了魔的颠倒的世界就会更厉害得多地发展起来"②。而当代资本家"把活的劳动力同这些死的对象性合并在一起时，他就把价值，把过去的、对象化的、死的劳动转化为资本，转化为自行增值的价值，转化为一个有灵性的怪物"③。马克思在《资本论》中通过研究资本主义经济运行全过程后指出，"资本"是资本主义社会"起决定作用的生产关系"，是"占统治地位的范畴"④，这就为资本拜物教的出场奠定了学理基础。

（一）生产资料与劳动者的分离

自古以来，劳动者是生产力三要素中极为重要的因素，要形成现实的生产力必须是生产资料与劳动者的结合。但是到了资本主义社会，情况发生了完全改变。出于对价值增值的本能考量，资本主义通过劳动者与生产资料相分离的方式，通过一系列的经济运作，尤其是劳动力成为商品的方式，实现生产资料与劳动者在资本主义生产关系中的结合。资本通过货币

---

① 马克思. 资本论手稿选编//马克思恩格斯文集（第 8 卷）[M]. 北京：人民出版社，2009：31－32.

②④ 马克思. 资本论（第 3 卷）[M]. 北京：人民出版社，2004：936.

③ 马克思. 资本论（第 1 卷）[M]. 北京：人民出版社，2004：227.

资本、生产资本和商品资本三种形式在空间上的并存和时间上的继起，实现了价值增值。马克思明确认为，资本拜物教表现为资本运动的拜物教，在资本流通总公式"G—W—G"中，"货币是它的一种存在方式，商品是它的特殊的也可以说只是化了妆的存在方式"①。货币在"G—W—G"中已经转化为了资本，"在运动中通过这后一种流通的货币转化为资本，而且按照它的使命来说，已经是资本了"②。在此基础上，马克思揭示了剩余价值的秘密，那就是"生产上预付的价值的收回，特别是商品中包含的剩余价值，似乎不是在单纯的流通中实现，而是从流通中产生出来的"③。也即是说"创造资本关系的过程，只能是劳动者和他的劳动条件的所有权分离的过程，这个过程一方面使社会的生活资料和生产资料转化为资本，另一方面使直接生产者转化为雇佣工人"④。可见，生产资料与劳动者的异常化分离使现实的生产力又需要二者的结合，拜物教的秘密就在这里面。

（二）资本关系的发展逻辑

马克思认为，劳动力成为商品，是资本关系形成的历史前提。资本主义生产一般分为简单再生产和扩大再生产，这也就是资本的原始积累问题，"资本关系以劳动者和劳动实现条件的所有权之间的分离为前提。资本主义生产一旦站稳脚跟，它就不仅保持这种分离，而且以不断扩大的规模再生产这种分离"。因此，创造资本关系的过程，只能是劳动者和他的劳动条件的所有权的分离过程，这个过程一方面使社会的生活资料和生产资料转化为资本，另一方面使直接生产者转化为雇佣工人。"资本是根本不关心工人的健康和寿命的，除非社会迫使它去关心。人们为体力和智力

---

① 马克思. 资本论（第1卷）[M]. 北京：人民出版社，2004：179.
② 马克思. 资本论（第1卷）[M]. 北京：人民出版社，2004：172.
③ 马克思. 资本论（第3卷）[M]. 北京：人民出版社，2004：937.
④ 马克思. 资本论（第1卷）//马克思恩格斯文集（第5卷）[M]. 北京：人民出版社，2009：822.

的衰退、夭折、过度劳动的折磨而愤愤不平，资本却回答说：既然这种痛苦会增加我们的欢乐，我们又何必为此苦恼呢？"① "因此，所谓原始积累只不过是生产者和生产资料分离的历史过程。这个过程表现为'原始的'，因为它形成了资本及与之相适应的生产方式的前史。"② 使生产者转化为雇佣工人的历史过程，就具有了解放与奴役的双重意义。资本拜物教作为人的本质的社会关系的物化形式，资本对人们活动的支配又导致了异化现象的产生，于是人们之间的社会关系便演绎为"人们之间的物的关系和物之间的社会关系"③，由此马克思在《资本论》中将资本主义生产关系下人的本质表述为物化的社会关系的总和。马克思基于对无产阶级的同情和共产主义立场上，坚定认为拜物教的本质是社会存在的产物，是对客观存在的虚幻的映射。只有当日常生活关系实际表现为人与人之间和人与自然之间极明白而合理的关系的时候，拜物教才有可能退场。也只有当物质生产成为联合起来的人的产物，建立不同于资本主义的所有制形式，才能真正揭开它的神秘面纱。④

如果说，古希腊古罗马时代的人学是基于形而上学的"历史唯物主义思维方式"，而中世纪"上帝本体论"人学是基于形而上学的"本质主义思维方式"，那么，马克思在《资本论》中阐释的实践人学，则是实现了对以上两种方式的积极扬弃，把自己的实践人学建构于"人学现象学"和"历史唯物主义"两块基石上⑤，实现了人学的"哥白尼式革命"。由此可见，基于唯物史观科学视角下马克思《资本论》中实践人学的"出发点"是"从事实际活动的人"，"立足点"是"人类社会或社会的人类"，"归宿点"是以每个人的自由发展为条件的"一切人的自由发展"。马克思实践人学的"出发点""立足点""归宿点"充分彰显了马克思实践人学关

---

① 马克思．资本论（第1卷）//马克思恩格斯全集（第44卷）［M］．北京：人民出版社，2001：311－312.

② 马克思．资本论（第1卷）［M］．北京：人民出版社，2004：821－822.

③ 马克思．资本论（第1卷）［M］．北京：人民出版社，2004：90.

④ 马克思．资本论（第1卷）［M］．北京：人民出版社，2004：97.

⑤ 刘伟．西方马克思主义对人的本质的探讨及其现实意义［D］．北京：清华大学，2013：85.

切入类命运的博大情怀和"为绝大多数人谋利益"的道义力量，显示了马克思实践人学最深层的人性品格。与此同时，马克思实践人学始终坚持认为人性是具体的，而不是抽象的，世界上也根本就没有所谓抽象的人性，如果从抽象的人性出发研究资本主义运行一定是社会历史性的倒退。当然，人性是人所共有的"一般本性"，是人区别于其他动物的属性和特质。这种"一般本性"与"兽性"不同，也与"神性""物性"等有着本质区别。同时，"人性"与"非人性"也有着截然不同的差异性。也就是说，"人性"范畴并不是一个超越历史的、超越时空的、先验性的本质属性，也不是一成不变的抽象存在物，人性始终是基于人类社会实践活动过程中孕育、成形、发展和变化的过程，从来就没有静止不变的人性，人性的本质就决定了人性始终处于动态酝酿中，最终聚焦并体现为"一定现实性社会关系的总和"。《资本论》及其手稿的实践人学思想充分展示了伸张主体劳动群体诉求的人性光辉，发掘社会发展内在机制的规律，主动书写人类奋斗史的实践功能，坚信社会进步必然性的价值导向，以及窥探人类文明未来场景的趋势把握。

五、拜物教的危害、根源和消解路径

马克思说，商品的价格形式从本质上来看"只是人们自己的一定的社会关系，但它在人们面前采取了物与物的关系的虚幻的形式。因此，要找一个比喻，我们就得逃到宗教世界的幻境中去。在那里，人脑的产物表现为赋有生命的、彼此发生关系的独立存在的东西。在商品世界里，人手的产物也就是这样。我把这叫作拜物教"①。马克思在分析了拜物教的缘起、基本形式之后，明确指出了拜物教的危害与根源。

（一）拜物教的潜在危害性

马克思认为，拜物教有可能引起节俭吝啬成风。"货币的这种量的有

---

① 马克思. 资本论（第1卷）[M]. 北京：人民出版社，2004：90.

限性和质的无限性之间的矛盾，迫使货币贮藏者不断地从事西西弗式的积累劳动。"① 同时，也可能导致挥霍浪费成性。"资本主义生产的进步不仅创立了一个享乐世界；随着投机和信用事业的发展，它还开辟了千百个突然致富的源泉。在一定的发展阶段上，已经习以为常的挥霍，作为炫耀富有从而取得信贷的手段，甚至成了'不幸的'资本家营业上的一种必要手段。"但"资本家的挥霍仍然和积累一同增加，一方绝不会妨害另一方"②。吝啬节俭抑或是铺张浪费并不矛盾："工业资本家也享受……但是，他的享受……是一种服务于生产的休息……他的享受是精打细算的……因为资本家把自己的享受也算入资本的费用……他为自己的享受所挥霍的钱只限于这笔花费能通过会带来利润的资本再生产而重新得到补偿。"③ 二者必须依赖于贪婪的掠夺，因为"资本来到世间，从头到脚，每个毛孔都滴着血和肮脏的东西"④。

（二）拜物教的内在根源

马克思在《资本论》中深刻分析指出："商品的神秘性质不是来源于商品的使用价值。这种神秘性质也不是来源于价值规定的内容。"⑤ 恰恰相反，"商品世界的这种拜物教性质……是来源于生产商品的劳动所特有的社会性质"。⑥ 这种资本主义社会生产关系是导致拜物教的内在根源，唯有如此，资本主义的社会生产关系才能存续下去。

（三）拜物教的消亡与未来社会建构

拜物教是资本主义生产关系的异化形式，将社会关系和社会存在作为类似宗教的偶像崇拜。在摸清了拜物教的来龙去脉以后，商品货币关系消

① 马克思. 资本论（第 1 卷）[M]. 北京：人民出版社，2004：156.
② 马克思. 资本论（第 1 卷）[M]. 北京：人民出版社，2004：685.
③ 马克思，恩格斯. 马克思恩格斯文集（第 1 卷）[M]. 北京：人民出版社，2009：235.
④ 马克思. 资本论（第 1 卷）[M]. 北京：人民出版社，2004：871.
⑤ 马克思. 资本论（第 1 卷）[M]. 北京：人民出版社，2004：88.
⑥ 马克思. 资本论（第 1 卷）[M]. 北京：人民出版社，2004：90.

亡，从生产资料公有制和分配方式等若干维度阐释了拜物教的发展史，并勾勒了未来的共产主义理想社会。

1. 拜物教消亡的物质与观念形态的基本路径①

拜物教缘起于资本主义商品关系的普遍性，而并非单纯的个人认识上的误差。古人讲，解铃还须系铃人。拜物教的消亡还需重视马克思的致思理路，从历史唯物主义的总体性批判角度，依托于物质和观念两个维度的双重视野。第一，物质形态路径展现为资本逻辑的矛盾与瓦解。资本逻辑从根本上是物支配人的逻辑，就像是"比赫斐斯塔司的楔子把普罗米修斯钉在岩石上钉得还要牢"②。资本增值体现为人的生产目的。所以，马克思在《资本论》手稿中指出："在个人创造出他们自己的社会联系之前，他们不可能把这种社会联系置于自己支配之下"。唯有实现人类解放，取缔资本主义生产关系，才是瓦解资本逻辑的根本之所在。第二，观念形态路径展现为拜物教意识的消解。拜物教的产生机制在于社会物质层面的物象化过程和意识形态层面的拜物教意识。马克思在《1857—1858年经济学手稿》中指出培养无产阶级意识是基本的实践坐标。"生产力——财富一般——从趋势和可能性来看的普遍发展成了基础，同样，交往的普遍性，从而世界市场成了基础。这种基础是个人全面发展的可能性……是他的现实联系和观念联系的全面性。"③

2. 未来自由人联合体的共产主义新社会的构建

马克思认为："一旦我们逃到其他的生产形式中去，商品世界的全部神秘性，在商品生产的基础上笼罩着劳动产品的一切魔法妖术，就立刻消失了。"④ 而最终实践坐标是自由人联合体，"他们用公共的生产资料进行劳动，并且自觉地把他们许多个人的劳动力当作一个社会劳动力来使用"。

① 王荣. 马克思拜物教批判的哲学革命品格［M］. 北京：人民出版社，2018：232–280.

② 马克思. 资本论（第1卷）//马克思恩格斯全集（第44卷）［M］. 北京：人民出版社，2001：743.

③ 马克思，恩格斯. 1857—1858年经济学手稿//马克思恩格斯全集（第30卷）（第二版）［M］. 北京：人民出版社，1995：541.

④ 马克思. 资本论（第1卷）［M］. 北京：人民出版社，2004：93.

"这个联合体的总产品是一个社会产品。这个产品的一部分被重新用作生产资料。这一部分依旧是社会的。而另一部分则作为生活资料由联合体成员消费。因此，这一部分资料要在他们之间进行分配。这种分配的方式会随着社会生产有机体本身的特殊方式和随着生产者的相应的历史发展程度而改变。仅仅为了同商品生产进行对比，我们假定，每个生产者在生活资料中得到的份额是由他的劳动时间决定的。"① 在自由人联合体中，"人们同他们的劳动和劳动产品的社会关系，无论在生产上还是在分配上，都是简单明了的"。也就是说"只有当社会生活过程即物质生产过程的形态，作为自由联合的人的产物，处于人的有意识有计划的控制之下的时候，它才会把自己的神秘纱幕揭掉"②。马克思认为，只有实现资本主义替代，才能彻底摆脱拜物教思想观念的束缚："从拜物教就可看出，理论之谜的解答在何种程度上是实践的并以实践为中介……对异化的扬弃只有通过付诸实践的共产主义才能完成。要扬弃私有财产的思想，有思想上的共产主义就完全够了。而要扬弃现实的私有财产，则必须有现实的共产主义行动"。③

综上所述，马克思的拜物教批判理论贯穿于《资本论》及其手稿文本群，其核心逻辑在于把"物"与其"社会关系"提取出来，分析社会形势为何，如何表现为物的固有属性，以及明确社会形式的历史地获得的叠加④，于是社会形式的物化表现得以充分彰显，于是就有商品拜物教、货币拜物教和资本拜物教。马克思在《资本论》中用了大篇幅阐释拜物教理论，就是通过实践批判而实现人的本质的真正还原，从人的历史形态出发宣告马克思实践人学的根本使命旨在"把人从'物'的普遍统治中解放出来"，"从'资本'的普遍统治中解放出来"⑤，以实现人对人的本质的

① 马克思. 资本论（第1卷）［M］. 北京：人民出版社，2004：96.
② 马克思. 资本论（第1卷）［M］. 北京：人民出版社，2004：96 - 97.
③ 马克思，恩格斯. 马克思恩格斯文集（第1卷）［M］. 北京：人民出版社，2009：231 - 232.
④ 刘召峰. 拜物教批判理论与整体马克思［M］. 杭州：浙江大学出版社，2004：196.
⑤ 孙正聿. 选择与标准：我们时代的哲学理念［J］. 黑龙江社会科学，2015（6）.

完全占有。可见，《资本论》及其手稿的实践人学以历史唯物主义为理论基础，以政治解放、劳动解放、经济解放和文化解放等诸多要素在内的人的发展和解放理论体系，构成了马克思实践人学的理论主题。就是因为，"现实的人"① 是历史的产物，也是历史的起点，"现实的人"是目的和手段的统一，现实的个人、现实的个人活动及其物质生活条件是人类存在和发展的现实前提和真正基础，也是马克思唯物史观的逻辑出发点。马克思毕生以"每个人的全面和自由发展"作为未来理想社会的最高价值目标。由此，马克思一生的杰作《资本论》被称为"关于现实的人及其历史发展的科学"②，从分析劳动入手以求揭示人的科学本质，也正因为这个原因才使《资本论》及其手稿的实践人学命题建构在了坚实的事实与理论基础之上。《资本论》及其手稿中实践人学的具体演绎为工人阶级提供了系统的思维逻辑结构，为揭示资本家剥削工人的秘密，用科学社会主义理论武装工人阶级提供了人学基础。

➡ 第三节
《资本论》及其手稿中剩余价值理论的人文情怀

　　文艺复兴时期的杰出思想家米格尔·德·塞万提斯·萨维德拉（Miguel de Cervantes Saavedra）在其代表作《堂吉诃德》中指出，如果把认识自我作为任务，那将是世界上最难完成的课程。的确是这样，人是纯生的自然属性和现实的社会属性的有机统一体，自然属性是社会属性的物质基础和重要载体，社会属性是自然属性的升华与凝练。马克思认为，从类存在意义上探讨人的本质属性不是单个人固有的抽象物，在其现实性上

---

　　① 有学者认为，"现实的个人"是处在特定社会关系中从事实践活动的人，是自然存在、社会存在和意识存在相统一的人，是个体存在和类存在的统一，是现实性和历史性的统一，是能动性和受动性的统一的人。参见洪波．马克思个人观研究［M］．北京：中国社会科学出版社，2010：49 – 58．也有学者认为，"现实的个人"是实践活动的产物，是社会关系的总和，是历史的创造者。参见袁杰．马克思人的解放理论与实践研究［M］．北京：人民出版社，2017：2 – 15．

　　② 马克思，恩格斯．马克思恩格斯文集（第4卷）［M］．北京：人民出版社，2009：295．

为一切社会关系的总和。为此，马克思从 1835 年的中学毕业论文开始探索到 1967 年《资本论》第 1 卷出版，时间跨度达 30 多年之久，最终提炼出了人的本质属性的科学阐释。诚如，马克思在《资本论》第 1 卷中指出："假如我们想知道什么东西对狗有用，我们就必须探究狗的本性。这种本性本身是不能从'效用原则'中虚构出来的。如果我们想把这一原则适用到人身上来，想根据效用原则来评价人的一切行为、运动和关系等，就首先要研究人的一般本性，然后要研究在每个时代历史上发生了变化的人的本性"。① 马克思认为，什么东西对人具有更大效应，不取决于事物本身的特性，而是取决于人的需要，这才是人的本性，一句话，人的需要就是人的本性。接着，马克思谈到了有用劳动问题。有用劳动是真正具备独特物质属性的劳作活动，旨在产生使用价值。抽象劳动被看作是具有无差别特征的劳作活动，旨在产生价值。在这对劳动范畴中，有用劳动实际上是具体劳动。② 当然，作为黑格尔的学生，马克思深受黑格尔思想的影响，他承认《资本论》是吸取黑格尔的《逻辑学》及《小逻辑》的精华，学习其方法而写就的著作。马克思指出，黑格尔的唯心主义辩证法展现为幽灵般的神秘感，抑或包含有演绎出存在的、众所周知的不可避免的企图。诚如马克思所说，黑格尔陷入了"把实在的东西看作是自我综合、自我深化的和自发地发生作用的思想的产物"③。黑格尔试图把他的辩证法当作建立一个囊括一切的逻辑结构的工具。④ 结果是不能恰当地认识任何东西。所以，1876 年马克思在给狄慈根的信中谈到"当我摆脱了我的经济方面的吃力工作的重担之后，我将写一部辩证法。辩证法的正确法则已经以虽则是神秘的形式包括在黑格尔里了，必须剥去它

---

① 马克思. 资本论（第 1 卷）//马克思恩格斯全集（第 23 卷）[M]. 北京：人民出版社，1972：669.

② [美] 大卫·史密斯.《资本论》修炼宝典 [M]. 饶青欣，译. 南宁：广西师范大学出版社，2017：46.

③ 马克思，恩格斯. 马克思恩格斯全集（第 12 卷）[M]. 北京：人民出版社，1962：751.

④ [美] 悉尼·胡克. 对卡尔·马克思的理解 [M]. 徐崇温，译. 重庆：重庆出版社，1989：315.

的这个形式"①。总而言之，马克思能动的总体性辩证法与黑格尔永远自我更新的绝对总体性辩证法的区别在于，前者是社会的和受其他的总体性限制的，而黑格尔的总体性是形而上学和不受限制的，就是说马克思的辩证法在历史领域被赫尔岑称为"革命的代数学"②，其内涵是总体性的活动原则和发展逻辑。因此，美国著名实用主义哲学家悉尼·胡克（Sidney Hook）认为，马克思实践人学的出发点旨在强调和突出人的需要、进化和活动。③ 实际上，《资本论》及其手稿从商品内在矛盾的现实道路出发，从资本运动的逻辑到人的自由全面发展的逻辑展现了马克思实践人学的现实道路主线。

一、剩余价值生产体现了资本对劳动者的强制关系

资本主义生产的实质是剩余价值的生产，就是剩余劳动的吸吮④，主要手段是通过延长工作日，不仅使人的劳动力由于被夺去了道德上和身体上正常的发展和活动的条件而处于萎缩状态，而且使劳动力本身未老先衰和过早死亡。它靠缩短工人的寿命，在一定期限内延长工人的生产时间。⑤ 马克思在《资本论》中为了说明资本与工人之间关系的性质，将剩余价值生产划分为绝对剩余价值生产和相对剩余价值生产。不管哪一种，都体现了资本对劳动的强制关系，促使工人超出自身生活需要的界限从事更多劳动，而"资本在精力、贪婪和效率方面，远远超过了以往一切以直接强制

---

① 转引自［美］悉尼·胡克. 对卡尔·马克思的理解［M］. 徐崇温，译. 重庆：重庆出版社，1989：314.

② ［美］悉尼·胡克. 对卡尔·马克思的理解［M］. 徐崇温，译. 重庆：重庆出版社，1989：316 – 332.

③ ［美］悉尼·胡克. 对卡尔·马克思的理解［M］. 徐崇温，译. 重庆：重庆出版社，1989：26.

④ 马克思. 资本论（第1卷）［M］. 北京：人民出版社，2004：307.

⑤ 马克思. 资本论（第1卷）//马克思恩格斯文集（第5卷）［M］. 北京：人民出版社，2009：207.

劳动为基础的生产制度"①。在资本主义社会生产过程中，生产资料掌握在资本家手中，工人的劳动主观能动性受到了极大抑制。"不是工人把生产资料当作自己生产活动的物质要素来消费，而是生产资料把工人当作自己的生活过程的酵母来消费，并且资本的生活过程只是资本作为自行增值的价值的运动。"② 资本家把生产资料对于工人的支配看作是自然现象，好像生产资料能天然带来剩余价值。实际上，只有货币通过购买劳动力而成为资本，从而形成雇佣劳动关系，生产资料才能成为榨取剩余价值的手段。

（一）劳动时间是区分必要劳动和剩余劳动的界限

在资本主义生产关系下，工人不过是人格化的劳动时间，资本对于剩余劳动的觊觎，是由资本的本性使然决定的。由于价值规律的作用，使资本的贪欲得到了强化。按照商品交换规律，购买劳动力后，资本家就获得了合法支配劳动者的权力，他就可以随心所欲地以自己的好恶意志使用工人。而延长工人的劳动时间就成了资本家的应有权利。所以，资本家对工人剩余价值的获取，就表现为对于工人劳动时间的占有。在生产力一定的情况下，资本家总是倾向于在最大限度和最大范围内延长劳动时间，使资本在自身的增值过程中，为资本家带来更大的利润和价值。资本主义生产方式按照它的矛盾的、对立的性质，还把浪费工人的生命和健康，压低工人的生存条件本身，看作不变资本使用上的节约，从而看作提高利润率的手段。③ 资本对剩余价值的创造，就是通过可变资本和不变资本的消耗来

---

① 马克思. 资本论（第 1 卷）//马克思恩格斯文集（第 5 卷）［M］. 北京：人民出版社，2009：359.

② 马克思. 资本论（第 1 卷）//马克思恩格斯文集（第 5 卷）［M］. 北京：人民出版社，2009：359－360.

③ 马克思. 资本论（第 3 卷）//马克思恩格斯文集（第 7 卷）［M］. 北京：人民出版社，2009：101.

获得更多的剩余劳动。① 劳动时间成为资本家支配工人劳动力的重要着力点，为此，双方在不断的斗争中进而上升为两个对立阶级之间的斗争，才逐步实现了工作日的正常化发展。② 马克思形象化地揭露了资本家"零敲碎打地偷窃工人吃饭时间和休息时间"。在这里，工人不过是人格化的劳动时间。"一切个人之间的区别都化成全日工和半日工的区别了。"③ 在资本的眼里，工人"只要他的身上还有任何可供资本榨取获得的地方，资本不会放过，都将会继续吞噬他的血肉。这种对工人的盘剥和压榨，使他们苦不堪言。要从根本上扭转这一局面，工人必须聚集并联合起来，以一个整体阶级的身份为自己争得保障，避免整个阶级继续受折磨和奴役之苦"④。这也就必然导致资本家延长剩余劳动的贪欲进一步膨胀，而工人阶级命运就取决于整体阶级的觉醒。

（二）工资掩盖了资本主义剩余价值的真实面目

资本是根本不关心工人的健康和寿命的，除非社会迫使它去关心。人们为体力和智力的衰退、夭折、过度劳动的折磨而愤愤不平，资本却回答说：既然这种痛苦会增加我们的快乐（利润），我们又何必为此苦恼呢？不过总的来说，这也并不取决于个别资本家的善意或恶意。⑤ 在资本主义生产关系下，劳动力既然成为商品，那么，商品买卖的等价交换法则同样适用于劳动力这种特殊商品，这样一来，既然是等价交易，剩余价值的起源和出处就变得扑朔迷离。如果是不等价交换，那么，"不等量的这种相

---

① 马克思. 资本论（第1卷）//马克思恩格斯文集（第5卷）［M］. 北京：人民出版社，2009：269.

② 马克思. 资本论（第1卷）//马克思恩格斯文集（第5卷）［M］. 北京：人民出版社，2009：272.

③ 马克思. 资本论（第1卷）//马克思恩格斯文集（第5卷）［M］. 北京：人民出版社，2009：281.

④ 马克思. 资本论（第1卷）//马克思恩格斯全集（第23卷）［M］. 北京：人民出版社，1972：335.

⑤ 马克思. 资本论（第1卷）//马克思恩格斯文集（第5卷）［M］. 北京：人民出版社，2009：311－312.

等，不仅消灭了价值规定。这种自我消灭的矛盾甚至根本不可能当作规律来阐明或表述"①。原因就在于，资本家购买劳动力，是要工人付出劳动，而且劳动力商品的特殊性在于，其价格一般是在工人为资本家提供劳动之后才支付工资，对于工人而言，工资是他用劳动换来的。况且，工资随着劳动力价值变化而变动，随着供求行情变化而变动，这一切都造成了假象，仿佛工资是劳动力价值的全部回报。为此，马克思指出"在奴隶劳动下，所有权关系掩盖了奴隶为自己的劳动，而在雇佣劳动下，货币关系掩盖了雇佣工人的无代价劳动……如果说世界历史需要经过很长时间才揭开了工资的秘密，那么相反地，要了解这种表现形式的必然性、存在的理由，却是再容易不过的了"②。资本主义制度下，工资掩盖了雇佣工人的剥削关系，马克思以强烈的人民情怀发现了这一秘密，并以工人阶级的圣经《资本论》做了深入阐释，成为工人阶级争取自身解放的理论武器。

（三）提高生产力推动工人劳动解放

劳动者个人经济利益的实现离不开社会整体经济运行的平衡，"如果卖不掉，或者只卖掉一部分，或者卖掉时价格低于生产价格……这时，榨取的剩余价值就完全不能实现，或者只是部分地实现，资本就可能部分或全部地损失掉"③。在资本主义社会，工人阶级命运的改变，在最一般现实意义上讲，工人的劳动解放，是指劳动强度的降低抑或劳动时间的减少、工作日的缩短。马克思指出："在资本主义生产条件下，通过发展劳动生产力来节约劳动，它的目的只是缩短生产一定量商品所必要的劳动时间。"④ 劳动生产力是由多种情况决定的，其中包括：工人的平均熟练程

---

① 马克思. 资本论（第 1 卷）//马克思恩格斯文集（第 5 卷）[M]. 北京：人民出版社，2009：615.

② 马克思. 资本论（第 1 卷）//马克思恩格斯文集（第 5 卷）[M]. 北京：人民出版社，2009：619.

③ 马克思. 资本论（第 3 卷）[M]. 北京：人民出版社，2004：272.

④ 马克思. 资本论（第 1 卷）//马克思恩格斯文集（第 5 卷）[M]. 北京：人民出版社，2009：372.

度、科学的发展水平和它在工艺上应用的程度、生产过程的社会结合、生产资料的规模和效能，以及自然条件。① 而对于工人而言，因为生产力的提高，工人的劳动时间不是缩短了，而是相对地延长了，以为资本创造更多的剩余价值。因为，"这种发展缩短了必要劳动时间……以后，必须劳动 15 小时，以代替原来的 10 小时"②。马克思据此总结道，尽管劳动生产力提高了，但是，工人的劳动强度没有降低，劳动时间也没有缩短，工人的命运也没有改变。其实质是"发展劳动生产力的目的，是为了缩短工人必须为自己劳动的工作日部分，以此来延长工人能够无偿为资本家劳动的工作日的另一部分"③。同样，由于机器的资本主义使用，导致资本有机构成的提高，也不可能改变工人命运，"使用劳动工具的技巧，也同劳动工具一起，从工人身上转到了机器上面。工具的效率从人类劳动力的人身限制下解放出来"④。机器部分地取代了人类劳动，机器成为支配工人的技术基础。资本主义生产关系只能导致工人的片面化、畸形化，以此加深工人对于资本的依赖，这就是资本增值的本性使然。

二、剩余价值理论展现了马克思对于工人阶级命运的深度关注

马克思研究资本主义生产关系下的人的存在，其切入点从资本的原始积累作为理解资本主义社会中人的一把钥匙。在马克思的视野里，资本主义不仅是经济发展史，更是人自身的人学发展史，在资本主义工厂中，人只是客体，"自动机本身是主体，而工人只是作为有意识的器官与自动机的无意识的器官并列，并且和后者一同受中心动力的支配"⑤。可见，资

---

① 马克思. 资本论（第1卷）//马克思恩格斯文集（第5卷）［M］. 北京：人民出版社，2009：53.

②③ 马克思. 资本论（第1卷）//马克思恩格斯文集（第5卷）［M］. 北京：人民出版社，2009：373.

④ 马克思. 资本论（第1卷）//马克思恩格斯文集（第5卷）［M］. 北京：人民出版社，2009：483.

⑤ 马克思. 资本论（第1卷）//马克思恩格斯全集（第23卷）（第一版）［M］. 北京：人民出版社，1972：460.

本主义原始积累是"使生产者转化为雇佣工人的历史运动，一方面表现为生产者从农奴地位和行会束缚下解放出来；对于我们的资产阶级历史学家来说，只有这一方面是存在的。但是另一方面，新被解放的人只有在他们被剥夺了一切生产资料和旧封建制度给予他们一切生存保障之后，才能成为他们自身的出卖者。而对他们的这种剥夺的历史是用血和火的文字载入人类编年史的"①。资本主义工业革命之后，资产阶级统治已经牢固地确立起来，所以"现在的资产阶级，撇开其较高尚的动机不说，他们的切身利益也迫使他们除掉一切可以由法律控制的、妨害工人阶级发展的障碍"②。所以，马克思在《资本论》中大胆地科学预言："资本的垄断成了与这种垄断一起并在这种垄断之下繁盛起来的生产方式的桎梏。生产资料的集中和劳动的社会化，达到了同他们的资本主义物质外壳不能相容的地步。这个外壳就要被炸毁了。资本主义私有制的丧钟就要敲响了。剥夺者就要被剥夺了"③。正因为这样，马克思在其《1957—1858 年经济学手稿》中就批判资本主义为生产而生产的目的时强烈指出："先前的历史发展使这种全面的发展，即不仅旧有的尺度来衡量的人类全部力量的全面发展成为目的本身。在这里，人不是在某种规定性上再生产自己，而是生产出他的全面性；不是力求停留在某种已经变成的东西上，而是处在变易的决定运动之中"④。正如卢梭在其 1757 年出版的《论人类不平等的起源》中指出："第一个把一片土地圈围起来的人说道，这是我的，而又使那些脑筋简单的人还相信他的话，这样一个人就是资产阶级社会的真正创立者了。"⑤

---

① 马克思. 资本论手稿选编//马克思恩格斯文集（第 8 卷）[M]. 北京：人民出版社，2009：822.

② 马克思. 资本论手稿选编//马克思恩格斯文集（第 8 卷）[M]. 北京：人民出版社，2009：9.

③ 马克思. 资本论（第 1 卷）//马克思恩格斯文集（第 5 卷）[M]. 北京：人民出版社，2009：864.

④ 马克思. 资本论手稿选编//马克思恩格斯文集（第 8 卷）[M]. 北京：人民出版社，2009：137.

⑤ ［法］让·雅克，卢梭. 论人类不平等的起源和基础［M］. 邓冰艳，译. 杭州：浙江文艺出版社，2018.

资本主义社会把一切都变成了货币交易的买卖交换关系，资本家带着货币促进了劳动力和生产资料的结合，通过资本主义经济运行过程，实现了剩余价值。

由此可见，《资本论》作为马克思最重要的学术著作，其中马克思揭示了资本主义社会非人的本质，愤怒地谴责资本来到世间从头到脚每个毛孔都滴着血和肮脏的东西。如果我们单独考察"资本主义生产并且把流通过程和激烈竞争撇开不说，资本主义生产对已经实现的、对象化在商品中的劳动，是异常节约的。相反的，它对人、对活劳动的浪费，却大大超过任何别的生产方式，它不仅浪费血和肉，而且也浪费神经和大脑。在这个直接处于人类社会实行自觉改造以前的历史时期，人类本身的发展实际上只是通过极大地浪费个人发展的办法来保证和实现的"①。为此，马克思认为共产主义是资本主义的未来形态，不仅是因为共产主义能够创造比资本主义更高的生产力，更是因为共产主义第一次提供了无愧于人的本性和尊严的、实现人的自由全面发展的存在方式。毕竟，共产主义是"更高级的、以每一个个人的全面而自由的发展为基本原则的社会形式"②，共产主义新社会"将合理地调节他们和自然之间的物质变换，把它置于他们的共同控制之下，而不让它作为盲目的力量统治自己；靠消耗最小的力量，在最无愧于和最适合于他们的人类本性的条件下来进行这种物质变换。但是，这个领域始终是一个必然王国"③。在这个必然王国的彼岸，作为目的本身的人类能力的发挥，真正的"自由王国"就开始了。正如马克思在《资本论》第3卷中这样总结道："'自由王国'只是在必要性和外在目的规定要做的劳动终止的地方才开始；因而按照事物的本性来说，它存在于真正物质生产领域的彼岸。像野蛮人为了满足自己的需要，为了维持和再

---

① 马克思. 资本论（第3卷）//马克思恩格斯文集（第7卷）［M］. 北京：人民出版社，2009：103.

② 马克思. 资本论（第1卷）//马克思恩格斯文集（第5卷）［M］. 北京：人民出版社，2009：683.

③ 马克思. 资本论（第3卷）//马克思恩格斯文集（第7卷）［M］. 北京：人民出版社，2009：928-929.

生产自己的生命，必须与自然搏斗一样，文明人也必须这样做。这个必然性的王国会随着人的发展而扩大。这个领域内的自由只能是：社会化的人，联合起来的生产者，将合理地调节他们和自然之间的物质变换，把它置于他们的共同控制之下，而不让它作为一种盲目的力量来统治自己；靠消耗最小的力量，在最无愧于和最适合于他们的人类本性的条件下来进行这种物质变换。但是，这个领域始终是一个'必然王国'。在这个'必然王国'的彼岸，作为目的的本身的人类能力的发挥，真正的'自由王国'，就开始了。但是，这个'自由王国'只有建立在'必然王国'的基础上，才能繁荣起来。"① 由此，共产主义新社会的曙光已经依稀出现在地平线上。

① 马克思. 资本论（第3卷）[M]. 北京：人民出版社，2004：928-929.

《资本论》及其手稿中实践
人学的创造性开拓

　　马克思主义作为诞生于西方社会的意识形态，内在浸润着西方人心灵深处的超验主体的宇宙，以及在此基础上形成的单向直线型的思维结构。反观有着悠久历史与文明的古老中国则是"道和万物"的自然世界，以及在此基础上形成的通变式互系型思维机构的中国辩证法，更具包容性，也许这就是中国人学辩证法的奥秘和精髓所在。借用学者杨金海的观点，中国人学辩证法里有本体论，但这种本体论不是西方模式的"本质本体论"，而是与中华优秀传统文化相融合生成的有中国特色的"事件本体论"①。源于中华民族的祖先长期生活在这片辽阔的土地上，背靠大江大河与高山峡谷，长期以农业生产为第一主导产业，其他产业为辅，这样就逐渐形成了"天地人"三要素的和谐与共生的有中国文化特色的农业文明，这种文明所孕育生成的人学辩证法，其内在逻辑指向权衡事物之间的总体性关系，着力于保持天地人及万事万物之间的和谐发展格局。所以，马克思实践人学历经坎坷与艰难曲折，跨越千山万水，不远万里来到中国，中华博大精深的文化并没有简单拒斥，而是以海纳百川的包容精神吸纳之，以丰富和发展自己的人学思想。当然，马克思首先是一个革命者，再好的理论如果不能付诸实践验证，那也是空洞的理论。马克思实践人学形成后，紧

---

① 转引自［美］田辰山.中国辩证法：从《易经》到马克思主义［M］.萧延中，译.北京：中国人民大学出版社，2016：3.

210

接着就是要把理论应用于各国实践。可见，马克思实践人学之所以在不断的扬弃中发展壮大，其中一个重要原因是马克思主义实践人学与时俱进的宝贵理论品格。

第一节
《资本论》及其手稿中实践人学的西方马克思主义演绎

自从 1516 年莫尔的《关于最完美的国家制度和乌托邦新岛的既有益又有趣的全书》（又名《乌托邦》）发表至今，社会主义在其 500 多年来的发展进程中经历了"两次"重大飞跃，一次是从空想社会主义到科学社会主义的伟大飞跃，另一次是从科学社会主义理论到社会主义实践的巨大飞跃。如果说第一次飞跃的标志性事件是马克思的唯物史观和剩余价值理论的科学发现，那么第二次飞跃的标志则是源起于俄国十月社会主义革命的伟大胜利。与此同时，以卢卡奇、萨特和马尔库塞等学者为代表的西方马克思主义认为人道主义是马克思主义的最高峰，他们主张用人本主义统摄马克思实践人学，同时从批判和揭露西方资本主义社会对于人性的扭曲入手，着力于找寻人的解放途径进行了深入阐发和生动演绎。当然，西方马克思主义经典作家对于人的科学本质的理解和阐释，从理论和实践两个维度投射出复杂的内在逻辑转换过程。

一、卢卡奇的《历史与阶级意识》的"总体辩证法"人学观

格奥尔格·卢卡奇（Szegedi Lukács György Bernát）是匈牙利著名哲学家，当代影响最大的西方马克思主义创始人和著名理论家，对 20 世纪马克思主义传播作出了贡献。卢卡奇一生可谓经历坎坷，但是他的理想和信念始终与国际共产主义运动息息相关。《历史与阶级意识——马克思主义辩证法的研究》是卢卡奇在 1919～1922 年撰写的论文集，也是卢卡奇学术思想的代表作，开启了西方马克思主义思潮，被誉为西方马克思主义

的开山鼻祖。卢卡奇认为，马克思主义的正统性在于主体性和总体性的辩证方法。其中的总体性是"历史世界的具体的总体"，是唯一的社会总体，由此肇始了马克思主义关于"人的本质"的探究。

（一）卢卡奇关于无产阶级是统一的主体与客体的思想

卢卡奇吸收了黑格尔特别强调的统一的主体—客体的思想，尤其是基于整体性人的意义而言，作为主体的客观精神终将克服自己的当下性，只有通过自己的有限精神构思自己历史的无限未来。卢卡奇把黑格尔的绝对精神替换为无产阶级，并认为无产阶级是同一的主体—客体的结论，也就是说无产阶级既是认识和实践的主体，也是认识和实践的客体。

（二）无产阶级的阶级意识是基于意识和现实的基础之上

阶级意识问题是《历史与阶级意识》的中心命题。卢卡奇极为重视从马克思早期著作中撷取有益精神食粮，"光是思想力求成为现实是不够的，现实本身应当力求趋向思想"[①]。因为，那时就可以看出，"世界早就幻想一种一日认识便能真正掌握的东西了"[②]。卢卡奇认为只有当意识和现实发生关系时，理论和实践才能够统一起来，才能够形成阶级意识的整体统一性和历史规定性。

（三）无产阶级的阶级意识具有超越历史偶然性的总体性革命的内在特质

卢卡奇在《历史与阶级意识》中着重分析了无产阶级的阶级意识。他认为，唯物主义辩证法是"一种革命辩证法"[③]，而阶级意识是近代以来

① 马克思，恩格斯. 马克思恩格斯选集（第1卷）（第二版）[M]. 北京：人民出版社，1995：11.

② 马克思，恩格斯. 马克思恩格斯选集（第1卷）（第二版）[M]. 北京：人民出版社，1995：418.

③ ［匈牙利］卢卡奇. 历史与阶级意识 [M]. 杜章智，译. 北京：商务印书馆，1992：48.

的资产阶级和无产阶级这两个基本阶级的阶级意识，资产阶级社会之前的阶级群体不可能孕育生成阶级意识，而阶级意识的最高级形式是等级意识。卢卡奇把无产阶级的阶级意识看作是具有特殊性质和迥异功能的阶级意识，是以变革现实的方式采取行动、坚持理论和实践的统一，具有决定和改变无产阶级命运，从而在一定程度上成为"历史运动的真正支柱"①的功能。由此，卢卡奇认为，无产阶级不实际克服物化意识对于整个阶级的影响，就不能形成无产阶级独有的阶级意识。

当然，由于历史和时代的局限性，卢卡奇的"总体性"人学与哲学上的黑格尔唯心主义以及政治上的乌托邦主义掺和混杂在一起，由此导致卢卡奇对自然辩证法的历史性限定，从而退化为完全的唯心主义。

二、萨特的《存在与虚无》中基于"个人纯粹意识"人学观

让·保罗·萨特（Jean - Paul Sartre）系 20 世纪最重要的哲学家之一，是法国存在主义哲学流派的主要代表性学者，他一生拒绝接受包括1964 年的诺贝尔文学奖在内的任何奖项。萨特的人学思想集中展现在其代表作《存在与虚无》（1943）中，其主要观点认为：一是人的存在是一切存在的出发点；二是人的存在是人的自由；三是存在先于本质；四是人的本质存在只能用理性体验去领会。萨特认为，人的存在是自为的存在，是自我意识或有"我思"的存在，是一种虚无化的存在，相比之下，马克思哲学中"人的存在"被吞没或遮蔽了，所以他试图用存在主义"人学辩证法"来补充与完善马克思主义实践人学，这样就能使他的存在主义披上"人的哲学"外衣。显然，从萨特人学观的形成和嬗变过程来看，马克思实践人学主张个人的主观性、主体性、客观性和客体性的有机统一，而舍勒人学倾向于个人的客观性、客体性和开放性②，唯独萨特则是以个人纯

---

① 庄福龄. 简明马克思主义史 [M]. 北京：人民出版社，1999：471.
② 韩庆祥. 马克思主义人学思想发微 [M]. 北京：中国社会科学出版社，1992：220.

粹意识为基点探寻人学问题。

（一）萨特试图弥补马克思主义 "人学空场"

萨特在其《对于一种方法的探求》中认为，人经常处于 "无家可归" 的困境中，人生是个 "注定死亡的存在"，而马克思主义生命力远没有衰竭，它还非常年轻，几乎还处于童年，而且它的发展几乎才刚刚开始。因此，马克思主义当之无愧是时代精神的精华，是人类有史以来的哲学最高峰。基于此，萨特要把他的存在主义植入和寄生于马克思主义博大精深的思想体系，因为 "具体的马克思主义应该深刻研究实在的人，而不应当让他们洗一次硫酸澡而消溶掉"①。与此同时，他还认为现代马克思主义者使马克思主义变得有些凝固和停滞，也正是由于教条主义，使马克思主义越发失去了生命活力并造成了 "人学的空场"②。这样一来，马克思主义便无法解决人的问题，"把人吞没在概念里"，就需要把人恢复到马克思主义之中，这样存在主义的机会就来了。萨特对于马克思主义的欲扬先抑使他的存在主义人学披上了马克思主义的外衣。

（二）萨特从人的实践的总体性角度审视马克思主义辩证法

萨特在其《辩证理性批判》中把辩证法看作是 "一种方法和一种在对象中的运动"，离开了个人就不能有辩证法。他甚至认为："如果我们不想把辩证法重新变成一种新的法则和形而上学的宿命，那么，他必须来自原子化的个人，而不是来自我们所不知道的什么超人的集合体"，显然这是萨特基于人学基础上行动逻辑的总体性实践。

（三）萨特以个人纯粹意识为基点的人学观意蕴

萨特的存在主义人学以人的存在为研究对象，把个人本身的存在作为

---

① ［法］萨特. 辩证法理性批判 [M]. 陈伟丰，译. 北京：商务印书馆，1963：32.
② 庄福龄. 简明马克思主义史 [M]. 北京：人民出版社，1999：471.

最基本的本体。他认为,人"首先是一种把自己推向将来的东西,并且感觉到自己在这样做。人确实是一个具有主观生命的规划,而不是一片苔藓或者一种真菌,或者一棵花椰菜"①。个人存在的基本结构的第一个要素是"自我意识",第二个要素是"虚无和否定",第三个要素是"自由"。这样一来,意识、虚无或超越、自由和创造就建构了萨特存在主义人学的本体论结构,其中意识是起源,自由是核心,而创造是自由的存在方式,纯粹自我意识和虚无是自由的基础,是个人存在的本体结构。

总之,萨特主张用存在主义去"补充和完善"马克思主义,具象化为用其基于"个人意识的人学辩证法"取代马克思主义的"自然辩证法"。而他的存在先于本质的人学观,一方面,宣示了人生之路是先天注定的,提醒人要认命;另一方面,他又主张可以自由选择人生路径,主张绝对自由。毕竟,自由是选择与否定的自主权,而自我只是一种偶然。诚如萨特在其代表作《存在与虚无》中的观点:"自由没有本质,它不附属于任何逻辑的必然。"② 萨特认为,是自由把存在物联结为工具集合体并建立了事物间的联系。价值是一种虚无,人的价值可以由自己决定。他说:"我的自由是价值的唯一基础,没有什么,绝对没有什么能给我证明采取这个或那个特殊价值,这个或那个特殊价值体系。作为一个依靠自我价值才存在的存在,我是不可证明的。我的自由在它是价值的基础而自身却无基础的意义上烦恼的。"③ 也许这就是萨特以个人纯粹意识为基点的人学观之精神要义所在。

三、马尔库塞的《单向度的人》中"生存异化"人学观

赫伯特·马尔库塞(Herbert Marcuse)系当代著名的美籍德裔哲学家

---

① [法]萨特.存在是一种人道主义[M].周煦良,译.上海:上海译文出版社,1983:8.
② [法]萨特.存在与虚无(修订本)[M].陈宣良,译.北京:生活·读书·新知三联书店,2014:438.
③ [法]萨特.存在与虚无(修订本)[M].陈宣良,译.北京:生活·读书·新知三联书店,2014:38.

和社会思想家，法兰克福学派的左翼代表性学者。他的人学思想集中展现在其《单向度的人——发达工业社会意识形态研究》（1964）中，他从黑格尔出发，在对发达资本主义意识形态弊端进行了系统而深刻的批判的基础上，试图通过改造弗洛伊德的心理结构理论，并同马克思关于人的本质理论粘合与搅拌在一起，对当代资本主义社会人的异化作了重新建构，由此来论证理想中的无压抑文明社会的可能性。他认为在科技主导的资本主义社会，技术理性已经取得全面优势，社会成为"批判的停顿，没有反对派的社会"，而"这种压抑，完全不同于作为我们社会从前不那么发达阶段的特征的压抑，它不再是由于自然和技术的不成熟性而起作用，倒是为着强化的目的……从而使自己卓越超群"[①]。进而着力倡导人的解放思想，以实现社会的"对立统一"和宁静生存的真正和谐的乌托邦社会。

（一）对于现实的批判，尤其是对于文化批判为建构人类解放奠定了基础

马尔库塞认为，伴随着现代工业社会的飞速发展和技术的跨越式进步，人能够享受到的自由条件越多，反过来给人的种种强制也就越多。这就造成了现代人只有物质生活，没有精神生活，形成了没有创造性的麻木不仁的单面人。他指责艺术的大众化和商业化使之成为压抑性社会的工具，从而导致人和文化的单向度。由此，他断言当代资本主义社会的压抑主要是统治利益所强加的"额外压抑"，不具有永恒性，因为这种"单向度性"必然造就从社会到个人、从政治到经济、从自我到他人、从观念意识形态到物质现实生活中人与现存制度的"一体化"，而只有革命才是消解人的生存异化的有效路径与现实坐标。

（二）对于未来理想社会的勾勒与重建

马尔库塞对于人类命运和发展前途的深切关怀体现在，未来的理想社

---

① ［美］马尔库塞. 单向度的人——发达工业社会意识形态研究 ［M］. 刘继，译. 上海：上海译文出版社，2008：2.

会实现途径必须从根本上改变"人的生存方式，确立'非压抑性的文明'和'非压抑性的生存方式'"，旨在把人从非人化的困境中解放出来。

第二节
《资本论》及其手稿中实践人学的俄国探索

马克思主义不是离开人类文明大道之外的东西，就像加拿大哲学家查尔斯·泰勒（Charles Taylor）在其代表作《自我的来源》中，将黑格尔哲学看作是一种文明一样，马克思主义当属于人类文明之列。诚如《德意志意识形态》所指出，共产主义是追求实际目的的最实际的运动，建立共产主义实质指向经济上的性质。就是这种伟大的理想信念指引着马克思人学在俄国、中国和其他国家的发展与实践。其中俄国的马克思实践人学思想主要体现为以列宁为核心的布尔什维克党人的思考与探索。当然，其在俄国的实践绝非孤立存在的，它前有渊源、后有延续，整个实践与探索的演绎展现了马克思人学思想的凝练，具有"论从史出"的发展表征。然而20世纪初期的俄罗斯在当时以战争与革命作为时代主题的特殊背景下，根据"两利相权取其重，两害相权取其轻"的惯常思维，以列宁为核心的布尔什维克党主要致力于促进俄国人民解放、俄罗斯民族独立和发展等较为迫切的人学问题。

一、在经济上着力于消除城乡二元对立，改善人民生活

列宁认为，社会主义的本质内涵就是要使"所有劳动者过上最美好的、最幸福的生活。只有社会主义才能实现这一点"[1]。俄国社会主义革命是在经济文化相对落后的国家取得胜利的典范。苏维埃政权建立后，面临内忧外患、经济困难的情况下，为了反对国内外敌人，曾经推行了一段

---

[1]　列宁选集（第3卷）[M]. 北京：人民出版社，1995：546.

时间的战时共产主义政策，实施余粮收集制，以集中一切人力、物力和财力服务于战胜国内外困难。到 1921 年，开始大力实施向社会主义过渡的新经济政策，其主要内容是以征收粮食税代替余粮收集制，大大减轻了农民的负担，着力于积极改善农民生活。列宁指出，我们"应当满足农民的要求"①，并且及时恢复商品货币关系以调节生产，这使处于小农经济汪洋大海的苏俄找到了向社会主义经济阶段过渡的道路，维护了农民权益，有助于消除城乡对立，实现城乡统筹发展。

（一）消除城乡二元对立，促进城乡经济平等

发展生产力是"整个社会发展的主要标准"②，也是真正消除城乡二元对立的重要举措。十月革命之前的俄国是个以专制制度为基础的封建帝国主义国家，相比欧美其他资本主义国家，俄国的生产力显得极为落后。即使这样，由于特殊的历史条件，无产阶级革命首先取得了胜利。之后，由于国内战争，使发展生产力显得尤为迫切。在列宁视野里，发展生产力的首要任务是劳动力，因为劳动力是生产力"三要素"中最为宝贵的能动要素。除此之外，"经济进步是社会进步的必要条件"，只有高度发达的生产力，才有助于消除城乡二元对立，促进经济平等就有了经济合法性依据。

（二）释放和发展生产力，旨在最终实现自由人的联合体

马克思主义认为，共产主义不仅在于消灭贫富差距，更在于促进生产力飞速发展，为改善民生创造必需的物质基础。列宁认为，无产阶级取得政权后，其最重要的任务就是"增加产品数量，大大提高社会生产力"③。十月革命胜利之后，列宁反复强调，要从俄国实际出发，社会化大生产状况的改善，都会大大巩固无产阶级地位。1920 年，列宁在《为共产国际第二次代表大会准备的文件》中指出："不能恢复被帝国主义破坏了的生

① 列宁全集（第 41 卷）[M]. 北京：人民出版社，1986：53.
② 列宁全集（第 41 卷）[M]. 北京：人民出版社，1986：72.
③ 列宁全集（第 42 卷）[M]. 北京：人民出版社，1987：369.

产力，便不能保证劳动者的福利"①。可见，生产力的发展对于保障和改善人民生活具有重要意义。

1. 发展生产力是社会主义发展的基础

一般地讲，"社会的物质生产力发展到一定阶段，便同它们一直在其中运动的现存生产关系或财产关系发生矛盾。这些关系便由生产力的发展形式变成生产力的桎梏，全部庞大的上层建筑也或慢或快地发生变革"②。因此，把生产关系的调整归结为生产力发展，才有可能真正把握人类社会发展是以生产力发展为基础的真实意境。

2. 生产力发展是向共产主义演进的物质基础

列宁认为，从人的存在角度考量，共产主义社会把一切出发点和归宿都凝结在实现人的彻底解放上，且"任何一种解放都是把人的世界和人的关系还给人自己"③，共产主义保障了人的自由全面发展，实现了自由人的联合。在 3 年国内战争结束后，列宁及时将战时共产主义政策转换为新经济政策，以迅速发展生产力，为迈向共产主义奠定了坚实的物质基础。

二、在政治上着力于解放人民，赋予人民广泛的民主权利

民主权利不仅是西方资本主义社会所关注的命题，更是东方社会主义着力于展示制度优越性的重要表征。19 世纪末 20 世纪初，资本主义由自由竞争走向垄断的帝国主义阶段，战争与革命成为那个时代的主题，在世界范围内，由于帝国主义之间的发展不平衡问题和对外扩张矛盾导致第一次世界大战爆发。列宁以政治家的敏锐眼光准确判断了俄国处于帝国主义链条的薄弱环节，遂在 1917 年领导了十月社会主义革命并且取得了成功，从而在政治上解放了俄罗斯人民，这也是对马克思关于无产阶级革命必须

---

① 列宁全集（第 39 卷）[M]. 北京：人民出版社，1986：162.
② 列宁全集（第 1 卷）[M]. 北京：人民出版社，1984：6.
③ 马克思，恩格斯. 马克思恩格斯全集（第 1 卷）（第二版）[M]. 北京：人民出版社，2002：443.

在几个资本主义发达国家同时取得胜利理论的积极发展和有益探索。诚如列宁所言，对于"无产阶级来说，这就是为了保证无产阶级的统治的政权，即为实现社会主义革命的无产阶级专政"①。在此基础上，由于人民已经掌握了国家政权，积极辅之以针对性的策略，就能大力发展社会生产力，有了丰富的物质生活资料，进而有助于实现人民广泛的民主权利。

（一）实现人类解放是列宁终生的不懈追求

"历史从哪里开始，思想进程也应当从哪里开始"②，研究列宁人学思想就需要从人的解放作为突破口。从"人的本质"到"人的解放"展现了马克思实践人学思想建构的逻辑演进。何谓"人的解放"？在"当人们还不能使自己的吃喝住穿在质和量方面得到充分供应的时候，人们就根本不能获得解放。'解放'是一种历史活动，而不是思想活动，'解放'是由历史的关系，是由工业状况、商业状况、农业状况、交往关系状况促成的"③。从发展的角度看，解放只能是人的需求的不断满足、人的能力的不断得以提升、人的社会关系的不断丰富以及人的全面自由的发展得以实现的历史过程④，简言之，表征人的本质的真正复归和演进过程。而列宁所关注的人主要是指人民，实现人的解放就是赋予人民广泛的权利。

1. 人民的权利是社会主义性质决定的

列宁认为，无产阶级革命的目的就是"建成社会主义，消灭社会的阶级划分，使社会全体成员成为劳动者，消灭一切人剥削人现象的基础"⑤，只有社会主义才能组织成广泛而真正按照科学原则的社会生产和分配，使所有劳动者过上美好幸福的生活。

---

① 列宁全集（第10卷）[M]. 北京：人民出版社，1987：4.
② 列宁全集（第41卷）[M]. 北京：人民出版社，1987：532.
③ 马克思，恩格斯. 马克思恩格斯全集（第42卷）（第一版）[M]. 北京：人民出版社，1979：368.
④ 李曼，车华. 列宁人权思想研究 [M]. 北京：中国社会科学出版社，2013：50.
⑤ 列宁全集（第36卷）[M]. 北京：人民出版社，1985：375.

2. 人民权利应该是真切实在的权利

列宁作为一个职业革命家，毕生的精力和心血都奉献给了俄国劳动人民，真正践行了马克思追寻人类"解放事业"① 的神圣使命，其目的旨在让最广大的劳动人民获得最真实的权利。

3. 自由和平等是列宁人学观的基本精神

"在社会科学问题上有一种最可靠的方法，它是真正养成正确分析这个问题的本领而不致湮没在一大堆细节或大量争执意见之中所必需的，对于用科学眼光分析这个问题来说是最重要的，那就是不要忘记基本的历史联系，考察每个问题都要看某种现象在历史上怎样产生、在发展中经过了哪些主要阶段，并根据它的这种发展去考察这一事物现在是怎样的。"② 列宁的人学思想是通过批判资本主义自由、平等来确证消灭阶级含义的无产阶级自由与平等的权利。

（二）自由和平等是列宁人学观的基本精神

1. 自由同劳动者摆脱资本压迫相适应

列宁认为，任何革命，无论是社会主义革命抑或民主主义革命，"自由都是一个非常重要的口号。可是我们的纲领声明，自由如果同劳动摆脱资本压迫相抵触，那就是骗人的东西"③。所以，列宁指出，无产阶级所争取的自由是同"劳动摆脱资本压迫"相适应的真正的自由。

2. 平等意味着消除阶级视野下的政治平等

列宁认为，平等是比自由更为深奥和迫切的问题。因为，平等是资本主义牵制劳动人民的惯常做法。要实现真正的平等，就只有消灭阶级，消除阶级差别。列宁举例阐释道："凡达到一定年龄的国家公民，只要不是患通常的痴呆病，也不是患自由派教授那样的痴呆病，都享有同样的政治

---

① 马克思，恩格斯. 马克思恩格斯文集（第3卷）. 北京：人民出版社，2009：602.

② 列宁全集（第37卷）［M］. 北京：人民出版社，1986：276.

③ 列宁全集（第36卷）［M］. 北京：人民出版社，1985：334.

权利，这是权利平等的要求。"① 当然，在列宁看来，平等是"自由人联合体"下的权利升华，集中体现在普选权、罢免权和自治权方面。一是普选权。列宁认为，普选权是社会主义政治平等的一项重要权利，是民主制的起码道理的化身。他还认为，体现社会主义精神的普选权是随着实践发展变化而展现为一个动态过程的。二是罢免权。列宁很重视人民的罢免权问题。在他看来，"任何由选举产生的机关或代表会议，只有承认和实行选举人对代表的罢免权，才能被认为是真正民主的和确实代表人民意志的机关"②，这也是社会主义民主制度的基本要求和必然原则。三是自治权。列宁关于自治权的适用范围是广泛而多元的。他认为，真正的平等就是能够体现人民民主意蕴的平等，也必然包含党内自治权和地方自治权。

三、在文化上着力于提高人民的自我觉悟，不断促进人民现代化

俄国是个带有封建性的帝国主义国家，也是多民族的传统农业大国，在这种特殊历史国情和国内外形势下，教育发展落后导致人民文化水平低下，其中的文盲和半文盲占比重很大。由于经济与文化的落后直接影响了十月革命胜利后俄国的经济现代化和政治民主化进程，严重阻碍了人民群众权利的维护和实现。于是，从19世纪末起，列宁就着手开启了俄国文化发展的探索之路，十月革命胜利后，列宁从俄国实际出发，就怎样向社会主义过渡提出了一系列方针政策与经济举措。在新经济政策实施过程中，列宁不失时机地指出，随着政治革命和社会变革的任务完成，文化建设理应成为社会主义建设的重要任务，他强调："提高文化水平是最迫切的任务之一"，由此逐渐形成了较为系统的文化建设思想，以着力提升人民群众的文化水平和无产阶级政治觉悟。

---

① 列宁全集（第24卷）［M］. 北京：人民出版社，1990：391.
② 列宁全集（第33卷）［M］. 北京：人民出版社，1985：102.

（一）列宁关于无产阶级文化的特定内涵

文化生成和发展的实质是人类社会历史发展过程中个体获得自身意义的过程，是人通过自身的创造性活动超越外界和自身束缚，表达人的生命存在的有形或无形的成果。列宁对于文化的把握始终坚持唯物主义历史观，这也是其文化生发的基本视域。列宁深化并验证了马克思、恩格斯文化多样性统一的思想，坚持文化的继承与创造。他认为，无论"文化遭到怎样的破坏，都不能把它从历史生活中除掉……在任何时候无论什么样的破坏都不能使文化完全消灭"[①]，毕竟文化是人类社会发展的产物，是凝聚人类智慧和文明的结晶。而无产阶级文化是人类全部发展过程所创造的文化，它不是从天上掉下来的，也不是那些自诩为无产阶级文化的所谓专家杜撰出来的。相反，无产阶级文化是以马克思主义为基础的文化，是代表着人类社会发展方向的马克思主义文化，也是兼容并蓄、具有承续性的国际文化。

1. 理想信念建设是无产阶级文化建设的核心和灵魂

十月革命胜利后，苏维埃政权的建立标志着世界上第一个无产阶级政权的社会主义诞生，开辟了人类社会主义史发展的新纪元。然而，在那个资本主义一统天下的时代，新生的苏维埃社会主义面临一系列问题的考验和挑战。为此，列宁认为，坚定社会主义和共产主义的理想信仰、激发人民群众崇高的精神价值追求是无产阶级文化建设的重大课题。

2. 坚定的政治信仰是无产阶级文化的精髓

列宁认为共产主义是不断发展和完善的运动过程，共产主义"正以排山倒海之势，雷霆万钧之力，磅礴于全世界，而葆其美妙之青春"[②]。所以，要着力于培养人民群众良好的思想政治素养，努力提升其文化思想水平，增强其抵御各种错误思潮侵袭的能力。可见，列宁把无产阶级文化建设提升到了事关社会主义前途兴旺发达的高度。

---

① 列宁全集（第34卷）[M]. 北京：人民出版社，1985：43.
② 毛泽东选集（第2卷）[M]. 北京：人民出版社，1952：647.

（二）无产阶级文化是保障人民现代化的必要条件

十月革命胜利之后，私有制生产关系被消灭，苏维埃政权建立了起来，但是"这些丝毫不能使我们摆脱由于群众文化程度不够而碰到的问题"①。列宁认为，要建设社会主义就必须推动"具有高度发展的文化和科学，不断提高人民的文化水平"②，着力促进无产阶级文化的繁荣，以实现人的现代化发展。

1. 共产主义道德教育是人的现代化的基本素养

以爱国主义、国际主义和集体主义为核心的道德建设是调节社会关系、增强社会成员凝聚力和向心力的精神力量。列宁认为，将共产主义道德与社会主义建设结合起来，才能转化为人民现代化的思想意识和行为习惯。

2. 坚持道德教育与普遍的义务劳动相结合是助推人的现代化的内生动力

列宁认为，义务劳动不仅是基本的劳动形式，也是践行道德教育的最好载体和依托。社会主义是人类社会发展史上最先进、最合理的新制度，通过劳动实践方式是进行无产阶级文化的最好实验。

综上所述，列宁作为一个伟大的马克思主义者，在资本主义进入帝国主义阶段，革命和战争成为时代主题的前提下，没有拘泥于马克思实践人学观的具体论断，而是以马克思主义者与时俱进的科学态度立足于俄国国情，创造性地运用和发展了马克思实践人学观，促使一个经济文化相对落后的俄国取得革命胜利，使社会主义从理论走向科学实践，解放了俄国人民，开启了俄国人民生存和发展的新纪元。俄国十月革命胜利之后，列宁面对新情况、新形势，对于怎样实现、怎样维护和怎样发展人民的政治经济文化权益，保障人民当家作主，实现人民的自由而全面发展积极创造条件等方面作出了重要贡献。总而言之，由于各种主客观因素影响，以列宁

---

① 列宁全集（第36卷）［M］. 北京：人民出版社，1985：156.
② 列宁全集（第43卷）［M］. 北京：人民出版社，1987：13.

为核心的布尔什维克党的人学实践与探索的后续发展与演绎是颇为曲折的。然而，列宁的人学观在新中国中央领导集体探求和保障人学思想的创新和实践进步中得到了充分体现和很好延续。

➡ 第三节
《资本论》及其手稿中实践人学的中国创新与升华

作为一种自然的历史过程，人类社会总是以实践和现实作为其理论产生的基础和素材。马克思在其《德意志意识形态》中指出，个人怎样表现"自己的生活，他们自己也就怎样"。的确是这样，作为思想变化的内在逻辑和发展规律，伟大的时代必将产生恢宏的理论。十月革命一声炮响给中国送来了马克思主义。① 1921 年，中国共产党人以马克思主义为指导，胸怀救民于水火的雄心壮志，团结带领全国各族人民浴血奋战，逐渐实现了"从站起来到富起来再到强起来的伟大飞跃"，实现了文化、政治和历史由近代走向现代的转型②，其间经历了以推翻"三座大山"为主题的新民主主义革命时期，以寻找社会主义建设之路为主题的社会主义革命和建设时期，改革开放和社会主义现代化建设新时期及中国特色社会主义新时代展现了中国特色社会主义道路、理论、制度和文化的巨大优越性，也促进了马克思实践人学在中国的创新实践和研究升华，这就是始终坚持人民利益是事业基石、根本依托、动力源泉与运行轴心③，其中，毛泽东思想和邓小平理论为马克思实践人学的中国探索奠定了坚实的基础，"三个代表"重要思想侧重于马克思实践人学的主体构建，科学发展观侧重于马克思实践人学的实现途径④，"两个一百年"奋斗目标侧重于马克思实践人学的

① 毛泽东选集（第4卷）[M]. 北京：人民出版社，1991：1471.
② 袁杰. 马克思人的解放理论与实践研究 [M]. 北京：人民出版社，2017：220-224.
③ 王维平. 人民利益是中国改革与发展的核心命题 [N]. 甘肃日报，2018-12-21.
④ 吴楠，朱虹. 马克思人本思想的历史轨迹及其当代价值 [M]. 北京：中国社会科学出版社，2016：2.

实现目标和未来发展，都是马克思实践人学的中国创新与升华，切实展现了中国共产党人"以人为本"的执政理念。

一、"为人民服务"折射了毛泽东思想对人学的思考与探索

俗话讲，没有相同的理论，只有大相径庭的时代背景。毛泽东也曾经对思想做了通俗易懂的内涵阐释，感性材料积累得足够多了，产生飞跃的结果是变成了理性认识，这就是思想。中国传统社会很早就孕育生成了"以人为本"的悠久文化与思想传统。古人讲，人最为天下贵也。新中国在成立前是一个半殖民地半封建的国家，国土沦陷，山河破碎，生灵涂炭，在这种情况下，为了寻求国家独立、民族解放和人民幸福，彻底改善中国人的命运和生存状况，中国共产党人团结带领全国各族人民经历了新民主主义革命，赢得了国家独立和民族解放，经历了社会主义革命和建设的艰难探索时期，以感天动地的奋斗精神硬是将一个"一穷二白"的国家打造成了联合国认可的具备独立国民经济体系和工业体系的国家，在这期间如何全心全意为人民服务，切实维护人民利益，集中体现为以毛泽东为核心的党领导集体"全心全意为人民服务"的马克思实践人学观。

（一）努力改善人民生活，着力满足人民日益增长的物质文化基本需求

"每一个时代都需要有自己的大人物，如果没有这样的人物，它就要把他们创造出来。"① 毛泽东无疑是 20 世纪的中国最伟大的人物。毛泽东的一生不论在任何环境下，他始终坚持"人是根本的理念"。他经常说："人民，只有人民才是创造历史的动力。"② 在世间的万事万物中，"人是第一个可宝贵的。在共产党领导下，只要有了人，什么人间奇迹都可以创

---

① 马克思，恩格斯. 马克思恩格斯选集（第 1 卷）（第二版）［M］. 北京：人民出版社，1995：432.

② 毛泽东. 论联合政府［M］. 北京：人民出版社，2023.

造出来"①，其中，人的生存是人的第一位的需要，也是最主要的人权，尤其是人的生活需要。因为人的需要就是人的自身的规定，是人的本性，是人的全部活动的内在动因。诚如马克思在《论犹太人问题》中所言："首先，我们表明这样一个事实，所谓的人权，不同于公民权的人权，无非是市民社会的成员的权利，就是说，无非是利己的人的权利、同其他人并同共同体分离开来的人的权利。"② 我国春秋时期杰出的思想家管仲也讲过，"仓廪实而知礼节，衣食足而知荣辱"③。只有充分满足了人民的日常生活所需，才可能萌生出更进一步的人生追求。因为，"一切空话都是无用的，必须给人民以看得见的物质福利"④。可见，以毛泽东为代表的中国共产党人着力于不断探索和完善马克思实践人学思想。1942 年，毛泽东关于《在延安文艺座谈会上的讲话》中谈及人性的表述：人性论有没有这种东西？当然是有的。但是只有具体的人性，没有抽象的人性。在阶级社会里就是只有带着阶级性的人性，而没有什么超阶级的人性。共产党人从来主张的是无产阶级的人性，也就是人民大众的人性，而绝不是什么资产阶级或地主阶级的人性。如果脱离了人民大众或者反对人民大众的所谓人性，其实质不过是资产阶级的个人主义人性观。毛泽东的这段讲话中鲜明蕴含了他对于最广大人民群众的人性情怀和政治担当。毛泽东始终坚持马克思实践人学观，坚信人性是具体的、是有阶级性的，历史上不存在什么超阶级的、超历史的、超现实的永恒不变的人性。当然，在不同的历史时期，不同的社会条件和实践过程中，人性的具体表现各有差异。既然人性是具体而现实的，那么首要目的就是要努力改善人民生活，满足人民各个层次的多方面需要。

1. "全心全意为人民服务"宗旨理念的孕育和诞生

理论来源于现实，其最终使命是为了更好地指导实践、解决现实问

---

① 毛泽东文集（第4卷）[M]. 北京：人民出版社，1991：1512.
② 马克思，恩格斯. 马克思恩格斯文集（第1卷）[M]. 北京：人民出版社，2009：40.
③ 李山. 管子 [M]. 北京：中华书局，2016.
④ 毛泽东文集（第2卷）[M]. 北京：人民出版社，1993：467.

题。新民主主义革命时期，毛泽东强调，我们这个队伍"完全就是为着解放人民的，是彻底地为人民的利益工作的"①，这就是为人民服务理念作为党的宗旨的最早阐释。经过长期酝酿和不断思考，1939 年 2 月，毛泽东在给张闻天的信中第一次提出在党内使用"为人民服务"的概念。此后，毛泽东经常提及这个术语并不断赋予新的内涵。1942 年，《在延安文艺座谈会上的讲话》中，毛泽东深刻指出，我们的文艺就是为着人民大众的。1944 年 9 月 8 日，在张思德烈士追悼会上毛泽东作了《为人民服务》的著名讲演，第一次从理论深度上科学诠释了"为人民服务"的政治意蕴和时代价值，展现了共产党人永远站在人民的立场上，永远坚持人民群众是真正英雄的唯物史观。1945 年，毛泽东在中共七大关于《论联合政府》的政治报告中对于"为人民服务"作了深层次阐述，并将"全心全意为人民服务"确定为党的唯一宗旨的战略高度。很显然，在新民主主义革命时期，"全心全意为人民服务"是最朴实且最贴近人心的，体现的是努力改善人民生活，着力满足人民日益增长的物质文化需要。

2. "全心全意为人民服务"落脚点的实践表达指向努力改善人民生活

努力提升人民群众的生活幸福感，是共产党人的根本路线和根本政策。1942 年 12 月，毛泽东在《必须给人民看得见的物质福利》一文中强调，一切空话都是多余的，必须给"人民看得见的物质福利"。在第二次国内革命战争时期，毛泽东反复指出，对于广大人民群众的切身利益问题，一点儿也不能疏忽，必须脚踏实地为"群众谋利益，解决群众的生产和生活的问题……解决群众的一切问题"②。可见，"全心全意为人民服务"体现了共产党人永远奉行人民是大地、是靠山、是上帝，也是一切根本的政治理念。

（二）着力于保护和发展生产力，促进国家工业化

毛泽东对于人民怀有深厚感情，他坚信共产党人革命的价值选择就是

---

① 毛泽东选集（第 3 卷）[M]. 北京：人民出版社，1991：1004.
② 毛泽东选集（第 1 卷）[M]. 北京：人民出版社，1991：138 – 139.

通过大力发展社会生产力，创造丰富的物质资料，以便于人民过上好日子。所以，毛泽东一贯注重发展经济，因为"只有发展经济才能保障供给"①。新中国成立之初，国家基础薄弱，又处于资本帝国主义的四面包围之中。为此，党和国家确立了工业化的首要目标，旨在将一个落后的农业国变为一个先进的工业国。因为"没有工业，便没有巩固的国防，便没有人民的福利，便没有国家的富强……必须发展工业"②。在国民经济恢复之初，制定了国家的社会主义工业化总路线，着力于促进工业化和农业集体化、手工业和工商业社会主义改造同时进行的"一化三改"策略。毛泽东坚持认为，经济制度不能妨碍"广大人民的生产、交换与消费的发展，而是促进其发展的"③，那就应该心无旁骛地着力于发展社会生产力，促进国家工业化。毕竟，没有国家的工业化，就没有国家的富强，也就不会有人民的福利。所以，"全国各界……都要努力，把我国建设成为一个富强的国家……我们一定要争这一口气"④。可见，实现国家工业化是更好地"为人民服务"的基础和保证。

（三）着力于促进和培育最广泛的人权⑤

毛泽东出生于田垄之间，祖上世代为农，之后走出乡关。在19世纪末20世纪初的半殖民地半封建社会，外有西方列强入侵、内有军阀混战，内忧外患、社会危机空前加重，真可谓山河破碎，血雨腥风、生灵涂炭、民不聊生，曾经为人类作出过卓越贡献的中华民族遭受了近代以来前所未有的磨难和艰辛。毛泽东深深了解中国人民的苦难，为了寻求救国救民的出路，青年毛泽东阅读了大量关于资产阶级民主主义的著作，很早就接受了人权思想的熏陶，并且提出了较为系统的人权理论。

① 毛泽东文集（第3卷）[M]. 北京：人民出版社，1996：892.
② 毛泽东选集（第3卷）[M]. 北京：人民出版社，1991：1080.
③ 毛泽东文集（第3卷）[M]. 北京：人民出版社，1996：170.
④ 毛泽东文集（第6卷）[M]. 北京：人民出版社，1996：495.
⑤ 谢一彪. 毛泽东人权思想研究 [M]. 北京：中国社会科学出版社，2010.

1. 生存权是作为人最重要的权利

五四运动以来，在启蒙理念敲开人们长久压抑的智慧之门后，人权观念也迅速在中国大地传播开来，而追求人民当家作主也就成为代表中国最广大人民利益的中国共产党人的奋斗目标。早在民主革命时期我们党就对于发展生产力、保障人的权利有着深刻认识。1949 年，毛泽东在《论联合政府》中指出："中国一切政党的政策及其实践是在中国人民中所表现的作用的好坏、大小，归根到底，看它对于中国人民的生产力的发展是否有帮助及其帮助大小，看它是束缚生产力的，还是解放生产力的"。[①] 后来，毛泽东多次强调："世界什么问题最大？吃饭问题最大"[②]，貌似是自问自答，实则蕴含了具有中国特色的丰富人学意蕴和价值内涵。毛泽东始终认为，生存权是人之为人的最主要的人权，民众享有生命财产权，任何组织和个人都不能非法剥夺他人生命，不得随意剥夺他人财产。一是生存权的学理渊源。生存权的正式提出可以追溯到 20 世纪中后期。在发展中国家的倡议下，生存权成为一项能够反映发展中国家及其人民权利的诉求并出现于国际舞台，随后被广泛关注。生存权体现了个体应当享有和实际享有的维系生存、谋求发展的综合性权利，是人免于匮乏的权利。新中国成立之初，面对人民生活困苦的现实状况，毛泽东指出："有一种取得保存他生命的食物的权利，这就是生存权"[③]，可见，中国共产党人一贯高度重视和维护人的生存权。二是生存权居于人权的首要位置。作为人有很多权利，其中生存权是第一位的权利，是人之为人的首要人权。没有了生存权其他权利都是空的，毕竟人的存在才是根本。

2. 公民享有基本的政治权利也是人权的重要内容

毛泽东坚持国家主权在民，民众有监督政府的政治自由的权利。1927年，大革命失败后，毛泽东领导建立了根据地的苏维埃政权，在艰苦的政治实践中，他提出了较为系统的涉及方方面面内容的中国共产党人权思

---

① 毛泽东在七大的报告和讲话集 [M]．北京：中央文献出版社，1995：75.
② 毛泽东早期文稿 [M]．长沙：湖南出版社，1990：661.
③ 毛泽东文集（第 1 卷）[M]．北京：人民出版社，1993：9.

想，诸如参政议政权、人身自由权、公民普选权、土地分配权、按劳取酬权和婚姻自由权等。在长期的革命过程中，毛泽东始终认为，无数共产党人之所以抛头颅、洒热血就是为了争取到中国人民在列强面前平等做人的尊严权利，为此，问道求索，接续奋斗，就是要在中华大地建立一个文明民主的新国家。当时的陕甘宁边区施政纲领明确规定："保证一切抗日人民的人权、政权、财权及言论、出版、集会、结社、信仰、居住、迁徙之自由权。"① 同时，还进一步"确定私人财产所有权，保护边区人民有土地改革所得之利益"②，以切实"保障各阶层人民土地与财产之所有权，在不违反民主政府法令范围内，一切人民均有营业营利及契约自由，反对操纵垄断"③，旨在保障公民享有基本的政治权利。

3. 国家要致力于以法治化保障基本人权科学化

抗日战争爆发之后，中国共产党人在边区政府按照"三三制"原则，经过民主选举，产生了各级抗日民主政权机关。边区人民用自己的智慧和精神创造了自己的"民主政权，也就享受着充分的自由权利……由此可以看到，政府不但从法律上保障了人民的自由权利，而且在实际生活中，在物力和人力上帮助了人民自由权利的发挥与发展"④，就这样在建立人民民主政权过程中逐渐形成了毛泽东的新民主主义人权思想。新中国成立之后，又经过"三大改造"，到1956年才宣布进入了社会主义。毛泽东始终坚定地认为，社会主义一定是为绝大多数人谋利益的制度，是一个致力于公正平等的社会，是一个能够消除两极分化的社会。他反复强调，要把人民利益作为社会发展的出发点和价值归宿，以着力实现人民的政治、经济、文化等利益。这都深刻体现了毛泽东长期以来对于人的关怀和尊重。

---

① 毛泽东文集（第2卷）[M]. 北京：人民出版社，1993：335.

② 中国新民主主义革命时期根据地法制文献选编 [C]. 北京：中国社会科学出版社，1981：33.

③ 中国新民主主义革命时期根据地法制文献选编 [C]. 北京：中国社会科学出版社，1981：55.

④ 陕甘宁边区抗日民主根据地文献卷（下）[C]. 北京：中共党史资料出版社，1990：628.

由此可见，以毛泽东为代表的中国共产党始终恪守"人民，只有人民，才是创造世界历史的动力"① 的执政理念，着力继承和发展了马克思实践人学思想，始终坚持以"全心全意为人民服务"作为其人学观的理论归宿和核心理念，并在实践中贯彻落实"全心全意为人民服务"的根本宗旨，将其作为检验我们党的一切工作活动是否正确的判断指标和检验准则。从我国新民主主义革命、社会主义革命和建设的实际出发，不断推进马克思实践人学思想的中国化进程，从而形成了毛泽东关于"为人民服务"的具有中国特色的社会主义实践人学观，成为马克思人学思想中国化的第一个创新性理论成果和行动指南，也给"以人为本"思想的孕育、产生、形成和发展提供了学理资源和实践基础。

二、党的领导集体对于马克思实践人学的升华与发展

新中国成立之后，我国对社会主义建设艰难探索近 30 年，党和国家对社会主义本质的认识深入了一步：贫穷不是社会主义，社会主义的制度优势就是解放生产力，发展生产力，消灭剥削，消除两极分化，最终达到共同富裕。改革开放 40 多年来，市场化和城市化趋向改革，极大释放和发展了生产力，按照 20 世纪 80 年代的"三步走"战略，在 20 世纪末我国已基本实现小康。21 世纪以来，党领导和团结全国各族人民正在建设社会主义现代化强国砥砺奋进。可见，只有实现了人民对于美好生活的经济、政治、文化、社会和生态文明等诸多方面的向往和追求，中国特色社会主义的优越性才会日益凸显，也才能进一步坚定中国特色社会主义道路自信、理论自信、制度自信、文化自信。

（一）邓小平理论集中展现"三个有利于标准"的鲜明人学观

邓小平作为一位世纪老人，他的生命历程几乎横亘整个 20 世纪，在

---

① 毛泽东选集（第 3 卷）［M］. 北京：人民出版社，1991：1031.

我国新民主主义革命、社会主义革命建设与改革开放的伟大社会实践中，他把自己的一生都无私地奉献给了祖国和人民。诚如邓小平所讲："我是中国人民的儿子，我深深地爱着我的祖国和人民。"的确，作为当代中国改革开放和社会主义现代化建设的总设计师，他时刻关注着中国最广大人民的核心利益和根本期望。他终生践行着"历史是人民创造的"[①] 唯物史观。在改革开放之初，我国广大乡村大约有 2.5 亿人不能解决温饱[②]，这个时候，贫穷拷问着人民，拷问着社会主义，也拷问着中国共产党人。1977 年 12 月 26 日，邓小平振聋发聩地讲道，人民生活水平不是改善而是后退叫优越性吗？如果这也叫社会主义优越性，那么，"这种社会主义我们也可以不要"[③]。1978 年 12 月底召开的"党的十一届三中全会，在邓小平的领导下，重新确立解放思想、实事求是的思想路线，确定把党和国家的工作重心转移到经济建设上来，作出实行改革开放的决策……这次全会，是新中国成立以来党和国家历史的重大转折，开辟了改革开放和集中力量进行社会主义现代化建设的历史新时期"[④]，随后很快就掀起了从农村家庭联产承包责任制为起点的改革开放，极大地释放了社会生产力，极大地改善了人民生活水平。以邓小平同志为代表的中国共产党人，从中国的实际国情出发，始终以人民的根本利益为出发点，着力于推进改革开放，促进思想解放。1992 年初，邓小平在南方谈话中提出了衡量一切工作是非得失的"三个有利于"判断标准和价值准则，即是否有利于发展社会主义社会的生产力、是否有利于增强社会主义国家的综合国力以及是否有利于提高最广大人民的生活水平。邓小平反复强调，我们一定要根据"现有的有利条件加速发展生产力，使人民的物质生活好一些，使人民的文化生活、精神生活好一些"[⑤]。可见，邓小平理论蕴含的丰富人学观，核心

---

① 邓小平文选（第 2 卷）[M]．北京：人民出版社，1994：173.
② 转引自张世飞．改革开放 40 年的执政党建设 [M]．北京：中共党史出版社，2018：5.
③ 邓小平年谱（1975－1997）（下）[M]．北京：中央文献出版社，2004：250.
④ 十四大以来重要文献选编（下）[M]．北京：人民出版社，1999：309.
⑤ 邓小平文选（第 2 卷）[M]．北京：人民出版社，1994：128.

指向人的生存、发展和解放问题。

1. 先富带动后富是过程也是策略选择，实现共同富裕才是最终目标①

民生无小事，一枝一叶总关情，关注和改善民生是党和政府实行"以人为本"，建设社会主义和谐社会②的重大民生工程，而共同富裕则是基于"贫穷不是社会主义"的科学判断，彰显了社会主义的本质要求和最高价值，以及真理性和价值性的辩证法。毕竟，想富、致富是人类的共同愿景和美好期盼，"社会主义最大的优越性就是共同富裕"③。但是，共同富裕是一个过程，一部分人先富起来是达到共同富裕的必经阶段。在我国经济文化社会发展还处于社会主义初级阶段期间，生产力整体发展水平低下，具有多层次性和不平衡性。在这种情况下，社会中一部分人通过自己的勤奋劳作与合法经营先富裕起来，然后带动更多人一起走向共同富裕，这是社会主义初级阶段追求理想的现实选择。作为中国共产党人的代表，一切"为了人"是邓小平"以人为本"思想的基本着力点。人民群众的冷暖时刻牵动着他的心，他反复提到："中国的事情能不能办好，社会主义和改革开放能不能坚持，经济能不能快一点发展起来，国家能不能长治久安，从一定意义来说，关键在人"。④ 而人是要吃饭的。管子讲，仓廪实而知礼节，衣食足而知荣辱。美国学者马斯洛的需求层次理论也认为，吃饭是第一位的，生存是人生的第一要素。而在我国社会主义建设的探索时期，由于缺乏成功经验可以借鉴，不得已我们走了不少弯路，错失了一些发展机会。尤其是在 20 世纪 70 年代末，国民经济发展已经到了崩溃边缘，怎么办？人们都在观望。为此，邓小平提出要注重效率与公平，允许一部分地区和一部分能人先富起来，然后带动其他地区和更多人群一起走

① 易重华. 邓小平的共同富裕思想——一位世纪伟人的情怀［M］. 武汉：湖北人民出版社，2008.

② 有学者认为，和谐社会是人类不懈追求的美好社会，由于"和"的非现成性，意味着只能作为高悬而有待遥期的存在境界，只有通过现实社会秩序的不断调试，才能达到终极理想境界。参见王学典. 第八届世界儒学大会学术论文集［M］. 北京：文化艺术出版社，2018：840.

③ 邓小平文选（第 3 卷）［M］. 北京：人民出版社，1993：363.

④ 邓小平文选（第 3 卷）［M］. 北京：人民出版社，1993：380.

向共同富裕之路。他主张把着力点放在全国人民、整个国家和地区，显示了追求"富裕"对象的广泛性，体现了社会主义社会的本质要求。当然，"共同富裕"是那个时代走出平均主义历史阴影的正义要求，更是中国共产党人孜孜以求的理想目标和奋斗旨归。早在新中国成立初期，毛泽东就提出建设社会主义的目标指向是要让人民有饭吃，要让大家有事做。然而囿于当时的社会主义建设条件和经验不足，也没有科学把握和正确认识到社会主义的本质问题。改革开放以后，邓小平及时作出科学判断："社会主义如果老是穷的，它就站不住脚"。① 所以，党和国家适时制定了建设有中国特色社会主义发展的"三步走"战略，以大力发展社会生产力，着力推动先富带动后富，最终实现共同富裕的社会主义。

第一，共同富裕体现了社会主义的最高价值追求。我国是一个地域广阔的发展中国家，人口多、底子薄，生产力发展低下，这是基本国情。新中国成立以来，党和国家一直在着力改善人民生活，促进人民富裕起来。20 世纪 70 年代末，邓小平"第三次"复出工作后，他的思路就是让一部分地区、一部分人先富裕起来，从而带动大部分人逐步实现共同富裕，也体现了差别与过程的统一、先富与共富的统一以及效率与公平的统一。1978 年，在党的十一届三中全会前举行的中央工作会议上，他第一次阐释了"允许一部分地区、一部分企业、一部分工人农民，由于辛勤努力成绩大而收入先多一些、生活先好起来。一部分人生活先好起来，就必然产生极大的示范力量，影响左邻右舍，带动其他地区、其他单位的人们向他们学习。这样，就会使整个国民经济不断地波浪式地向前发展，使全国人民都能比较快地富裕起来"②。于是，就有了改革开放的市场化和城镇化取向，也才有了中国特色社会主义蓬勃发展。

第二，共同富裕体现了社会主义生产方式的发展性质。解放和发展生产力是走向共同富裕的实现路径，社会主义的价值选择是社会主义优越性

---

① 邓小平文选（第 2 卷）［M］. 北京：人民出版社，1994：191.
② 邓小平文选（第 2 卷）［M］. 北京：人民出版社，1994：152.

的集中体现，这就是走向共同富裕。社会主义就是要通过着力发展社会生产力，追求的共同富裕是最广大人民群众的富裕，而不是少数人的富裕，更不是两极分化，体现了共产党人的根本宗旨。邓小平指出，社会主义与资本主义的根本区别就是共同富裕，不搞两极分化。社会主义的基本原则简而言之就是发展生产，共同富裕。① 邓小平把共同富裕作为社会主义的本质要求，体现了他对社会主义最高价值的生动诠释和精准把握，而生产方式是人类赖以谋取物质生产资料的方式，是生产力和生产关系的具体展现。共同富裕体现了社会主义生产力的性质，也是检验社会主义是否合格的标准。毕竟，没有人民群众实现共同富裕的社会主义是不合格的社会主义。

2. 坚持依法治国，扩大人民民主

民主是一个备受赞誉的词汇，也是近代资产阶级革命之后出现的概念，诚如美国学者理查德·麦基翁（Richard McKeon）所言，世界上"没有任何一种理论是作为反民主的理论提出的，对反民主的行为和态度的指责经常是针对别人"②。马克思主义认为，民主是一种国家制度，建立于一定的经济基础之上的上层建筑，最终服务于这个经济基础。从这个意义上讲，民主是实现人民当家作主的手段。而要实现人民当家作主，前提是推进依法治国，实现有法可依、有法必依、执法必严和违法必究。毕竟，"没有民主就没有社会主义"③，而人民民主的本真内涵就是基于自由与平等的自治。④ 为此，邓小平一再强调："要使人民有更多的民主权利，特别是要给基层、企业、乡村中的农民和其他居民以更多的自主权"⑤。同时，要使民主制度化和法律化，"使这种制度和法律不因领导人的改变而

---

① 邓小平文选（第3卷）［M］. 北京：人民出版社，1993：172.

② Richard McKeon. Democracy in a World of Tensions：A Symposium Prepared by UNESCO ［M］. Chicago：The University of Chicago Press, 1951：522.

③ 邓小平文选（第2卷）［M］. 北京：人民出版社，1994：168.

④ 全燕黎. 邓小平的政治哲学 ［M］. 北京：人民出版社，2012：108 – 122.

⑤ 邓小平文选（第3卷）［M］. 北京：人民出版社，1993：252.

改变，不因领导人的看法和注意力的改变而改变"①。这样才能激发人民的首创精神，坚持人民的主体地位，才能推动中国特色社会主义事业向前发展。毕竟，社会主义建设和发展，"还是要靠法制，搞法制靠得住些"②。唯有法治才能充分保障人民依法享有民主自由等诸多项权利。

由此可见，自1978年党的十一届三中全会以来，以邓小平同志为代表的中国共产党人，着力于积极推进马克思实践人学与中国实际和具体国情的结合，形成了独具特色的中国共产党人主体人学观，是马克思实践人学的第二个重要理论创新成果，为"以人为本"思想的产生、形成和发展奠定了理论基础和思想资源，提供了正确的指导作用和坐标引领。

（二）"三个代表"重要思想中"代表最广大人民的根本利益"的人学观

改革开放40多年来，随着城市化和市场化取向改革的快速发展，人民生活得到了极大改善，为了进一步保障人民权利，凸显人民应有的地位。江泽民提出："人民，只有人民，才是我们工作价值的最高裁决者"③，中国共产党人要始终代表中国先进生产力的发展要求，代表先进文化的前进方向，代表最广大人民的根本利益，"三个代表"重要思想体现了江泽民重视人民群众的现实利益、实现和维护最广大人民群众根本利益的执政理念，以及努力促进人的全面发展的坚定决心。

1. 促进人的发展，不断凸显人的地位提升

马克思提出"人的全面发展"课题是基于旧式社会分工造成的人的片面发展。在推进改革开放和社会主义建设过程中，人的发展应着眼于人的素质的提高，并与社会发展相一致、相结合，与自然协调发展相统一。为此，江泽民指出，我们建设"中国特色社会主义的各项事业，我们进行的一切工作，既要着眼于人民现实的物质文化生活需要，同时又要着眼于促

---

① 邓小平文选（第2卷）[M].北京：人民出版社，1994：146.
② 邓小平文选（第3卷）[M].北京：人民出版社，1993：379.
③ 江泽民.论党的建设[M].北京：中央文献出版社，2001：181.

进人民素质的提高，也就是努力促进人的全面发展。这是马克思主义关于建设社会主义新社会的本质要求"①。作为共产党人就是要善于将人民群众的根本利益集中起来，切实维护好、发展好和实现好人民群众的切身利益，始终加强党同人民群众的密切联系。江泽民强调要促进人的全面发展是物质和精神的全面发展，"一个民族物质上不能贫困，精神上也不能贫困；只有物质和精神都富有才能成为一个有强大生命力和凝聚力的民族"②。他诠释了关于人的全面发展的内涵，论述了关于人的全面发展和社会全面发展的关系，提出了关于人的全面发展的实现途径，着力于开创"生产发展、生活富裕和生态良好"的文明发展之路。

2. 治国理政德法并举，着力保障人的权利实现

社会主义法治将人民民主权利以及国家在政治、经济、文化和社会等诸方面的民主生活、民主结构和民主程序，用法律固定下来，并确保其实施。只有这样，才能保障人民的基本权利，赋予人民更多的自由与民主，保证人民真正享有通过各种途径来管理国家和社会事务的权利，享有各项民主权利。

可见，1989 年，党的十三届四中全会之后，以江泽民同志为代表的中国共产党人深刻分析和把握世情、国情、党情和民情的深刻变化，再次深入推进马克思实践人学中国化进程，为"以人为本"思想的产生、形成和发展提供了更为直接的指导和启迪。

三、中国特色社会主义新时期马克思实践人学的创造性转化与发展

进入 21 世纪，我国加入了世界贸易组织（WTO），人民生活得到极大改善，小康生活发展目标基本实现。为了让人民生活得更有尊严、更加幸

---

① 江泽民文选（第 3 卷）［M］. 北京：人民出版社，2006：294.

② 江泽民. 理论论述大事记要［M］. 北京：中央党校出版社，1998：44.

福，党中央着力坚持"以人为本"，积极构建富强、民主、文明、和谐、美丽"五位一体"的中国特色社会主义。

（一）科学发展观中"权为民所用、情为民所系、利为民所谋"的人学观

2002 年，党的十六大之后，以胡锦涛同志为代表的中国共产党人多次强调，要让人民生活得有尊严，着力提升民生水平，实现社会公平正义，坚持以人为本，促进社会和谐。

1. 坚持"以人为本"，促进和谐社会建设

人是最复杂的动物，所谓人心如海，人心莫测，知人最难。从文艺复兴时期文化上的"人权高于神权"理念，18 世纪法国人道主义在政治上的"自由、平等与博爱"主张，19 世纪费尔巴哈主张哲学上的"人本主义"，再到21 世纪初叶，"以人为本"理念引入当代中国社会发展，彰显了从价值观解决问题的大思路，具有和谐性、公正性、亲和性和包容性特征。2003 年，党的十六届三中全会首次明确提出了"坚持以人为本，树立全面、协调、可持续的发展观，促进经济社会和人的全面发展"，这是中国共产党第一次在正式文件中提出"以人为本"的概念。之后，在党的十七大报告中做了全面系统的权威界定，这就是要坚持"以人为本"核心，促进和谐社会建设。"以人为本"体现了马克思实践人学观，科学回答了社会主义发展"为了谁"的问题，正确回应了社会主义发展"依靠谁"的问题，进一步强调了发展成果由人民共享的问题。

2. 实现社会公平，增进人民福祉

一切过往，皆为序曲。天大地大，民生为大。民生问题是为政之要，绝不是小事，应该时刻放在心头、扛在肩上，落实在行动上。为人民谋幸福必须是主观动机和客观效果的高度契合与有机统一。著名作家高尔基在其著作《人》中写道，我们的使命是"照亮整个世界，熔化世上的黑暗，找到自己和世界之间的和谐发展，建立自己内心的和谐"。的确，人的发展与社会公平息息相关，没有社会的公平正义，经济发展就无从谈起。

胡锦涛指出："科学发展取得了多大成效，是否真正实现了，人民群众感受最真切、判断最准确。"① 党的十六大以来，中国共产党提出构建社会主义和谐社会，把实现公平正义作为社会主义社会的基本特征和价值目标，并强调要维护和实现社会公平正义，代表和维护最广大人民的根本利益，是中国共产党坚持立党为公、执政为民的应有之义和必然要求。

可见，2002 年，党的十六大以来，在中国化马克思实践人学思想的指导下，党中央明确提出"以人为本"思想并进行了深刻阐释，深入推进贯彻落实马克思实践人学指引着我国社会主义建设再创伟大辉煌。

（二）习近平新时代中国特色社会主义思想"以人民为主体"的人学观

自从 2012 年党的十八大以来，习近平总书记发表了一系列重要讲话，提出了许多新思想、新观点和新战略。他始终强调"坚持人民立场，坚持人民主体地位……让全体中国人民和中华儿女在实现中华民族伟大复兴的历史进程中共享幸福和荣光"② 的价值导向，进一步将"以人民为主体"作为其执政理念和治国理政实践的行动指南。习近平总书记强调："马克思主义坚持实现人民解放、维护人民利益的立场，以实现人的自由而全面的发展和全人类解放为己任，反映了人类对理想社会的美好憧憬。"③ 也生动展现了"为人民服务"的立场始终是共产党人的根本政治立场，是马克思主义政党的显著标志，也是我们党一切工作的根本出发点和最终落脚点。人民是历史的主体彰显了以人民为中心的发展的思想理论基石。诚如《习近平的七年知青岁月》中所记述到的一个细节："为群众做实事是习近平始终不渝的信念。"④ 在梁家河的 7 年插队生涯是习近平人学思想

① 十七大以来重要文献选编（上）［M］. 北京：中央文献出版社，2009：579.
② 习近平. 在第十三届全国人民代表大会第一次会议上的讲话［N］. 人民日报，2018 – 03 – 20.
③ 转引自杜钢清，陈辉，等. 向马克思学习什么［M］. 北京：国家行政学院出版社，2018：80.
④ 中央党校采访实录编辑室. 习近平的七年知青岁月［M］. 北京：中央党校出版社，2017：1.

孕育形成的肥沃土壤和历史起点，年轻的习近平在梁家河任支部书记时总是把自己看作是黄土地的一部分，靠着自己脚踏实地，系好了"人生第一粒扣子"①，既为民办实事办好事，又实现了自己身处逆境中人生精神的升华，进一步丰富和发展了"以人民为主体"的马克思实践人学。

1. 中国梦引领人民为日益增长的美好生活需要而努力奋斗

马克思实践人学认为，人民群众是物质财富的创造者，是精神财富的创造者，也是社会变革的决定力量。我们党在光辉历史和演进发展过程中，始终尊重人民主体地位，依靠人民的鼎力支持，发挥人民的聪明才智，勇于克服各种艰难险阻，不忘初心方才成就了今天的中国特色社会主义伟业。"以人民为主体"永远是共产党人的初心和归宿。2012 年 11 月 29 日，习近平总书记在参观《复兴之路》展览时首次提出，实现中华民族伟大复兴是近代以来中华民族最伟大的"中国梦"的命题。此后，又进一步对"中国梦"的科学内涵和核心要义做了深入阐发，实现国家富强、民族振兴和人民幸福就是中国梦的主旨和精神，它体现为新时代中国人民的价值诉求和幸福目标，也展现了党的根基在人民、血脉在人民、力量在人民的信念和追求。

第一，中国梦是融合国家、民族和个人发展多样化诉求于一体的美好愿景。有国才有家，个人的前途命运总是与国家和民族的前途命运休戚与共，实现国家富强和民族振兴体现了中华民族的整体利益，是每个中华儿女的共同期盼。党的十九大报告指出，增进民生福祉是经济社会发展的根本目的。民生是"指南针"，是"晴雨表"，共产党人必须多谋民生之利、多解民生之忧，在发展中补齐民生短板、促进社会公平正义，在"幼有所育、学有所教、劳有所得、病有所医、老有所养、住有所居、弱有所扶"上不断取得新进步，着力使全体人民在共建共享发展中有更多获得感，不断促进人的全面发展、全体人民共同富裕。

---

① 中央党校等采访实录编辑室. 习近平的七年知青岁月［M］. 北京：中央党校出版社，2017：36.

第二，中国梦的本质是人民的幸福梦。中国梦是国家富强梦，是民族振兴梦，也是人民幸福梦，其实质是聚焦于实现中华民族伟大复兴，这是中华民族自近代以来最伟大的梦想。① 而追求和实现人民的"幸福梦"始终是马克思主义执政党的根本指向和价值定位，实现人民幸福是我国社会主义发展的首要目标，也是中国共产党立党为公、执政为民的鲜明体现。2018 年 12 月 18 日，习近平总书记在庆祝改革开放 40 周年大会上指出，"必须以最广大人民根本利益为我们一切工作的根本出发点和落脚点，坚持把人民拥护不拥护、赞成不赞成、高兴不高兴作为制定政策的依据，顺应民心、尊重民意、关注民情、致力民生"②。可见，实现中国梦，必须着力于讲述中国故事、构建中国话语、展示中国成就，"坚持走中国道路、弘扬中国精神、凝聚中国力量"③。

2. 推进共享发展，让人民有更多获得感和幸福感

改革是民生的动力，改革激发民生发展动能，人民是改革的实践主体，人民是改革的价值主体，人民也是改革的评价主体，让人民共享改革发展成果是社会主义的本质要求，是实现好、维护好、发展好最广大人民利益的根本所在，也是中国共产党坚持"全心全意为人民服务"的重要着力点。习近平总书记反复指出："小康不小康，关键看老乡。"④ 为此，必须坚持以理念为导向，解决"新矛盾"；以经济为抓手，优化治理结构；以民生为重点，增强人民福祉⑤，切实做到一切发展最终是为了人民，发展要依靠人民，发展成果也应该通过有利于人民的制度安排，让人民在共建共享中有更多获得感和幸福感，以增强发展动力，增进人民团结，朝着

---

① 也有学者认为，中国梦的经济维度体现为繁荣富强梦与发展现代化梦，政治维度体现为人民解放梦与中国特色社会主义发展进步梦，文化维度体现为源于社会主义核心价值观的支撑与中国精神理论的价值奠基，世界维度体现为和平发展梦与世界人民共同行动梦。参见汤志华，钟瑞添，等. 科学社会主义理论中国化的新飞跃［M］. 北京：人民出版社，2018：75 – 84.

② 习近平在庆祝改革开放 40 周年大会上的讲话［EB/OL］. 人民网，2018 – 12 – 19.

③ 习近平. 在文艺座谈会上的讲话［M］. 北京：人民出版社，2015：22.

④ 中央农村工作领导小组办公室. 小康不小康关键看老乡［M］. 北京：人民出版社，2013.

⑤ 吴海江. 以人民为中心的发展思想研究［M］. 北京：人民出版社，2019：1 – 3.

中国特色社会主义胜利前进。

第一，消除贫困，改善民生，2020 年决胜全面建成小康社会。改革提升民生的获得感、幸福感和安全感。着力发展民生是中国共产党的不懈追求。党的十八大以来，以习近平同志为核心的党中央反复强调，要多谋民生之利，多解民生之忧，坚持把解决好人民最关心、最直接和最现实的民生问题放在各项工作首位，着力于彻底消除贫困，决胜 2020 年全面建成小康社会。

第二，实现乡村振兴，促进城乡一体化。党的十九大报告提出"实施乡村振兴战略"，是以习近平同志为核心的党中央深刻把握城乡关系实质，按照"产业兴旺、生态宜居、乡风文明、治理有效与生活富裕"的总要求，旨在建设美丽乡村，以满足亿万名农民对日益增长的美好生活的向往而作出的战略部署，是党和国家致力于实现"两个一百年"奋斗目标，全面建设社会主义现代化国家的重大历史任务。为此，要紧紧围绕农民群众最关心、最直接和最现实的利益问题，构建城乡振兴新格局，推进农业现代化步伐，发展壮大乡村产业，加快补齐农村发展和民生短板，繁荣发展乡村文化，健全乡村治理体系，保障和改善民生，完善城乡融合发展政策体系，切实让亿万名农民群众有更多实实在在的获得感、幸福感与安全感，真正体现社会主义的优越性。

正如挪威著名剧作家亨利克·约翰·易卜生（Henrik Johan Ibsen）曾经说过，当岁月的力量冲破"一切历史的积淀而重塑未来的时候，任何一个愚昧的民族都不可避免地产生价值反抗的冲动"①。的确是这样，自 2012 年党的十八大以来，以习近平同志为核心的党中央秉持"人民至上"的执政理念，深刻洞悉国内外形势变化，坚持人民主体地位，在治国理政中不断维护最广大人民根本权益，在实现中华民族伟大复兴进程中促进人民发展境界的提升，切实增进人民福祉，着力于推进马克思实践人学中国化的开拓、创新与发展。

---

① 易卜生. 社会支柱［M］. 北京：光明日报出版社，1987：32.

《资本论》及其手稿中实践人学的价值逻辑与当代启示

东欧新马克思主义学者亚当·沙夫（Adam Schaff）在其《人的哲学》中建构起了以"人"为核心的马克思人道主义场域①，其内在结构包括，在生活目的选择上走向"社会幸福主义"旨在把最广大人民群众的最大幸福作为奋斗目标，这是来自唯物史观基础上的社会主义思想，是导向确定实践的必然结论，而不是抽象的社会理想②；在自由选择问题上划清了马克思主义和萨特存在主义的内在界限，人的自由选择即使是在社会必然性的影响下，人也有自由选择的能力和空间。③ 毕竟"没有一种客观必然性能阻止一个人在赛马场上为他喜欢的马押注——但却会阻止他在每一个注上都赢钱"④。可见，沙夫所坚守的马克思主义人学观⑤，是承认人的本质是社会关系的总和的同时也密切关注人的自由。可见，沙夫的观点是《资本论》及其手稿中实践人学思想的学术归纳和逻辑演绎，集中表达了共产

---

① ［波兰］亚当·沙夫. 人的哲学［M］. 赵海峰，译. 哈尔滨：黑龙江人民出版社，2015：7.
② Adam Schaff. A Philosophy of Man［M］. London：Lawrence and Wishart，1963：60.
③ ［波兰］亚当·沙夫. 人的哲学［M］. 赵海峰，译. 哈尔滨：黑龙江人民出版社，2015：8.
④ Adam Schaff. A Philosophy of Man［M］. London：Lawrence and Wishart，1963：71.
⑤ 有学者认为，沙夫作为东欧新马克思主义的杰出代表，在坚持人的问题是马克思主义的中心问题的基础上，将马克思实践人学视为科学的意识形态、自主的人道主义、战斗的人道主义、乐观的人道主义。参见王燕. 亚当·沙夫的"马克思主义人道主观"研究［M］. 北京：人民出版社，2019：1-5.

主义新社会运动的本质内容①，体现了马克思实践人学的价值逻辑与当代启示。众所周知，理论的价值在于对实践的启迪，新时代，研究《资本论》及其手稿中实践人学的最终意义聚焦于坚持为个体幸福争取良好的社会条件，促进人的自由全面发展，最终走向共产主义。

➡️ 第一节
自由全面发展是马克思实践人学的价值归宿

恩格斯在其尚未完成的著作《自然辩证法》中深刻指出："每一个时代的理论思维，从而我们时代的理论思维，都是一种历史的产物，在不同的时代具有非常不同的内容。"② 马克思《资本论》中实践人学的价值追寻也是这样。1843 年，马克思在其《〈黑格尔法哲学批判〉导言》中明确指出："人的根本就是人本身"。马克思通过一生的学术研究就是认真践行17 岁的中学毕业论文《青年在选择职业时的考虑》中立下的铮铮誓言和人生目标。为此，马克思先是从哲学思辨中寻求答案，在《莱茵报》工作期间，莱茵省议会《关于林木盗窃法的辩论》给了马克思极大启示，使年轻的马克思意识到物质资料在人的生存和发展中的极端重要性。于是，从《1844 年经济学哲学手稿》开启了马克思实践人学思想的理论演进和逻辑起点。

一、生产力高度发达是人的自由全面发展的物质基础和必备条件

一般来说，生产力的发展有助于改变劳动者的处境和命运。马克思认

---

① ［波兰］亚当·沙夫. 人的哲学［M］. 赵海峰，译. 哈尔滨：黑龙江人民出版社，2015：16.

② 马克思，恩格斯. 马克思恩格斯选集（第 3 卷）（第二版）［M］. 北京：人民出版社，1995：284.

为，人类要从自然的压迫下解放出来的根本途径在于发展科学技术，大力提高社会生产力。与此同时，人的价值的提升也在于发展生产力。事实上，生产力的提升，还依靠劳动者的创造性劳动。

（一）发展生产力有助于实现劳动解放

一般而言，要实现劳动解放有两条路径，一是劳动强度的降低，二是劳动时间的缩短。但是在资本主义条件下，由于资本寻求价值增值的本能使然，尽管生产力有了极大提升，劳动时间和劳动强度也不容易降下来。正如马克思指出："在资本主义条件下，通过发展劳动生产力来节约劳动，它的目的只是缩短生产一定量商品所必要的劳动时间。"① 所以，唯有在社会主义条件下发展生产力才有助于实现劳动解放。

1. 大力发展生产力推动人与社会的和谐发展

新时代的中国社会正在上演和经历"极为漫长的历史中最伟大、最激烈的人类实验"②。我们构建的社会主义和谐社会不同于历史上传统社会的原生性、自发性的和谐社会，也不同于资本主义追求的异化社会，而是中国特色社会主义和谐社会，就是那种"民主法治、公平正义、诚信友爱、充满活力、安定有序、人与自然和谐相处的社会主义社会"。

2. 大力发展生产力推动人与自然的和谐发展

人与自然的关系问题是贯穿人类社会发展过程始终的一个重要课题。在马克思视野里，关于人的发展维度，马克思从来都把大力发展生产力作为人走向自由全面发展的现实基础和物质前提。生产力的发展将使人们得以从旧式分工中解放出来，促使人的主体性、创造性得到自由全面发展。与此同时，伴随着生产力发展、物质财富的增长，也要重视人与自然的和谐，这既是环境伦理要求，也是经济社会发展和环境保护的必要结果。

---

① 马克思. 资本论（第1卷）//马克思恩格斯文集（第5卷）[M]. 北京：人民出版社，2009：372.

② ［法］费尔南·布罗代尔. 文明史纲 [M]. 肖昶，译. 南宁：广西师范大学出版社，2003：206.

3. 大力发展生产力推动人与人的和谐发展

人的发展的核心旨在提升人的综合素质，实现人的现代化发展。资本主义之所以不合伦理，就是因为生产力的畸形发展导致人的异化。未来的社会主义社会，生产力高度发达，社会财富极为丰富，人的精神境界极为高尚，劳动成为人的第一需要，这个时候人与人是和谐共生关系。

（二）以人工智能为代表的科学技术是发展生产力的集中靶点

数千年前的农业革命让人类开始使用镰刀和耕犁等铁制农具，数百年前的工业革命让农民离开乡村进入工厂成为出卖劳动力的工人，而近数十年前的科技革命让很多工人离开工厂车间坐在办公室隔间。如今，发生在眼前的信息技术革命，让恒久以来固定在人们脑壳中的传统观念瞬间土崩瓦解，我们生活的这个星体早已成为地球村。尤其是在 20 世纪 50 年代后期，"人工智能"作为"移动革命"的科学术语第一次进入公众视野。经过半个多世纪来的成长和壮大，人工智能日趋走向成熟，已经成为学术研究的热点、时代关注的焦点，更是经济社会发展的动力引擎，其应用领域日益拓展、深化突破。人工智能已经或正在改变我们对于传统识别模式的认知，也正在或已经重塑已有社会结构、人类生活方式，以及我们与生活世界的内在关系。尤其是近年来伴随着"互联网＋智能"时代的大数据和"云计算"的迅速崛起，助推人工智能在全世界范围内掀起了一场波澜壮阔的技术与社会革命。众所周知，2016 年 3 月，世界顶尖围棋高手李世石（이세돌）九段与谷歌计算机程序"阿尔法围棋"（AlphaGo）之间的人机大战吸引了全球关注，最终李世石以 1∶4 落败。2017 年 5 月，在浙江乌镇 AlphaGo 与中国棋手柯洁对弈，最终机器人以 3∶0 完胜人类，这一出人意料的结局预示着人工智能正在以前所未见的颠覆性态势迅猛凸显出来。接着，另一款 AlphaGo Zero 又以 100∶0 击败 AlphaGo 围棋程序，给公众展示了人工智能的深度学习力。当然，党和政府一直密切追踪人工智能的发展动向。2016 年 7 月，国务院印发的《"十三五"国家科技创新规

划》提出,要研发人工智能、支持智能产业。2017 年 3 月,十二届全国人大五次会议上,李克强总理在《政府工作报告》中特别强调,要加快培育包括人工智能在内的新兴产业,把发展智能制造作为国家战略的主攻方向。由此,"人工智能"首次正式进入政府工作报告。2017 年 7 月,国务院发布《新一代人工智能发展规划》进一步指出,人工智能已经成为引领未来国家发展的战略性技术和国际竞争的新焦点。2018 年的《政府工作报告》提出,做大做强新兴产业集群,加强新一代人工智能研发应用,在医疗、养老、教育、文化和体育等多领域推进"互联网+"。2019 年的《政府工作报告》提出,打造工业互联网平台,拓展"智能+",为制造业转型升级赋能。

由此观之,从过去的人机对抗,走向人机协同和人机融合,科学技术作为第一生产力的观点在人工智能领域体现得可谓淋漓尽致。可以说,在未来,掌握了人工智能就有希望在新一轮国际科技竞争中掌握主动权甚至领跑权。为了进一步体现党和政府对于人工智能的高度重视,展示科技强国,服务于 2020 年决胜全面建成小康社会和实现中华民族伟大复兴的中国梦,习近平总书记在党的十九大报告中指出,要加快建设制造强国,加快发展先进制造业,推动互联网、大数据、人工智能和实体经济深度融合。可见,人工智能将是我国未来科技和信息技术发展的主攻方向和重点领域。

二、从"必然王国"到"自由王国"是人的自由而全面发展的实现路径

人的全面发展是人在发展过程中所追求的理想状态,中国特色社会主义的最终目的就是努力促进人的自由全面发展。世界上的一切事物都在运动发展和变化,人当然也不例外。人是在历史上逐渐生成并不断发展的。毫无疑问,要全面再现人的发展需要做科学的梳理。

（一）"必然王国"是人类必经的历史阶段

核心概念的厘定是研究问题的先入之题，因为概念的模糊有可能导致思想和研究陷入困境。"必然王国"作为学术话语范畴，表征主体没有掌握客观必然性之前，其行为和活动受盲目力量支配和奴役的状态，也意指主体所创造的社会关系反过来奴役主体的异化状态。在人类历史上，追求人的和谐全面自由的发展是一个永恒的主题。"必然王国"的根本原因在于私有制社会劳动的异化。只有克服劳动异化，人类才能实现从"必然王国"向"自由王国"的飞跃。而要克服异化，唯有消除私有制，坚持和发展社会主义公有制。

1. "必然王国"体现了人的需要的必然发展

作为主体的人在自身发展过程中总是受到外在的制约，这就是人对人的依赖，人对物的依赖，总之人在规律的控制和支配下，必须顺服规律才能满足人的各种需要。

2. "必然王国"为"自由王国"的准备条件和实践基础

社会发展以生产力和人的发展为前提。在资本主义的社会条件下，创造无限的社会劳动生产力，是靠牺牲工人阶级的利益来获得的。在社会主义条件下，靠全体社会主义劳动者满足自身的需要，是自觉地创造。所以，在共产主义社会，联合起来的劳动者，不仅成为自然的主人，而且也成为社会结合的主人，原来作为支配人的力量将听从人的支配。

（二）"自由王国"是人类消除一切异化，真正回归人自身本质的阶段

"自由王国"，是指非手段性生产和活动的领域，在这个领域中，人们生存活动的目的就在于自身，人的发展成了目的，劳动和其他一切人类活动都是为了实现主体自身的内在需要。人既是目的，又是手段，活动本身就体现了目的与手段、人的价值实现和创造过程的统一，其实质内容就是人类主体本身能力的发展成为目的。"自由王国"的实现，是物质生产活

动"此岸"和"彼岸"对立的扬弃,是劳动时间和自由时间对立的扬弃,其直接表现就是实现劳动的普遍化,生产力水平极大提高,主体科学素质普遍提升,有助于实现从"必然王国"到"自由王国"的飞跃。

总之,"必然王国"是对社会历史的必然性尚未认识,"自由王国"是对物质生产活动的"此岸"的对立。未来"自由人联合体"的实现意味着人类实现了从"必然王国"向"自由王国"的飞跃和质变。

➡️ 第二节
中国共产党主体人学思想是马克思实践人学的集中展现

近代以来,随着帝国主义的入侵,以及一系列丧权辱国不平等条约的签订,虽然有识之士试图通过新经济运动、新政治运动力挽狂澜,改变颓势,然而我国半殖民地半封建社会的程度依然逐渐加深,在这种"千年未有之大变局"的时代背景下,儒学的主导地位受到极大挑战,所谓"丧乱之后多文章"①,中国近代价值观念的巨大变迁和西方文化的不断冲击,促使人们反思既然经济改革和政治改革仍然不能为国家寻出一条新出路,于是以摸着石头过河的试探心理,就有了20世纪初叶的新文化运动,中华民族的精神世界一扫万马齐喑般的沉寂,林林总总的社会思潮奔涌而出,诸如人道主义、进化论、近代唯意志论、自由主义、文化激进主义、汉宋学术与文化保守主义、无政府主义、民族主义、佛教复兴思潮、基督教等价值多元、思潮丛生、交错迭代、此消彼长,构成了那个时代空前绝后的独特文化景观。最终马克思主义高票胜出,体现了马克思实践人学与中国传统人学思想的内在契合性,而中国共产党人作为中华优秀传统文化的继承者,中国先进文化的建设者,其人民主体思想是马克思实践人学的生动展现。

---

① 高瑞泉. 中国近代社会思潮[M]. 上海:华东师范大学出版社,1996:4.

一、马克思实践人学与中华优秀传统文化的契合性

现实的人的存在是马克思实践人学建构的基础和前提。从人的存在论出发，研究现实的人，是马克思实践人学的基本逻辑和现实理路。而中华优秀传统文化植根于中华 5000 多年文明的沃土，记载了中华民族在建设家园过程中的理性思维和智慧创造的文化成果，集中展现了中华文明的高度和深度，映射了中华思维的时空逻辑，彰显了中华文明的精神印记，折射了中华民族生生不息、发展传承的丰厚滋养与精神血脉，体现为中华民族最深厚的文化软实力和突出优势，积淀着中华民族最深沉的精神追求①，已经生成为中华民族的特有基因和深藏于内心的民族情怀，潜移默化地影响和定位了中华民族的思维方式和行为模式，"如果丢掉了，就割断了精神命脉"②。与此同时，中华优秀传统文化塑造了中华民族的民族性格和精神品质，对于新时代坚定中国特色社会主义道路自信、理论自信、制度自信和文化自信意义重大，马克思实践人学之所以能够与中华优秀传统文化有机融合，是因为二者之间具有相似性。

（一）中华优秀传统文化的阴阳辩证法与马克思主义辩证法有异曲同工之妙

中华优秀传统文化是中华民族的"根"和"魂"，是中华民族的力量之源、情感之源、动力之源和信心之源，也是实现中华民族伟大复兴中国梦的精神保障和思想之源。学者张允熠将中华优秀传统文化蕴含的丰富哲学思想视为有机哲学③，以此认为中国传统哲学的阴阳朴素辩证法讲究

---

① 李锐. 为什么要弘扬中华优秀传统文化——学习习近平总书记关于弘扬中华优秀传统文化重要论述 [N]. 光明日报，2019 - 03 - 28.

② 习近平. 在纪念孔子诞辰 2565 周年国际学术研讨会暨国际儒学联合会第五届会员大会上的讲话 [N]. 人民日报，2014 - 09 - 25.

③ 张允熠. 中国文化与马克思主义中国化 [M]. 北京：人民出版社，2015.

"一分为二，合二为一"，也就是毛泽东在其《矛盾论》中精辟总结的具有中国文化色彩"矛盾"，其中矛盾有"对立与统一"这一对范畴。在马克思主义的辩证唯物主义与历史唯物主义视域下，矛盾双方更为强调的是你死我活的对立和斗争，而在中华优秀传统文化视角下则侧重于对立双方"对立后的统一与共存"。由此可见，中华优秀传统文化孕育的"阴阳朴素辩证法"更具有人情味，也更符合中华文化的特有内涵与人情社会传统。

（二）中华优秀传统文化的"大同社会"与马克思共产主义别无二致

天下为公、世界大同是千百年来中国人民孜孜以求的奋斗目标和理想信念，是中华优秀传统文化对人类发展规律的早期探索。中华优秀传统文化最基础、最深沉、最持久的精神实质和价值核心指向诸子百家圆融共生的儒家思想，而儒家思想蕴含着天人合一的宇宙观、协和万邦的国际观、和而不同的社会观、人心向善的道德观，折射出的"仁义""和合""和平""均等"之道，承载着"大道之行也，天下为公"的大同社会理想，"天下兴亡，匹夫有责"的爱国情怀，"自强不息，厚德载物"的奋斗志，"革故鼎新，与时俱进"的强国行，寄托着没有贫穷，没有罪恶，也没有剥削，人人乐于分享自己劳动成果的憧憬，这就是所谓的"老吾老以及人之老，幼吾幼以及人之幼"的理想社会。在很多国人眼里，共产主义不仅能实现"大同社会"的美好理想，而且可以让个体充分发挥自我潜能来创造与享受自由、平等及民主。如此美好的社会制度，即使需要多代人努力去实现这种社会，人民也愿意持续追求与无限向往。中华优秀传统文化里包含着丰富的人文情怀、天地智慧和无限创造力，理应为全人类造福和共享。[①] 的确，中华优秀传统文化中《愚公移山》的故事就是很好的例子，正是体现了中国人民对于真善美与美好社会理想的执着追求和不懈向往。

---

① 吴为山. 中国文化里包含的情怀、智慧和创造力，为全人类共享 [EB/OL]. 2019 – 03 – 10.

二、中国共产党人是中华优秀传统文化的传承者和发扬者

古代的中国创造了人类史上无与伦比的灿烂文明。近代以来的中国饱受欺凌。到 19 世纪后半期，尤其是 1901 年庚子之变后《辛丑条约》的签订，意味着中华民族彻底坠入半殖民地半封建社会的无底深渊。无数仁人志士，为了国家独立、民族解放和人民幸福而前赴后继，终因阶级和历史的局限性而归于失败抑或昙花一现。怎么办？这个国家和民族还有未来吗？于是乎 20 世纪初叶，世界上几乎所有的思潮都搬入了国内，甚至有人打起了方块汉字的主意，图谋和策划改变中国文字。在迷茫和彷徨之际，十月革命给中国人民送来了马克思主义，从此中国革命的面貌焕然一新。唯有中国共产党人始终代表中国先进文化的前进方向，而这个社会主义先进文化是马克思主义、革命文化和中华优秀传统文化的有机融合与统一，这才能引领中国特色社会主义不断开辟新的辉煌。

（一）马克思主义是中国特色社会主义先进文化的一抹鲜亮底色①

习近平总书记强调，中国特色社会主义先进文化是"以马克思主义为指导、以中华优秀传统文化为基础、以革命文化为源头、以社会主义先进文化为主体、充分体现中国共产党党性的文化"②。中国作为世界"四大文明古国"之一，其泱泱 5000 多年文明绵延不绝。中华民族曾经为人类发展作出了巨大贡献。然而，近代以来，由于封建主义社会制度的腐朽和科学技术的相对落后，致使中国人民陷入了千年未有之悲惨境地。不屈不挠的中国人民在经历了各种道路的艰辛探索之后，终于在马克思主义指引下，中华民族迎来了从衰落走向复兴的伟大飞跃。尤其是改革开放 40 多年来，中国特色社会主义的巨大发展以无可辩驳的事实表明，滚滚历史长

---

① 张番红. 坚持和发展马克思主义的宣言书——学习和实践习近平总书记在纪念马克思诞辰 200 周年大会上的讲话精神 [J]. 甘肃教育（形势与政策指导纲要），2018（3–4）.

② 陈朋. 政治生态建设的三大基础性工程 [N]. 光明日报，2018–05–17.

河孕育了群星般浩瀚的思想理论，但就科学性和影响力而言，还没有哪一种学说能够像马克思主义那样对社会发展产生如此广泛而深刻的影响，这就充分验证了马克思主义的科学真理性。

1. 马克思主义的科学内涵

每一时代的思想都是那个时代课题的呼应和回答，每一时代的哲学也是如此。马克思主义作为 19 世纪中叶产生于欧洲的社会意识，是分析和观察当代世界变化发展的认识工具和科学方法，是推动新时代中国特色社会主义的旗帜和灵魂，也是引领人类社会发展进步的科学真理。

第一，马克思主义诞生的社会条件和历史背景。

马克思主义是由马克思、恩格斯创立并被其后继者持续发展的科学理论体系，是关于自然、社会和人类思维发展最一般规律的学说，是关于时代提出的"资本主义向何处去、人类向何处去"的科学回答，是指引人类追寻幸福美好生活进而实现自由全面发展的共产主义的总章程。马克思主义的诞生有着深刻的社会根源、阶级基础和思想渊源。可见，伟大思想的诞生也须具备天时、地利、人和主客观"三要素"。犹如著名的马克思主义理论家弗兰茨·梅林在其《论历史唯物主义》一文中指出，唯物主义历史观是"服从于它自己所制定的那个历史运动规律的。它是历史发展的产物；在较早的时代，它是不会被任何最伟大天才的头脑虚构出来的。只有达到一定高度时，人类历史才能实现揭开它自己的秘密"①。不仅历史唯物主义如此，马克思主义也是社会历史条件和时代背景的产物。

一是马克思主义是近代工人运动兴起的产物。一种新的思想学说，只有当社会物质生产实践提出需要的时候才能产生出来，马克思主义就是时代精神的精华。资本主义生产关系在 14～15 世纪的意大利首先孕育生成，随着 17 世纪、18 世纪一些资本主义国家先后完成了政治和产业革命，资本主义的基本矛盾开始逐渐呈现并周期性爆发。恩格斯指出，资产阶级没有工人同它缠绕在一起就不能存在。资本主义发展和现代机器大工业时代

---

① ［德］弗兰茨·梅林. 保卫马克思主义 [M]. 吉洪，译. 北京：人民出版社，1982：3.

的来临，无产阶级特别是工人阶级队伍的日益壮大，资产阶级便为自己准备了掘墓人，这就是历史与逻辑相统一的辩证法。19 世纪 30 ~ 40 年代，法国里昂工人武装起义、英国宪章运动和德国西里西亚纺织工人暴动，早期的这"三大工人运动"标志着无产阶级反对资产阶级统治的历史新纪元开启了。随之，时代提出了新任务，工人运动何去何从？早期关注无产阶级命运的理论，尤其是空想社会主义理论已经无法很好地回答这个课题。工人运动实践热切呼唤时代巨人和革命理论的横空出场，于是马克思主义应运而生了。为此，毛泽东认为，由于欧洲许多国家的社会经济发展进入了资本主义的帝国主义高级阶段，生产力、阶级斗争和科学技术都发展到历史上前所未有的高水平，工业无产阶级成为历史发展最伟大的动力，因而产生马克思主义是顺理成章的事件。

二是马克思主义是人类所创造的一切思想精华的总汇。人类精神的发展为马克思主义提供了丰富的素材和养料。列宁指出，马克思主义回答了人类先进思想提出的诸多问题，是德国古典哲学、英国古典政治经济学和英法空想社会主义等伟大思想学说的直接传承和继续发展。而能量守恒与转化定律、细胞学说和达尔文的进化论等自然科学的新成就为马克思主义提供了科学翔实的实证资料。时代课题吸引着马克思和恩格斯，工人运动召唤着马克思和恩格斯，两位伟大的思想家站在真理的高峰，在汲取人类智慧的基础上，1848 年《共产党宣言》如期发表，标志着一种全新的马克思主义科学世界观和历史观的正式诞生。

第二，马克思主义名称的由来。

由马克思、恩格斯创立，并被后来的马克思主义者不断发展的理论，也不是一开始就被称为"马克思主义"，而是经历了"共产主义""现代社会主义""科学社会主义"，最后才称为"马克思主义"的发展历程和演进轨迹。

一是，19 世纪中叶被称为"共产主义"。1847 年，恩格斯在《共产主义原理》中指出，共产主义以实现无产阶级为代表的劳动者的自由、发展、解放为理论主题与实践目标。可见，共产主义是马克思、恩格斯最初对自己学说的称呼。

二是，19 世纪 70 年代至 80 年代初被称为"现代社会主义""科学社会主义"。1880 年，恩格斯在《社会主义从空想到科学的发展》中指出，现代社会主义植根于资本主义社会基本矛盾和经济发展的可靠事实，人类消解异化的路径是从"必然王国"进入"自由王国"，这也就是科学社会主义的根本任务。

三是，19 世纪 80 年代末开始被称为"马克思主义"。最早使用"马克思主义"概念的是德国社会民主党内的资产阶级青年派。马克思反驳道，我只知道我自己不是马克思主义者，并幽默地说，我播下的是龙种，收获的却是跳蚤。1888 年，恩格斯在《路德维希·费尔巴哈和德国古典哲学的终结》中对"马克思主义"的名称予以肯定，彰显了恩格斯为学、为人的高尚情操和坦荡胸怀，也表征了马克思主义指导地位的最终确立。后来，列宁反复使用"马克思主义"称谓，并在其《马克思主义的三个来源和三个组成部分》一文中把科学社会主义作为马克思主义的理论高潮和价值落脚点，此后马克思主义称谓逐渐得到了国际共产主义运动的广泛认同。

2. 马克思主义的鲜明特征

马克思主义开启了人类思想史上的伟大变革。那么，马克思主义究竟是什么性质的思想体系？习近平总书记在纪念马克思诞辰 200 周年大会上作了权威解答。马克思主义是揭示人类社会发展规律的科学理论，是以指向人的自由全面发展为旨趣的革命理论，是指引人民改造世界的实践理论，是居于时代前沿且不断发展的开放理论。马克思主义不是教条而是行动指南，必须以与时俱进的科学态度积极推进马克思主义中国化、时代化、大众化，不断探索时代发展提出的新课题、着力回应人类社会面临的新挑战。

3. 马克思主义基本原理的经典概括

马克思主义基本原理是马克思主义立场、观点和方法的集中展现，是马克思主义科学体系的实质和精髓，是马克思主义形成、发展和运用过程中经过实践反复检验而确立起来的具有普遍性的科学理论体系。习近平总书记精辟指出，马克思主义基本原理主要包括人类社会发展规律、坚定的人民立场思想、生产力和生产关系互动思想、人民民主思想、文化建设思想、社会建设思想、人与自然和谐共生思想、世界历史思想和马克思主义政党建设思想等若干跨越时空的基本原理。

（二）马克思主义的精神要义和内在规定性

法国当代左翼理论家雅克·德里达（Jacques Derrida）在《马克思的幽灵》中就马克思主义对于人类前途和命运做了高度评价并深刻断言，当代世界一定要有对于马克思的记忆，至少得有马克思的某种精神，因为失去了马克思的遗产就没有人类的未来。同时，马克思主义作为中国共产党治国理政的行动指南，也是凝民心、展民情、聚民力，是始终沿着中国特色社会主义胜利前进的根本保证。新时代，在实现中华民族伟大复兴的伟大征程中，尤其需要不忘初心、牢记使命，认真学习和实践马克思主义，切实感悟真理力量，回应时代问题，着力做到知行合一，努力把马克思主义看家本领学深、悟透、用好。

1. 马克思主义是科学思想理论体系

1930 年，毛泽东在《反对本本主义》中指出，马克思主义之所以是科学真理，绝不是因为马克思是什么"先哲"，而是因为在我们的实践中反复证明了他的学说是对的。习近平总书记也指出，在人类思想史上，就科学性、真理性和传播面而言，还没有哪一种思想理论能够达到马克思主义的深远高度和广阔境界，也还没有哪一种学说能够像马克思主义对这个世界产生如此广泛而强大的影响力。[①] 2011 年，当代著名的西方马克思主义学者特里·伊格尔顿（Terry Eagleton）在其《马克思为什么是对的？》一书中叙述到，纵观人类思想史，与政治家、科学家、军人和宗教人士迥然不同，很少有思想家能够真正起到改变历史的作用，而马克思主义恰恰

---

① 马克思主义基本原理 [M]. 北京：人民出版社，2023：3.

在人类历史的发展进程中发挥了决定性作用，起到了关键性影响。到目前为止，人类历史上从未出现过植根于笛卡尔（René Descartes）思想之上的政府，用柏拉图（Plato）思想武装起来的游击队，抑或以黑格尔（G. W. F. Hegel）理论为指导的工会组织。而马克思彻底改变了我们对于人类历史的理解，这恰恰体现了马克思主义的巨大真理性和顽强生命力，进一步昭示了马克思主义至今仍然是具有重大国际影响力的思想体系和话语体系，对于实现共产主义具有不可替代的指导性作用。

2. 马克思主义是科学社会主义的旗帜和灵魂

1956 年，毛泽东在《论十大关系》中提出，要着力把马克思主义普遍原理与中国实际相结合。长期以来，马克思主义作为社会主义意识形态的旗帜和灵魂，居于社会主义意识形态的核心地位。只有学习和实践马克思主义，才能提高中国共产党领导和驾驭意识形态的本事和能力。

3. 马克思主义蕴含中国特色社会主义的理论起点与实践源泉

马克思主义是意识形态，也是话语体系。中国特色社会主义理论体系坚持了马克思主义的实践性，以实事求是、解放思想和与时俱进作为其理论品格与思想路线。中国特色社会主义理论体系坚持了马克思主义的民族性，深深植根于我国国情和社会主义建设的客观需要。中国特色社会主义坚持了马克思主义的开放性，在实践的基础上，不断开辟认识真理和发展真理的广阔路径。

三、革命文化是近代以来中华民族伟大抗争实践的精神实质与核心

1940 年，毛泽东在其《新民主主义论》中指出，一定的文化是"一定社会的政治和经济的反映，又给予伟大影响和作用于一定社会的政治和经济；而经济是基础，政治则是经济的集中的表现"①。可见，文化是存

---

① 毛泽东. 新民主主义论［M］. 北京：人民出版社，1952：23.

在、是信仰，是社会的灵魂，更是人民的精神家园。所以，胡适在其1926年所作的《我们对于西洋近代文明的态度》一文中指出，文化就是人民在日常过程中所形成的生活方式与存在状态。而革命文化是中国共产党和中国人民在新民主主义革命、社会主义建设与改革开放中国特色社会主义新时代等各个历史时期所涵育生成的精神追求、精神品格、精神力量和精神旗帜①，可以说，"一个民族的历史是一个民族安身立命的基础"②。革命文化既传承了中华优秀传统文化，又引领和发展了社会主义先进文化，在中华文明演进的历史长河中起到了传承、融合和发展创新的积极作用，是中华民族最具革命朝气、最具奋发勇进、最为独特的精神标识。

（一）革命文化是中国特色社会主义文化的重要组成部分

"文化"是一个既令人生畏又让人无限神往的话题。有人说，文化是一个民族的根和魂，文化就像浩渺的星际，无边无际，漫天熠熠生辉；文化又像母亲河长江与黄河，从远古走来，留下一路溢彩流光。那么，何谓"文化"？对此众说纷纭。作为历史文化范畴的文化意指人类创造社会历史的发展水平、建设程度和质量的状态。在甲骨文中，"文化"的"文"是指甲骨上的花纹与纹理。而汉代许慎所著的《说文解字》中，"文，错画也，象交文"。我国古代"文化"一词的要义就是文治教化。《易经》中较早地把文和化并联使用"观乎人文，以化成天下"。西方近代史上的"文化"是从拉丁文"Cultura"转化而来的，原指向"农耕"与"栽培植物"，后来逐渐引向修养、情操和风尚等，其中彰显了文化的物质和精神维度的内在结构。国学大师梁启超认为，文化者，"人类心能所开释出来之有价值的共业也"③。也有学者认为，文化就是生活，是民族精神的集

---

① 毛泽东选集（第2卷）[M]. 北京：人民出版社，1991：663–664.
② 习近平. 在纪念毛泽东同志诞辰120周年座谈会上的讲话 [N]. 人民日报，2013–12–27（2）.
③ 梁启超. 什么是文化？[N]. 时事新报·学灯，1922–12–07.

中体现。① "中国特色社会主义文化，源自于中华民族5000多年文明历史所孕育的中华优秀传统文化，熔铸于党领导人民在革命、建设、改革中创造的革命文化和社会主义先进文化，植根于中国特色社会主义伟大实践。"② 习近平总书记强调，文化是培根铸魂工程，要坚持以人民为中心，坚持与时代发展同步，以精品奉献人民，用明德引领风尚。的确，在近代史上，中国人民蒙受了太多的屈辱，可以说，一部近代史就是一部中国人民的苦难史，也是一部中国人民的奋斗史与革命史。为了解救万民于水火之中，尤其是新民主主义革命以来，一代又一代的中国共产党人，为了国家独立、民族解放和人民过上幸福生活，不惜抛头颅、洒热血，接续奋斗，才有了中国特色社会主义的兴旺发达，才有了全面建成小康社会。可见，革命文化是中国特色社会主义文化的重要组成部分。

（二）革命文化是中华民族伟大精神的实践彰显

中华民族曾经创造了辉煌灿烂的5000年人类文明，集中呈现了中华民族的勤劳、智慧和善良。为此，党的十九大报告强调，文化是一个国家、一个民族的灵魂。而"革命文化"作为一种特殊的文化现象③，其根本优势在于中国革命铺就的红色衬底，其历史渊源可回溯到20世纪初期波澜壮阔的中国新民主主义革命实践之中，具有鲜明的精神特质，其旺盛生命力内涵于当代精神追求和价值观念的契合。中国共产党及其领导下的人民军队是革命文化的主创者。革命文化是中华民族历史文化的宝贵精神财富，已经成为实现中华民族伟大复兴的强劲精神力量和文化支撑。革命文化是中国特色社会主义文化自信的重要源头④，强大生命力蕴含其鲜明的精神特质。革命文化是中国特色社会主义先进文化的源头活水，是凝心

---

① 徐仪明，陈江风，刘太恒. 中国文化论纲 [M]. 开封：河南大学出版社，1992：3-6.
② 《求是》杂志发表习近平总书记重要文章《坚定文化自信，建设社会主义文化强国》[EB/OL]. 新华网，2019-06-15.
③ 潘宏. 论革命文化的时代价值 [N]. 光明日报，2018-10-09.
④ 朱喜坤. 革命文化是文化自信的重要源头 [N]. 光明日报，2019-01-09.

聚力、激励人心的强大精神动力。革命文化孕育于新文化运动前后，成长于土地革命战争时期，抗战后得到了繁荣发展。革命文化对党实现在各个阶段的中心任务发挥了重要作用。新中国成立以后，革命文化上升为主流文化。和平时期回望革命文化，在理论维度，其传承了中华优秀传统文化，汲取了人类优秀文化成果；在实践维度，是党的中国革命新道路的实践成果，体现为深厚的文化底蕴、坚实的现实基础和较强的创新性。"问渠那得清如许，为有源头活水来。"革命文化是党和人民在长期的革命、建设和改革开放各个阶段形成的中华民族最为独特的精神标识，集中蕴含于诸如新民主主义革命时期的红船精神、井冈山精神、长征精神、延安精神、西柏坡精神，到社会主义探索时期的雷锋精神、大庆精神、"两弹一星"精神，再到改革开放新时代的航天精神、北京奥运精神、抗震救灾精神，既传承了中华优秀传统文化，又引领和发展了社会主义先进文化。

（三）中华优秀传统文化是中国人特有的民族符号和根本属性

中华优秀传统文化是指 1840 年鸦片战争之前在中国地域内由中华民族所创造的，为中华民族世代所传承发展的，具有鲜明民族特色、历史悠久、博大精深的中国古代优秀文化。中国特色社会主义文化则是以马克思主义为指导，以培育有理想、有道德、有文化、有纪律的公民为目标，发展面向现代化、面向世界、面向未来的，民族的、科学的、大众的社会主义文化。可见，中华优秀传统文化的核心理念就是价值观，而社会主义核心价值观的 "24 字" 则是中国特色社会主义文化的核心主旨和集中凝练。

1. 中华优秀传统文化是中国特色社会主义文化的根和魂

一定的文化是一定社会的政治和经济在观念形态上的体现和关照，从这个维度审视，中华优秀传统文化是适应于过去传统社会政治和经济发展需要的中国文化，是中国特色社会主义文化的历史资源和现实基础，更是对于中华优秀传统文化的批判继承和实践创新，是中国特色社会主义文化的根和魂。

2. 中国特色社会主义文化是中华优秀传统文化的礼敬、继承和创造性推进

马克思早就说过："人们自己创造自己的历史，但是他们并不是随心所欲地创造，并不是在他们自己选定的条件下创造，而是在直接碰到的、既定的、从过去承继下来的条件下创造。"① 中华优秀传统文化是华夏文明演化汇集成的反映中华民族特质和风貌的民族文化，内涵民族文明、风俗习惯与精神活动，映射中华民族发展与历史演进过程中思想文化的总体表征，其基本特征是承载于思想、文字、语言和学术等载体上反映的"兼容并蓄""中和位育"和"和而不同"。

总之，一个国家、一个民族的复兴与强盛离不开先进文化的理论滋养和学术支撑。中国特色社会主义进入新时代，更需要积极推动中华优秀传统文化的创造性转化和创新性发展，着力继承革命文化，不断发展社会主义先进文化，以不忘本来、吸收外来、面向未来的包容精神，更好地构筑中国价值，凝聚中国力量，展现中国精神②，讲述中国故事，为实现中华民族伟大复兴的中国梦提供强大的文化支持和人学依据。

····➤ 第三节
马克思实践人学是指引人类走向共产主义的行动准则

随着 20 世纪初叶我国儒学地位的日薄西山，诸如人道主义、进化论、近代唯意志论、自由主义、文化激进主义、汉宋学术与文化保守主义、无政府主义、民族主义、佛教复兴思潮、基督教等价值多元、思潮丛生、交错迭代、此消彼长，可谓是"百花齐放、百家争鸣"，构成了那个时代中

---

① 习近平：关于坚持和发展中国特色社会主义的几个问题 [EB/OL]. 求是，2019 – 03 – 31.
② 正如梁启超在其《新民之议》一文中所说："凡一国之能立于世界，必有其国民独具之特质。上自道德、法律，下至风俗、习惯、文学、美术，皆有一种独立之精神。祖父传之，子孙继之，然后群乃结，国乃成。"参见梁启超. 饮冰室合集（专集之四）[M]. 北京：中华书局，1989：6.

华土地上空前绝后的独特文化景观，为什么唯独马克思主义在各种思想的角逐中最终胜出，并且一举成为中国共产党的指导思想，难道仅仅是历史的偶然，还是有其内在逻辑使然，这个命题就是西方"二元对立式"矛盾思维的马克思主义辩证法在与中国传统互系性思维中的"通变"思想的接触和碰撞中落地生根的共生界面，避免了排异反应，顺利实现二者的有机融合，从而使马克思主义辩证法成为中国人民所广泛接受的思维模式。学者安乐哲（Roger T. Ames）将中国哲学称为独立于印欧经验的在中国发展起来的自然主义的、互系性的宇宙观，完全不同于西方社会建立在神学本体论宇宙观基础上的西方形而上学假设。① 中国传统哲学总是期待人类与自然的和谐共生，而西方哲学则试图以"二元辩证"形式展开某种独立和超越的本源。② 而马克思的人的解放学来源于西方空想社会主义思想家的未来构想、黑格尔的绝对精神研究世界历史观、费尔巴哈的人本学及马克思家庭和人生经历的影响，这些直接构成了马克思实践人学思想的深度理论源泉。③ 马克思实践人学是指引人类走向共产主义的行动准则和价值体现。

一、马克思实践人学是建设有中国特色社会主义先进文化的内在需要

1997 年，党的十五大报告指出，建设有中国特色社会主义的文化，就是以马克思主义为指导，以培育有理想、有道德、有文化、有纪律的公民为目标，发展面向现代化、面向世界、面向未来的，民族的科学的大众的社会主义文化"。④ 中国特色社会主义文化是凝聚和激励中华民族的重要

---

① ［美］安乐哲. 海外中国哲学丛书——和而不同：中西哲学的会通［M］. 北京：北京大学出版社，2009.

② ［美］田辰山. 中国辩证法：从《易经》到马克思主义［M］. 萧延中，译. 北京：中国人民大学出版社，2016：4.

③ 刘同舫. 马克思人类解放理论的演进逻辑［M］. 北京：人民出版社，2011：40－85.

④ 江泽民. 高举邓小平理论伟大旗帜，把建设有中国特色社会主义事业全面推向二十一世纪［M］. 北京：人民出版社，1997：15.

精神支撑，是我国综合国力的重要标志，集中体现了中国特色社会主义的基本特征和制度优势。

（一）马克思实践人学为中国特色社会主义先进文化注入人文情愫

人是有思想的高级动物，如果失却思想也就谈不上会有什么文化底蕴，也就不可能有可持续发展问题。正如习近平总书记多次强调："文化是一个国家、一个民族的灵魂。文化兴国运兴，文化强民族强。没有高度的文化自信，没有文化的繁荣兴盛，就没有中华民族伟大复兴"，同时指出"一个国家、一个民族不能没有灵魂"[①]。中国特色社会主义先进文化肩负着启迪思想、陶冶情操、温润心灵的重要职责，承担着以文化人、以文育人、以文培元的光荣使命和崇高责任，生动展示了新时代中国人民的坚定信仰、深厚情怀和无私担当。而马克思实践人学勇于把握中国特色社会主义新时代脉搏、善于聆听新时代声音，着力用好中国理论解读中国特色社会主义内在逻辑、伟大实践和奋斗史诗，始终坚持与时代发展同步、始终坚持以人民为中心。可见，马克思实践人学为中国特色社会主义先进文化注入人文情愫，能够进一步使我们坚定中国特色社会主义道路自信、理论自信、制度自信、文化自信，为党和人民致力于实现中华民族伟大复兴提供强大的精神激励。

1. 马克思实践人学的内在结构与文化涵养

实践的观点是马克思主义的根本观点。实践是人的感性物质活动，是人的对象性活动，是有目的的主观见之于客观的活动，是人之区别于动物的独特优势。正如马克思在《资本论》中讲到："蜘蛛的活动与织工的活动相似。但是，最蹩脚的建筑师从一开始就比最灵巧的蜜蜂高明的地方，是他在用蜂蜡建筑蜂房以前，已经在自己的头脑中把它建成了。劳动过程结束时得到的结果，在这个过程开始时就已经在劳动者的表象中存在着，即已经观念地存在着。他不仅使自然物发生形式变化，同时他还在自然物

① 习近平. 一个国家、一个民族不能没有灵魂 [J]. 求是，2019 (8).

中实现自己的目的，这个目的是他所知道的，是作为规律决定着他的活动的方式和方法的，他必须使他的意志服从这个目的。"① 正如恩格斯所说："人只需要了解自己本身，使自己成为衡量一切生活关系的尺度，按照自己的本质去估价这些关系，真正依照人的方式，根据自己本身的需要，来安排世界，这样的话，他就会猜中现代之谜了。"② 可见，马克思实践人学蕴含着深厚的人文情怀，充满着对人的现实的、科学的阐释，同时聚焦于以人的"生存实践"为基础，以"现实的人"为逻辑起点，以人的本质为思想核心，以人的自由全面发展为价值归宿，深刻揭示了社会演变进程中人的发展规律，系统论证了社会生活在本质上是实践的，而人的本质并不是单个人所固有的抽象物，在其现实性上是一切社会关系的总和。

2. 中国特色社会主义先进文化的内在要素

文化从哪里来，又要到哪里去？诚如有一千个读者，也许就有可能品读出一千个《哈姆雷特》，关于什么是文化的解读，也是这样。学者钱钟书曾经说过：文化到底是什么？"本来还清楚呢，你一问倒糊涂了！"③ 的确是这样。据有关研究数据显示，来自中外人类学家、社会学家、哲学家、神学家和文学家等各学科的文化内涵界定有上千种之多。可见，文化定义域的确是个复杂的多面体，不容易界定，且又不能作模糊化处理。英国马克思主义理论家雷蒙·亨瑞·威廉（Raymond Henry Williams）从理想文化、记录文化和社会文化三维向度阐释文化内涵。而 20 世纪我国著名思想家梁漱溟在其《中国文化要义》中指出，文化是心灵的修养，是人们生活所依靠的一切，是极其实在的，包括经济、政治、文化，乃至于一切无所不包。④ 一般而言，综合学者们的观点，从广义视角审视，文化指

① 马克思. 资本论（第1卷）//马克思恩格斯文集（第5卷）[M]. 北京：人民出版社，2009：208.

② 马克思，恩格斯. 马克思恩格斯全集（第1卷）（第一版）[M]. 北京：人民出版社，1956：651.

③ 转引自辛文斌.《新民主主义论》与中国文化现代化 [M]. 北京：中央编译出版社，2007：2.

④ 梁漱溟. 中国文化要义 [M]. 上海：上海人民出版社，2011：7.

向器物、制度、观念；从狭义视角审视，文化指向人类观念形态及其载体。其实，文化的实质在于引领人类不断超越现象、个别和当下，从而进入本质、普遍与久远。可见，文化是人类社会实践中获取的物质、精神生产力和创造的物质、精神财富的总和。凡是人类所创造的真善美的好东西都可以被称为文化。简而言之，文化是人类存在的意义之源、力量之源和秩序之源。

社会主义先进文化的丰富意蕴。① 学者仁人在其《大同思想研究》中指出，纵观全世界，从整体上审视文化基本上由以资本主义为主导的西方文化、以社会主义为主导的中国文化以及以封建主义为主导的传统文化构成。比较而言，三种文化中，只有中国特色社会主义是与共产主义大同社会目标相联系的，并通向共产主义，是共产主义在观念形态上的反映，是面向未来、面向现代化的具有旺盛生命力的新生文化。

3. 马克思实践人学指引中国特色社会主义先进文化建设

中国共产党人致力于构建中国特色社会主义先进文化，就是要实现从传统自然经济到现代市场经济，从传统朝代国家到现代法权国家的转型，乃至于个性解放、思维方式转变、价值体系和知识体系的更新。中国特色社会主义先进文化就是要实现传统文化、马克思主义和革命文化"三大模块"的有机统一体，具有文化的民族性、人民性、时代性、世界性、科学性、继承性、发展性、至高性、整体性、自主性、主体性、尊严性、群众性和开放性特征。总之，着力推进中国特色社会主义先进文化的主要举措有：提高文化创新能力是根本出路，培养文化创新人才是关键环节，深化文化体制改革是重要机制，重视文化科技含量是重要手段，营造文化创新环境是重要前提。

（二）马克思实践人学是中国特色社会主义先进文化的理论支撑

中国特色社会主义先进文化承担着记录新时代、书写新时代、讴歌新时代、展望新时代，勇于回答时代课题的崇高使命，担负着关照人民生

① 仁人. 大同思想研究［M］. 北京：九州出版社，2013：316-318.

活、表达人民心声、实现人民意愿的庄严职责，承担着塑造新时代的精神图谱，讲述中国故事，阐释中国力量，彰显中国智慧，着力为时代画像、为时代立传、为时代明德的崇高使命。诚如习近平总书记反复强调："一切成就都归功于人民，一切荣耀都归属于人民。"新时代的中国共产党人正团结和带领全国各族人民为实现"两个一百年"奋斗目标，战胜前进道路上的千难万险，也必须紧紧依靠人民，才能汇集成 14 亿名中国人民智慧和创造性的蓬勃力量。

"长风破浪会有时，直挂云帆济沧海。"经过改革开放 40 多年的市场化和城镇化快速发展，中国特色社会主义取得了举世瞩目的伟大成就，实现中华民族伟大复兴指日可待。回顾我国走向现代化历程，从晚清以降的思想启蒙，新民主主义革命和新中国成立之后的社会主义革命和建设，尤其是近 40 多年来，"我们比历史上任何时期更接近中华民族伟大复兴的目标"。目前，中国特色社会主义进入了新时代，文化的传承和创新显得较为迫切和重要，这就在客观上要求马克思实践人学为中国特色社会主义先进文化提供人性基础和理论支撑。与此同时，复兴中华优秀传统文化，进而由"文化自觉"走向"文化自信"，从"文化自信"上升到"文化自立"，再由"文化自立"到实现"文化自强"，生动展现了以习近平同志为核心的党中央勇于擘画未来、奋力绘制蓝图的人民情怀①，着力于实现中国特色社会主义崛起，着力于构建中国特色哲学社会科学话语体系，以中国话语阐释中国精神，以中国成就讲述中国故事，着力于充分彰显中国特色社会主义的制度优势。

二、马克思实践人学是实现"两个一百年"奋斗目标的现实需要

马克思实践人学的逻辑结构以教人向善为内在宗旨，以和谐幸福为精

---

① 陈先达. 马克思主义信仰十讲［M］. 北京：人民出版社，2018：128 - 144.

神要义，以宽容慈悲为理论品格，以自由平等为价值追求。马克思实践人学关于人的本质是社会关系的总和，要在具体的现实情况下关注人、关心人、关怀人，而中国共产党团结和带领全国各族人民决胜全面建成小康社会，实现中华民族伟大复兴正是马克思实践人学的应有之义。

（一）曾经辉煌灿烂的中国古代文明

1939 年，毛泽东在《中国革命和中国共产党》中描写到，我们中国是世界上少有的伟大国度之一，其领土和整个欧洲面积相仿。我们的祖国有广袤无垠的肥沃土地，丰富的矿藏资源，绵长的边界和海岸线，还有勤劳的中华民族繁衍生息在这片辽阔的土地上。有资料表明，古代中国的经济实力非常雄厚，宋代的 GDP 占到世界总量的 65%，我国元朝的经济总量占到世界的 1/3 左右，明朝万历年间一度达到世界的 80%，到了清代后期，1830 年清道光十年的 GDP 占到世界的 29%，仍然位居世界首位。之后，由于帝国主义侵略和战争赔款，整个国力迅速下降，清末从康熙乾隆嘉庆年间占世界 GDP 总量的 35% 跌落到 10%。① 恩格斯在其《德国农民战争》一文中描写到，一系列发明创造都各有或多或少的重要意义，其中具有光辉历史意义的要数火药，现在已经毫无疑义地被证实了，火药是从中国经过印度再传给阿拉伯人，又由阿拉伯人经过西班牙传入欧洲社会。同时，马克思深刻地总结到，火药、指南针和印刷术是预告资产阶级社会到来的三大发明。而美国政治家富兰克林也说过，在世界历史上，"中国被视为古老而高度文明的国家"，这就是创造光辉灿烂华夏文明的中国古代社会的真实写照。

（二）近代以来中华民族的没落和被侵略

毛泽东指出，社会制度的腐朽和科学技术的逐渐落后，是导致近代以来中国人民贫穷落后的总根源。自 19 世纪 40 年代到新中国成立之前，在

---

① 中国历代 GDP 的世界比重 [EB/OL]. 百度，2017 – 04 – 14.

将近 100 多年的时间区隔里，世界上几乎大大小小的资本主义国家都侵略过中国，总计签订不平等条约 1141 条，赔款近 13 亿两白银，这是近代以来中华民族贫穷落后的总根源。①

（三）新时代我们正无限接近中华民族伟大复兴的中国梦

中国共产党人带领和团结全国各族人民经过多年奋斗，将一个积贫积弱的中国建设成了欣欣向荣的新中国，实现了中国人民从站起来、富起来到强起来的伟大飞跃。党的十一届三中全会以来的 40 多年，我国的改革开放取得了举世公认的伟大成就。尤其是党的十八大以来，以习近平同志为核心的党中央坚强领导，深入贯彻落实精准扶贫、精准脱贫策略，着力于保障和改善民生，累计减少贫困人口近 8 亿人②，实现了人类历史上从没有过的扶贫脱贫壮举，中国是联合国扶贫计划署认定的全世界最大规模和最实效的扶贫国家，为世界扶贫减贫事业贡献了中国智慧、中国方案。中国特色社会主义进入新时代，中国人民在伟大的中国共产党领导下正满怀信心地走向共同富裕的光明大道，正在谱写着中国特色社会主义伟大胜利的崭新篇章。

三、马克思实践人学是构建人类命运共同体的人学基础

1844 年，马克思在《评一个普鲁士人的〈普鲁士国王和社会改革〉一文》中提出"人的本质是人的真正的共同体"思想，而"真正的共同体"是在现实生活中体现出的人之为人的全部类本质和发展本质。1857年，马克思在其《〈政治经济学批判〉导言》中深刻指出，我们越"往前追溯历史，个人，从而也是进行生产的个人，就越表现为不独立，从属于

---

① 陈文兵. 世界现代化进程中的殖民主义问题［EB/OL］. 中国社会科学网，2024 - 02 - 07.
② 全球发展报告 2023｜中国消除绝对贫困的两大支柱［EB/OL］. 中国发展出版社官网，2024 - 04 - 25.

一个较大的整体"①。也就是说，随着历史的发展，进行生产的个人从而使"现实的人"就表现得越是独立，越来越呈现为一种个体的存在，而只有结成共同体，才能为人的自由全面发展提供更为适宜的主客观条件。"正像社会本身生产作为人的人一样，社会也是由人生产的。"② 这就是说，马克思一直认为，人与社会的相互生成、相互诠释是理解人与社会关系的基本准则，一句话"社会就是人的共同体"。根据马克思主义唯物史观的基本原理，人类社会越是向前追溯，就越是从属于一个较大的群体，个体也将融入共同体之中而存在。

（一）从"原始共同体"到"虚幻共同体"

"共同体"（community）是人类生存和发展的最基本架构，在马克思视野里，共同体主要是指向前资本主义生产方式，尤其是"亚细亚"生产方式。1955 年，美国学者希勒里（Hillery）在其《共同体定义》一文中指出，共同体内涵"社会互动""地理区域"和"共同关系"三维性特征。而"原始共同体"是人类文明早期自然形成的"现实的人"的存在方式，它"以个人尚未成熟，尚未脱掉同其他人的自然血缘联系的脐带为基础"③，最初基于血缘或地缘关系，人们的共同体第一次出现。这种"原始共同体"中，每个劳动者都与自己劳动的客观条件天然地结合在一起，每个人都把自己当作所有者，当作自身现实性条件的主人，同时也把自己作为共同体的成员。这种共同体以生产力低下为特征，人们不得不受制于自然的制约而结成"原始共同体"。而"虚幻的共同体"是基于宗教或政治形式结成的共同体，是相对于人们在劳动过程中通过分工与协作形成的共同体而言，表现为支配劳动过程的私有制力量。这种"虚幻的共同体"中，个体之间起初表现为直接的"人的依赖关系"，并且在向"以物

---

① 马克思.1857—1858 年经济学手稿//马克思恩格斯全集（第 30 卷）（第二版）[M]. 北京：人民出版社，1995：25.
② 马克思.1844 年经济学哲学手稿 [M]. 北京：人民出版社，2000：83.
③ 马克思.资本论（第 1 卷）[M]. 北京：人民出版社，2004：97.

的依赖为基础的人的独立性"的转变过程中，所有制始终表现为劳动过程中起支配作用的力量，尤其是在资本主义社会生产过程中，现实的人为了获取生活资料，就结成了"虚幻共同体"。

（二）从"虚幻共同体"到"真正的共同体"

马克思主义认为，资本主义生产方式必然导致人的异化。随着社会生产力的高度发达，个体的自觉以及人摆脱了以人对于人的依赖和人对于物的依赖为特征的"虚幻共同体"，必将走向基于以人的自由个性为基本特征的"自由人联合体"，就成为"真正的共同体"，其表征是"个体"与"共同体"的新的更高级的辩证统一，而只有在"共同体中，个人才能获得全面发展其才能的手段"，也就是说在"真正的共同体"里才有可能存在个人的自由全面发展，这就是共产主义新社会的本质规定性。

（三）"自由人联合体"是"命运共同体"的必由之路

意大利哲学家安东尼奥·拉布里奥拉（Antonio Labriola）在其《关于历史唯物主义》中指出："对社会的真正批判是社会本身。社会由于建立在对抗的基础之上，在本身内部就产生矛盾，然后通过新的形式过渡来克服矛盾。"① 在马克思看来，"自由人联合体"是人与社会的"真正共同体"，而过去的一切共同体只不过是"虚假的共同体"。只有到了未来共产主义社会的"自由人联合体"中，人类的整体发展将不再以牺牲个体为代价，这样个体的发展才真正实现了目的和价值意义上的回归。

1. "自由人联合体"的哲学意蕴

马克思在《资本论》第 1 卷中关于货币范畴时论述了"用公共的生产资料进行劳动，并且自觉地把他们许多个人劳动力当作一个社会劳动力来使用"② 的"自由人联合体"的设想，这是马克思主义经典作家关于未

---

① ［意大利］拉布里奥拉. 关于历史唯物主义 ［M］. 杨启，孙魁，朱中龙，译，北京：人民出版社，1984：99.
② 转引自杜刚清，陈辉，等. 向马克思学什么 ［M］. 北京：国家行政学院出版社，2018：65.

来社会特征的重要论断，蕴含着未来社会丰富而深邃的思想见解。"自由人联合体"不仅是马克思主义的根本价值目标，而且是共产主义的基本社会特征，是"类本位"的共同体，也是世界历史性的共同体。① 为此，马克思在强调发展社会生产力的同时，也格外注重"联合起来的个人对全部生产力的占有"②，也就是说"各个人必须占有现有的生产力总和，这不仅是为了实现他们的自主活动，而且是为了保证自己的生存"③。因为，个人占有一定的生产力，不仅是为了生存，也必将使个人对于束缚自己的社会条件的控制能力显著增强，活动范围显著扩大，从而更有利于自身的自由全面发展。从这个层面上来看，马克思使用"自由人联合体"表述是相对于资本主义"虚幻共同体"在相对立意义上使用。马克思认为："只有在共同体中，个人才能获得全面自由发展的条件。"可见，只有"自由人联合体"才是"真正的共同体"，也才是共产主义的基本属性。

2. "自由人联合体"的初级过渡是"命运共同体"

马克思在《资本论》中通过深入剖析资本主义社会经济运行规律和社会基本矛盾发展的基础上，为了消解资本主义不可克服的社会矛盾而建构的"自由人共同体"中，马克思不仅强调了"作为单个人的个人"的自由全面发展，而且更关注个体发展是"每个人"④"各个人""每一个个人""全体个人"⑤"社会的每个成员""全体社会成员""所有人""所有个人"⑥ 的自由全面发展，这就涵盖了人的自由全面发展的全部内涵和外

---

① 李爱敏. 从无产阶级国际主义到人类命运共同体——马克思主义的国际主义思想发展研究［M］. 北京：中国社会科学出版社，2018：81 – 83.

② 马克思，恩格斯. 马克思恩格斯选集（第1卷）（第二版）［M］. 北京：人民出版社，1995：130.

③ 马克思，恩格斯. 马克思恩格斯选集（第1卷）（第二版）［M］. 北京：人民出版社，1995：129.

④ 马克思，恩格斯. 马克思恩格斯选集（第1卷）（第二版）［M］. 北京：人民出版社，1995：373.

⑤ 马克思，恩格斯. 1859—1861年经济学手稿//马克思恩格斯全集（第31卷）（第二版）［M］. 北京：人民出版社，1998：74.

⑥ 马克思，恩格斯. 1859—1861年经济学手稿//马克思恩格斯全集（第31卷）（第二版）［M］. 北京：人民出版社，1998：103 – 104.

延。这就是"代替那存在着阶级和阶级对立的资产阶级旧社会的,将是这样一个联合体,在那里,每个人的自由发展是一切人的自由发展的条件"①。当然,最重要的是由于生产力的高度发展和私有制的消灭,才能实现所有人的自由的前提和条件。所以,恩格斯认为,共产主义就是"把社会组织成这样:使社会的每一个成员都能完全自由地发展和发挥他的全部才能和力量,并且不会因此而危及这个社会的基本条件"。② 这样一来,马克思关于"人与社会发展的三形态"③ 的论述体现了严谨逻辑和嬗变轨迹,其中"共同体"是"最初的社会形式",表现为"人的依赖性关系";"资产阶级社会"是以"物的依赖性为基础的人的独立性"社会;而"自由人联合体"是建立在"自由个性"基础上的社会的第三个阶段,即共产主义社会。总之,"自由人联合体"是个人和社会所追求的理想目标,是个人全面发展得以实现的有效社会形式,也是马克思关于个人和社会的未来发展的一种人道主义和科学性相统一的阐释。

第一,"命运共同体"的科学内涵。"命运共同体"是指存在差异的国家和民族所组成的命运攸关、利益相连、相互依存的国家集合体,这个概念是在中国特色社会主义实践中生成和发展起来的,是马克思主义"共同体"思想在当代中国的运用和发展,是马克思主义"共同体"思想中国化的理论成果。"命运共同体"概念早在 2011 年,在中国现代国际关系研究院发布的《中国与亚洲:走共同发展之路》中这样表述道:今天的亚洲在共同发展道路上正逐渐形成一个日益牢固的"命运共同体",而每个亚洲国家都是"命运共同体"的一部分。到了 2012 年,在党的十八大报告中第一次明确提出了"人类命运共同体"的命题,后来习近平总书记在不同场合多次阐释"人类命运共同体",展现了以习近平同志为核心的中

① 马克思,恩格斯.1859—1861 年经济学手稿//马克思恩格斯全集(第31卷)(第二版)[M].北京:人民出版社,1998:294.

② 马克思,恩格斯.马克思恩格斯全集(第42卷)(第一版)[M].北京:人民出版社,1979:294.

③ 马克思,恩格斯.1857—1858 年经济学手稿//马克思恩格斯全集(第30卷)(第二版)[M].北京:人民出版社,1995:107-108.

国共产党人对于"建设一个什么样的世界以及如何建设这个世界"等关乎人类前途命运重大课题的理论思考和实践探索。随着新时代的世界多极化、经济全球化、文化多样化和社会信息化带来的全球性问题的日益增多，目前"命运共同体"已经得到国际社会的广泛认同。2015 年，在博鳌亚洲论坛年会时习近平总书记提出了"推动建设人类命运共同体"的倡议。接着，在纽约联合国总部习近平总书记发表重要讲话时强调，要着力"打造人类命运共同体"。在党的十九大报告中提出"推动构建人类命运共同体"思想。2018 年，第十三届全国人民代表大会第一次会议通过的宪法修正案中增加了"推动构建人类命运共同体"的表述。自此，"人类命运共同体"成为学术界关注的热词。"人类命运共同体"① 理念植根于中华优秀传统文化中"天下观"与"和文化"的思想精髓，集中回答了当今世界和未来需要构建一个什么样的秩序和框架，如何推动全球治理现代化的一系列重大问题。从最初的"你中有我、我中有你"到提出"人类只有一个地球"的人类情怀和科学断言；从"迈向亚洲命运共同体"到"构建人类命运共同体"的中国方案，习近平总书记以"人类命运共同体"理念，牢牢把握住了人类利益和共同价值的"最大公约数"，这是历史大势，也是时代潮流，是重塑世界秩序的时代呼唤，是以人民为中心的普惠共赢，也是引领全球治理的中国方案。新时代，积极推动建设人类命运共同体，源自于中华优秀传统文化的"天下"情怀，是中国共产党人基于对世界大势的准确把握而贡献的"中国方案"，也是新时代中国特色大国外交的生动实践，而其中贯穿始终的是马克思实践人学思想的精神实质与核心要义。

第二，从"命运共同体"走向"自由人联合体"。从"和谐中国"到"和谐世界"，从"命运共同体"到"价值共同体"，再到"人类命运共同体"，一切着眼于人类的整体利益，坚持政治上相互尊重、平等相待，经

---

① 有学者认为，人类命运共同体思想是对中华优秀传统文化的创造性转化和创新性发展，蕴含着深厚而久远的中国古代共同体智慧。参见王学典. 第八届世界儒学大会学术论文集［M］. 北京：文化艺术出版社，2018：840.

济上合作共赢、共同发展，安全上命运与共、守望相助，文化上兼容并蓄、交流互鉴，对于当今世界克服和解决全球治理难题，推动各国共同发展和普遍繁荣，中国不断基于成功的实践为世界贡献中国智慧、中国方案，也拓展和增进了世界对中国理念、中国价值的认同。随着全球生产力的飞速发展，全球经济一体化的加深，人类未来在从"必然王国"升华为"自由王国"的过程中必将走向"自由人联合体"。

总之，人类发展的历史是前后相继的，要在传承创新中更好地延续和引领未来。文明是多姿多彩的，需要在交流互鉴中促进交往交融；发展是一体的，需要在共建共赢中走向共同繁荣。新时代，马克思实践人学为中国特色社会主义道路自信、理论自信、制度自信和文化自信提供了强大的人学依据和思想支撑，深刻诠释了"马克思主义为什么行、中国共产党为什么能、中国特色社会主义为什么好"的内在逻辑。

第八章

《资本论》及其手稿中实践人学的
现实演述与未来展望

古希腊德尔菲神庙的启示："人是什么？"作为回应，德国哲学家马丁·海德格尔（Martin Heidegger）在其《存在与时间》（1927 年）中从生命意义上的倒计时维度，以理性推理详细阐释了人的"向死而生"（being-towards-death）的终结性观点，从最终极的价值意义维度上审视人的出场和存在貌似毫无必要性，正所谓生于偶然，也终将逝于必然。其实，人永远都是一个未完成体，总是期望在不断的自我超越过程中达至人生的极致追求。叔本华在《作为意志和表象的世界》中指出，人生犹如钟摆，在痛苦和倦怠之间摆动。就如万事万物均有始末归宿，人也概莫能外。如果有机会矗立在浩瀚宇宙星空回望地球时，你会发现人的存在其实并不比一粒尘埃伟大多少，只不过尘埃不可能去自诩和标榜自身存在的主体性，而人却在自我建构中达致存续和绵延。在惊诧于万事万物的过程中，世界于是被人发现。同时，人又惊讶于自身和他人，于是自我被主体所反观到。人也还惊异于你的存在，从客体走向主体，再走向主体间，于是社会也被人发现。人的存在意义和价值原本就好似在想象的空间世界里，人与人之间共享并制造了外在的多元意义而已。北宋诗人苏轼在其《题西林壁》中感叹道："不识庐山真面目，只缘身在此山中。"西方也有句谚语说："鱼是最后一个了解水的——可能它会在与陆地进行对比时做到这一点。"同理，"我是谁？我从何而来？"这是人类一直在自我追问的"斯芬克斯之谜",也是一直困扰你我的天问。了解自己自然就成为人类的终极生存目标。那么"世界上有没有一种如此之确切的知识,以至于一切有理性的人都不会对它加以怀疑呢?"① 就像物理学对于原子和质子的精准探寻,抑或是心理学对人类内心的细微思索,而人学的首要目标则是要"认识你自己"。人从"不是抽象的蛰居于世界之外的存在物"到成为"有意识的生命活动体"进而深入"一切社会关系的总和",植根人学发展历史、立足人学存在现实、探究人学未来演进趋势,这是马克思《资本论》及其手稿中实践人学思想的致思理路和演进逻辑。

由此,马克思真正回到现实社会的"现实的人",最终发现了通过改变各种社会关系就能改变或重塑人的本质,进而改变乃至于改造社会的重要结论,这一切都主要集中于《资本论》及其《1857—1858 年经济学手稿》、《1861—1863 年经济学手稿》、《1863—1865 年经济学手稿》等文本群,其中贯穿始终的是理论与实践、抽象与具体、逻辑与历史、分析与综合以及演绎与归纳的辩证唯物主义和历史唯物主义的实践人学思维方法,其最大优点是"既因哲学唯物史观的运用而使经济学的实证分析超越了纯粹的表象描述而具有强烈的理性思辨,又因经济学劳动价值论、剩余价值理论的实证而使哲学的逻辑推演,超越了纯思辨的抽象论证而具有透彻的经验说服力"②。其实,马克思早在《1844 年经济学哲学手稿》中着手政治经济学研究开始初步奠定了其实践人学基础,直到 1867 年《资本论》第 1 卷在德国汉堡出版,前后的写作准备时间长达 23 年,可以说《资本论》是马克思在长期躬身社会实践和科学实验、掌握大量的实际素材和思想材料、批判地吸收和扬弃古今中外人类优秀文化遗产的基础上,勤奋创作的具有划时代意义的马克思实践人学思想的巅峰之作。《资本论》及其手稿在国际上产生了广泛而深远的学术影响和政治影响,在人类科学发展史上占有显著地位,为人类追求自由全面发展树立了一座不朽丰碑。新时

---

① [德] 罗素. 哲学问题 [M]. 贾可春,译. 北京:商务印刷出版社,2003.
② 郑忆石. 马克思经济哲学的方法论及其当代意义 [J]. 社会科学研究,2013 (6):58.

代,《资本论》及其手稿的实践人学正在中国特色社会主义大地生动演绎和不断实践。新中国成立 70 多年来,尤其是经过改革开放 40 多年来的快速发展,中国特色社会主义取得了举世瞩目的伟大成就,就是对马克思实践人学的最好注解。

改革开放 40 多年以来,我国社会发展取得了世人公认的辉煌成就,新时代的我国社会发展正处于历史上最好的时期,也是最接近中华民族伟大复兴的时期,这就给我国人学发展创造了很好的契机和难得的机遇,也提供了诸多可以深入研究的人学素材。然而在经济社会蓬勃发展的背后也隐含着人的道德素养滑坡,中华民族传统优秀美德消解,价值体系缺失与迷乱,制度约束滞后与无力,社会发展失衡与公平社会发育薄弱。① 这也就进一步表明即使经济发展了,也并不必然带来人的素养的正向提升,二者之间并不一定就会呈现正向比例关系。所以,习近平总书记反复强调,要着力弘扬中华优秀传统文化,着力培育和践行社会主义核心价值观,具体举措就是:

第一,坚持德法并举、增强法治权威。法律是道德的化身,道德是法律的评价标准和推动力量。"道德"是教人向"善"的道义,而"法律"则是对"恶行"的惩罚。道德和法律有条件地相互转化,实现功能上的互补,这就使德法并治有了可能,同时增强了法治权威。

第二,坚持义利相兼、打牢物质基础。中华传统文化是讲究义气的文化,所谓舍生取义即是如此,而马克思认为:"人们所做的一切都与他们的利益有关"。② 在现代社会,要大力发展社会生产力,增加社会财富,打牢物质基础。

第三,坚持诚实守信、增进互爱情感。诚实守信是社会主义核心价值观的基本要求,更是中华民族的传统美德。

---

① 田丰,成龙,冯立鳌. 问题的哲学——人生的困惑及其破解理路的探索 [M]. 北京:社会科学出版社,2012:97-101.

② 马克思,恩格斯. 马克思恩格斯全集(第 1 卷)(第二版)[M]. 北京:人民出版社,2002:82.

第四，坚持求同存异、凝聚共同信念。习近平总书记指出，"求同存异"既是认识问题的思路，也是解决矛盾的方法，是矛盾的普遍性与特殊性、共性与个性相统一原理的具体应用。"同"就是通过沟通、联系，寻找普遍、共性的意见与建议；"异"是不同的看法、认识与思考、诉求。"求同"就是努力扩大共同点，"存异"就是允许不同思想、建议的存在。在"人心向背、力量对比是决定党和人民事业成败的关键"时期，必须着眼于"增进一致而不强求一律，包容多样而不丧失主导"，找到最大公约数，画出最大同心圆，凝聚正能量，形成思想上同心、目标上同向、行动上同行的命运共同体。

第五，坚持和平至上、寻求多方合作。和平与发展是时代主题，在此基础上可寻求多方合作，促进共同发展。

毕竟，人民有信仰、民族有希望，国家才会有力量。中国特色社会主义进入新时代，我国社会主要矛盾已经转化为人民日益增长的美好生活需要和不平衡不充分的发展之间的矛盾。为此，我们党要始终坚持以人民为主体，始终把人民放在心中最高位置，更好增进人民福祉，推动人的自由全面发展与社会的全面进步，始终把人民的需要作为检验党的工作的标准。尤其是新时代的马克思实践人学研究需要着力回应并及时关注时代之问。诚如习近平总书记在学习贯彻习近平新时代中国特色社会主义思想和党的十九大精神研讨班上的发言所说，时代是出卷人，我们是答卷人，人民是阅卷人，以朴素的语言真实地宣示了共产党人始终"以人民为主体"的马克思实践人学观。所以，第一，要着力深化马克思实践人学对现实社会问题的关照和回应研究。马克思实践人学是关于人的科学，但是不同于以往全部"人的哲学"之处，其根本在于马克思实践人学不是从"想象出来的人"出发，而是以"实际活动的人"作为落脚点和着力点，这不是乌托邦式的空想，也不是说教式的漫谈，而是聚焦于"只有在现实的世界中并使用现实的手段才能实现真正的解放"①，这是马克思实践人学的

---

① 杜刚清，陈辉，等.向马克思学什么［M］.北京：国家行政学院出版社，2018：83-84.

主旨和价值目标，是解读马克思实践人学的前提和基础。在新时代集中体现为人的问题，聚焦于人的发展问题。所以，只有勇于直面社会现实、着力关注民生疾苦、积极探讨社会热点，以便尽可能为实务部门提出优化人的发展问题的建议和策略，着力于改善人的生存条件，才能为促进人的自由全面发展做出应有的努力，也才能为马克思实践人学发展获取更多交流机会和展示平台。第二，要积极吸纳和学习马克思实践人学研究的成功经验和有益方法。着力促进马克思人学研究与其他学科的交叉渗透融合，着力构建中国特色社会主义人学思想，为完成"两个一百年"奋斗目标，实现中华民族伟大复兴中国梦提供坚实的人学依据和思想价值支撑。

总之，新中国成立以来 70 多年的社会主义发展史，尤其是改革开放以来 40 多年的中国特色社会主义，可以说是马克思实践人学在中国的生动诠释和全新演绎。从马克思实践人学理解和把握中国特色社会主义，有助于拓展中国特色社会主义的研究视野。中国特色社会主义进入新时代，梳理和挖掘马克思实践人学的价值意蕴和当代启示，必须扎根于中国实际，积极推动实践基础上理论的创造性转化和创新性发展，更好地坚持以人民为中心的发展思想，不断满足人民日益增长的美好生活需要，促进人的自由全面发展。同时，着力用中国理论阐释和化解中国问题，为消解世界难题贡献中国方案、中国智慧，是新时代面临的重要课题。

参考文献

［1］［美］阿伦特．人的条件［M］．竺干威，等译．上海：上海人民出版社，1999．

［2］［美］爱德华·威尔逊．论人的本性［M］．胡婧，译．北京：新华出版社，2015．

［3］［美］奥尔曼．异化：马克思论资本主义社会中人的概念［M］．王贵贤，译．北京：北京师范大学出版社，2011．

［4］白虹．阿奎那人学思想研究［M］．北京：人民出版社，2010．

［5］［俄］鲍·季·格里戈里扬．关于人的本质的哲学［M］．汤侠声，李昭时，等译．北京：生活·读书·新知三联书店，1984．

［6］北京大学哲学系．马克思主义与人［M］．北京：北京大学出版社，1983．

［7］边立新．人的解放：马克思主义的真谛［J］．科学社会主义，2013（4）．

［8］［俄］别尔嘉耶夫．论人的奴役与自由［M］．张百春，译．北京：中国城市出版社，2002．

［9］［日］不破哲三．马克思还活着［M］．有邻，译．北京：中共中央党校出版社，2017．

［10］曹孟勤．人向自然的生成［M］．上海：上海三联书店，2012．

［11］陈宝．资本·现代性·人——马克思资本理论的哲学意蕴及其当代意义［M］．合肥：安徽人民出版社，2008．

［12］陈桂生．人的全面发展理论与现时代［M］．上海：华东师范大学出版社，2012．

[13] 陈波. 马克思主义视野中的人权 [M]. 北京：中国社会科学出版社，2014.

[14] 陈培永. 什么是人民、阶级及其他——以马克思的名义 [M]. 南京：江苏人民出版社，2018.

[15] 陈曙光. 马克思人学革命研究 [M]. 北京：北京师范大学出版社，2017.

[16] 陈曙光. 直面生活本身——马克思人学存在论革命研究 [M]. 北京：北京师范大学出版社，2012.

[17] 陈先达. 唯物史观视野中的"以人为本"[J]. 中国人民大学学报，2004（4）.

[18] 陈新夏. 唯物史观与人的发展理论 [M]. 南京：江苏人民出版社，2013.

[19] 陈志尚，等. 人学新论：马克思主义人学基本理论和重大现实问题研究 [M]. 北京：人民出版社，2015.

[20] [日] 池田大作. 我的人学 [M]. 铭九，庞春兰，等译. 北京：北京大学出版社，2010.

[21] 楚光玉. 人学——关于人的科学哲学·宇宙学 [M]. 北京：中国华侨出版社，1999.

[22] [法] 德日进. 人的现象 [M]. 范一，译. 沈阳：辽宁教育出版社，1997.

[23] [美] 大卫·哈维. 资本论 [M]. 周大昕，译. 上海：上海译文出版社，2014.

[24] 代俊兰. 马克思人类解放理论的历史轨迹及其当代价值 [M]. 北京：中国社会科学出版社，2013.

[25] [澳] 戴维·金利. 全球化走向文明：人权和全球经济 [M]. 孙世彦，译. 北京：中国政法大学出版社，2013.

[26] [法] 丹尼尔·本赛德. 马克思主义使用说明书 [M]. 李玮文，译. 北京：红旗出版社，2013.

［27］邓小平年谱（1975－1997）（上下）［M］．北京：中央文献出版社，2004．

［28］邓小平文选（全3卷）［M］．北京：人民出版社，1995．

［29］丁东红．人之解放——现代西方人本哲学研究［M］．石家庄：河北教育出版社，2001．

［30］丁福宁．古希腊的人学［M］．台北：联经出版事业股份有限公司，2017．

［31］东山．人性的社会解读［M］．兰州：敦煌文艺出版社，2018．

［32］董瑞华，唐钰岚．《资本论》及其手稿在当代的实践与发展［M］．北京：中央编译出版社，2013．

［33］董伟．中国传统人观史纲［M］．北京：人民出版社，2018．

［34］董耀鹏．人的主体性初探［M］．北京：北京图书馆出版社，1996．

［35］杜丽燕．人性的曙光——希腊人道主义探源［M］．北京：华夏出版社，2005．

［36］杜亚泉．人生哲学［M］．长沙：岳麓书社，2012．

［37］［德］恩斯特·卡西尔．人论·人类文化哲学导引［M］．甘阳，译．上海：上海译文出版社，1995．

［38］方瑞．关于现实的人及其历史发展的科学——《资本论》语境中的"历史科学"［D］．长春：吉林大学，2018．

［39］［德］费希特．论学者的使命·人的使命［M］．梁志学，译．北京：商务印书馆，2008．

［40］丰子义．生态文明的人学思考［J］．山东社会科学，2010（7）．

［41］冯兵．论孔子善恶混存的人性观［J］．哲学研究，2008（1）．

［42］［美］弗洛姆．马克思关于人的概念［M］．涂纪亮，译．杭州：南方丛书出版社，1987．

［43］［美］弗洛姆．为自己的人［M］．孙依依，译．北京：生活·读书·新知三联书店，1988．

[44] 付文军. 从《巴黎手稿》到《资本论》：异化劳动理论的三维向度与"人类之谜"的三重解答 [J]. 当代经济研究，2015 (2).

[45] 高清海，胡海波，贺来. 人的"类"生命与"类哲学" [M]. 长春：吉林人民出版社，1998.

[46] 高清海. "人"的哲学觉悟 [M]. 哈尔滨：黑龙江人民出版社，2001.

[47] 高清海. 人就是"人"[M]. 沈阳：辽宁人民出版社，2001.

[48] 高尚全，傅治平. 人民本位论 [M]. 北京：人民出版社，2012.

[49] 顾海良. 马克思主义的历史命运 [M]. 长春：吉林人民出版社，1996.

[50] 郭强. 历史、人性与革命——马克思前期思想的当代阐释 [M]. 北京：中共中央党校出版社，2016.

[51] 郭湛. 主体性哲学——人的存在及其意义（修订版）[M]. 北京：中国人民大学出版社，2011.

[52] 韩庆祥. 建构能力社会——21世纪中国人的发展图景 [M]. 广州：广东教育出版社，2003.

[53] 韩庆祥. 马克思开辟的道理：人的全面的发展研究 [M]. 北京：人民出版社，2005.

[54] 韩庆祥. 马克思人学思想研究 [M]. 郑州：河南人民出版社，1996.

[55] 韩庆祥. 马克思主义人学思想发微 [M]. 北京：中国社会科学出版社，1992.

[56] 韩庆祥. 马克思主义人学与当代中国丛书：马克思的人学理论 [M]. 郑州：河南人民出版社，2011.

[57] 韩庆祥. 哲学的现代形态——人学 [M]. 哈尔滨：黑龙江教育出版社，1996.

[58] 韩庆祥，邹诗鹏. 人学——人的问题的当代阐释 [M]. 昆明：

云南人民出版社，2001.

[59] 韩秋红．西方哲学的人文精神［M］．北京：人民出版社，
2010.

[60] 韩震．生成的存在——关于人与社会的哲学思考［M］．北京：
北京师范大学出版社，1996.

[61] ［德］赫舍尔．人是谁？［M］．陈维政，隗仁莲，安希孟，译．
贵阳：贵州人民出版社，1994.

[62] ［美］亨德里克·威廉·房龙．人类的故事［M］．林晓钦，译．
南京：江苏凤凰文艺出版社有限公司，2017.

[63] 洪波．马克思个人观研究［M］．北京：中国社会科学出版社，
2010.

[64] 洪波．马克思个人理论的整体性与当代性研究［M］．杭州：浙
江大学出版社，2015.

[65] 胡锦涛文选（第1~3卷）［M］．北京：人民出版社，2016.

[66] 胡敏中．论人性、人道、人权［J］．江汉论坛，1993（7）.

[67] 胡乔木．关于人道主义和异化问题［M］．北京：人民出版社，
1983.

[68] 胡雪萍．文化与人的全面发展——文化建构视角下的价值体系
建设［M］．北京：人民出版社，2014.

[69] 黄克剑．人韵［M］．北京：东方出版社，1996.

[70] 黄可剑．人韵——一种对马克思的读解［M］．北京：东方出版
社，1996.

[71] 黄楠森．马克思主义人学与当代中国丛书：人学的科学之路
［M］．郑州：河南人民出版社，2011.

[72] 黄楠森．人学的足迹［M］．南宁：广西人民出版社，1999.

[73] 黄楠森，夏甄陶，陈志尚．人学词典［M］．北京：中国国际广
播出版社，1990.

[74] 黄楠森．哲学的足迹［M］．北京：中国社会科学出版社，

1987.

[75] 黄树光. 马克思人的解放理论与马克思历史观 [M]. 南昌: 江西人民出版社, 2011.

[76] 黄玉顺, 杨永明, 任文利, 等. 人是情感的存在 [M]. 北京: 北京大学出版社, 2018.

[77] 纪佳妮. 重释人的解放——论《1844 年经济学哲学手稿》的哲学人类学思想 [M]. 复旦: 复旦大学出版社, 2015.

[78] 江恒源. 中国先哲人性论 [M]. 北京: 商务印书馆, 1911.

[79] 江泽民文选 (第 1~3 卷) [M]. 北京: 人民出版社, 2006.

[80] 金建萍. 人的发展和社会发展的一致性研究 [M]. 北京: 中国社会科学出版社, 2013.

[81] [美] 卡耐基. 人性的弱点 (全集) [M]. 袁玲, 译. 北京: 中国发展出版社, 2003.

[82] [美] 卡耐基. 人性的优点 [M]. 杨帆, 译. 北京: 现代出版社, 2019.

[83] 科学发展观重要论述摘编 [M]. 北京: 中央文献出版社, 2009.

[84] [法] 拉·梅特里. 人是机器 [M]. 顾寿观, 译. 北京: 商务印书馆, 1959.

[85] [英] 莱斯利·史蒂文森. 人类人性七论 [M]. 袁荣生, 译. 北京: 商务印书馆, 1994.

[86] [英] 洛克. 人类理解论 (上下) [M]. 关文运, 译. 北京: 商务印书馆, 1997.

[87] 李春华. 人民性是习近平新时代中国特色社会主义思想的最基本特征 [EB/OL]. 宣讲家网, 2019 – 05 – 13.

[88] 李春民. 人性漫画——揭开人性之谜 [M]. 济南: 济南出版社, 1995.

[89] 李大兴. 超越: 从思辨人学到实证人学 [M]. 北京: 人民出版

社，2006.

[90] 李广友. 先秦儒家人性论的演变——以郭家店儒简为考查重点 [M]. 西安：陕西人民出版社，2014.

[91] 李海星. 普遍的人权与人权的普遍 [D]. 北京：中共中央党校，2005.

[92] 李惠斌，叶汝贤. 当代马克思主义研究丛书（第1～10卷）[M]. 北京：社会科学文献出版社，2006.

[93] 李曼，车华. 列宁人权思想研究 [M]. 北京：中国社会科学出版社，2013：50.

[94] 李茗茗.《资本论》及其手稿中工人阶级理论的文本研究 [M]. 北京：中国社会科学出版社，2018.

[95] 李平晔. 人的发现——马丁·路德与宗教改革 [M]. 成都：四川人民出版社，1984.

[96] 李文成. 人的价值 [M]. 郑州：河南人民出版社，2011.

[97] 李云峰. 马克思学说中人的概念 [M]. 北京：人民出版社，2007.

[98] 李志. 马克思的个人概念 [M]. 北京：人民出版社，2014.

[99] 李中华. 人学理念与历史：中国人学思想史卷 [M]. 北京：北京出版社，2004.

[100] 梁晓声. 中国人的人性与人生 [M]. 北京：中国现代出版集团（现代出版社），2017.

[101] 兰明. 人与人的存在 [M]. 哈尔滨：黑龙江大学出版社，2013.

[102] 列宁选集（第1～4卷）[M]. 北京：人民出版社，1995.

[103] 刘城. 中世纪西欧基督教文化环境中"人"的生存状态研究 [M]. 北京：北京师范大学出版社，2012.

[104] 刘建新. 马克思现代性批判视阈中的人的全面发展 [M]. 北京：人民出版社，2009.

［105］刘同舫. 理想与现实之间的人类解放境界［M］. 北京：人民出版社，2013.

［106］刘同舫. 马克思人类解放理论的叙事结构及实现方式［J］. 中国社会科学，2012（8）.

［107］刘同舫. 马克思人类解放理论的演进逻辑［M］. 北京：人民出版社，2011.

［108］刘同舫. 马克思人类解放思想史［M］. 北京：人民出版社，2019.

［109］刘伟. 西方马克思主义对人的本质的探讨及其现实意义［D］. 北京：清华大学，2013.

［110］刘召峰. 拜物教批判理论与整体马克思［M］. 杭州：浙江大学出版社，2013.

［111］［法］卢梭. 论人类不平等的起源和基础［M］. 吕卓，译. 北京：商务印书馆，1982.

［112］陆剑杰. 社会主义与人［M］. 郑州：河南人民出版社，2011.

［113］罗荣星. 在政治经济学中寻找人类解放的真实路径——读邰然博士的《〈资本论〉与人类解放的现实道路》［J］. 中国党政干部论坛，2019（4）.

［114］［美］马尔库塞. 单向度的人［M］. 刘继，译. 上海：上海译文出版社，2006.

［115］［美］马斯洛. 人的潜能和价值［M］. 林方，译. 北京：华夏出版社，1987.

［116］马克思，恩格斯. 马克思恩格斯全集（第 2 卷）（第二版）［M］. 北京：人民出版社，2005.

［117］马克思，恩格斯. 马克思恩格斯全集（第 3 卷）（第二版）［M］. 北京：人民出版社，2002.

［118］马克思，恩格斯. 马克思恩格斯全集（第 12 卷）（第二版）［M］. 北京：人民出版社，1998.

［119］马克思，恩格斯.马克思恩格斯全集（第30卷）（第二版）
［M］.北京：人民出版社，1995.

［120］马克思，恩格斯.马克思恩格斯全集（第34卷）（第二版）
［M］.北京：人民出版社，2008.

［121］马克思，恩格斯.马克思恩格斯全集（第46卷）（第二版）
［M］.北京：人民出版社，2003.

［122］马克思，恩格斯.马克思恩格斯全集（第31卷）（第二版）
［M］.北京：人民出版社，1998.

［123］马克思，恩格斯.马克思恩格斯全集（第25卷）（第二版）
［M］.北京：人民出版社，2001.

［124］马克思，恩格斯.马克思恩格斯全集（第1卷）（第二版）
［M］.北京：人民出版社，2002.

［125］马克思，恩格斯.马克思恩格斯全集（第24卷）（第一版）
［M］.北京：人民出版社，1972.

［126］马克思，恩格斯.马克思恩格斯全集（第23卷）（第一版）
［M］.北京：人民出版社，1972.

［127］马克思，恩格斯.马克思恩格斯全集（第41卷）（第一版）
［M］.北京：人民出版社，1982.

［128］马克思，恩格斯.马克思恩格斯全集（第44卷）（第一版）
［M］.北京：人民出版社，1982.

［129］马克思，恩格斯.马克思恩格斯全集（第42卷）（第一版）
［M］.北京：人民出版社，1979.

［130］马克思，恩格斯.马克思恩格斯全集（第40卷）（第一版）
［M］.北京：人民出版社，1982.

［131］马克思，恩格斯.马克思恩格斯全集（第4卷）（第一版）
［M］.北京：人民出版社，1958.

［132］马克思，恩格斯.马克思恩格斯全集（第46卷）（上册）（第
一版）［M］.北京：人民出版社，1979.

[133] 马克思，恩格斯. 马克思恩格斯全集（第26卷）（下册）（第一版）[M]. 北京：人民出版社，1974.

[134] 马克思，恩格斯. 马克思恩格斯全集（第26卷）（中册）（第一版）[M]. 北京：人民出版社，1973.

[135] 马克思，恩格斯. 马克思恩格斯选集（第1~4卷）（第二版）[M]. 北京：人民出版社，1995.

[136] 马克思，恩格斯. 马克思恩格斯文集（第1卷）[M]. 北京：人民出版社，2009.

[137] 马克思，恩格斯. 马克思恩格斯文集（第4卷）[M]. 北京：人民出版社，2009.

[138] 马克思，恩格斯. 马克思恩格斯文集（第5卷）[M]. 北京：人民出版社，2009.

[139] 马克思，恩格斯. 马克思恩格斯文集（第6卷）[M]. 北京：人民出版社，2009.

[140] 马克思，恩格斯. 马克思恩格斯文集（第7卷）[M]. 北京：人民出版社，2009.

[141] 马克思，恩格斯. 马克思恩格斯文集（第8卷）[M]. 北京：人民出版社，2009.

[142] 马克思，恩格斯. 马克思恩格斯文集（第9卷）[M]. 北京：人民出版社，2009.

[143] [德] 马克思. 1844年经济学哲学手稿 [M]. 刘丕坤，译. 北京：人民出版社，2000.

[144] [德] 马克思·舍勒. 人在宇宙中的地位 [M]. 李伯杰，译. 贵阳：贵州人民出版社，1989.

[145] [德] 马克思. 资本论（第1~3卷）[M]. 郭大力，王亚南，译. 北京：生活·读书·新知三联书店，2009.

[146] [德] 马克思. 资本论（第1~3卷）[M]. 中央编译局，译. 北京：人民出版社，2004.

［147］毛泽东文集（第 1～8 卷）［M］. 北京：人民出版社，1996 - 1999.

［148］毛泽东选集（第 1～4 卷）［M］. 北京：人民出版社，1991.

［149］毛泽东著作选读（上下册）［M］. 北京：人民出版社，1986.

［150］蒙培元. 人是情感的存在——儒家哲学再阐释［J］. 社会科学战线，2003（2）.

［151］［美］孟旦. 早期中国"人"的观念［M］. 丁栋，等译. 北京：北京大学出版社，2009.

［152］［德］米夏埃尔·兰德曼. 哲学人类学［M］. 阎嘉，译. 贵阳：贵州人民出版社，2006.

［153］［德］米夏埃尔·兰德曼. 哲学人类学［M］. 张乐天，译. 上海：上海译文出版社，1998.

［154］苗贵山，等.《资本论》手稿人权思想研究［M］. 北京：中央编译出版社，2017.

［155］［俄］尼古拉·别尔嘉耶夫. 论人的使命——神与人的生存辩证法［M］. 张百春，译. 上海：上海人民出版社，2007.

［156］聂锦芳，彭宏伟. 马克思《资本论》研究读本［M］. 北京：中央编译出版社，2013.

［157］聂锦芳.《资本论》及其手稿再研究：文献、思想与当代性［M］. 北京：经济科学出版社，2013.

［158］欧顺军. 人学概论［M］. 长沙：岳麓书社，2011.

［159］庞世伟. 论"完整的人"——马克思人学生成论研究［M］. 北京：中央编译出版社，2009.

［160］庞卓恒. 人的发展与历史发展［M］. 长春：吉林文史出版社，1988.

［161］彭宏伟. 资本社会的结构与逻辑——《资本论》议题再审视//重读马克思：文本及其思想［M］. 北京：中国人民大学出版社，2018.

[162] ［意］皮科·米兰多拉. 论人的尊严 [M]. 顾超一，樊虹，译. 北京：北京大学出版社，2010.

[163] ［俄］普列汉诺夫. 论个人在历史上的作用问题 [M]. 王荫庭，译. 北京：生活·读书·新知三联书店，1961.

[164] 祁志祥. 人学原理 [M]. 北京：商务印书馆，2012.

[165] 祁志祥. 中国人学史 [M]. 上海：上海大学出版社，2002.

[166] 乔翔. 马克思人的解放思想研究 [M]. 北京：中国社会科学出版社，2012.

[167] 曲炳祥.《资本论》：一部关于人的解放的伟大学说——纪念马克思《资本论》出版140周年 [J]. 经济学家，2007（6）.

[168] ［法］让·保罗·萨特. 存在主义是一种人道主义 [M]. 周煦良，汤永宽，等译. 上海：上海译文出版社，2012.

[169] 人民出版社编辑部. 人是马克思主义的出发点 [M]. 北京：人民出版社，1981.

[170] 邵然.《资本论》与人类解放的现实道路 [M]. 北京：社会科学文献出版社，2018.

[171] 沈亚生. 人学思潮前沿问题探究 [M]. 北京：社会科学文献出版社，2010.

[172] 舒志定. 人的存在与教育——马克思教育思想的当代价值 [M]. 北京：学林出版社，2004.

[173] ［荷兰］斯宾诺莎. 神、人及其幸福简论 [M]. 洪汉鼎，孙祖培，等译. 北京：商务印书馆，1987.

[174] 孙鼎国. 世界人学史 [M]. 石家庄：河北人民出版社，2003.

[175] 孙福胜. 马克思中学时代人学思想基本要义探析——以马克思的三篇中学考试作文为例 [EB/OL]. 2018 – 10 – 17.

[176] 孙强. 改革开放以来马克思主义人权理论中国化研究 [M]. 北京：中央编译出版社，2013.

[177] 孙正聿. 属人的世界 [M]. 长春：吉林大学出版社，2007.

［178］谭培文 . 马克思主义人学中国化研究［M］. 北京：人民出版社，2011.

［179］汤文曙，房玫 . 现实的人及其历史发展——马克思主义社会历史观研究［M］. 合肥：安徽师范大学出版社，2014.

［180］田丰，成龙，冯立鳌 . 问题的哲学——人生的困惑及其破解理路的探索［M］. 北京：社会科学文献出版社，2012.

［181］万光侠，张九童，夏锋 . 马克思主义人学视域的思想政治范式转换研究［M］. 济南：山东人民出版社，2014.

［182］万资姿 . 人的全面发展：从理论到指标体系［M］. 北京：中央编译出版社，2011.

［183］王多吉，代立梅 .《资本论》现代发展观哲学维度研究［M］. 北京：光明日报出版社，2014.

［184］王海明 . 人性论［M］. 北京：商务印书馆，2005.

［185］王虎学 . 人的社会与社会的人——马克思哲学的革命变革与现代视域［M］. 济南：山东人民出版社，2012.

［186］王继辉 . 尊重人、理解人、关系人：人类个体问题研究［M］. 西安：电子科技大学出版社，2014.

［187］王锐生，景天魁 . 论马克思关于人的学说［M］. 长春：辽宁人民出版社，1983.

［188］王善超 . 马克思主义人学与当代中国丛书：关于人的理解［M］. 郑州：河南人民出版社，2011.

［189］王维平 . 劳动的力量［M］. 北京：中国社会科学出版社，2016.

［190］王维平 . 人民利益是中国改革与发展的核心命题［N］. 甘肃日报，2018 - 12 - 21.

［191］王维平，王海龙，韩璐，等 . 解释学视角的《资本论》经济哲学研究［M］. 北京：中国编译出版社，2020.

［192］王晓广 . 马克思"人的尊严"思想及其在当代中国的实践

[M]. 哈尔滨：黑龙江人民出版社，2016.

[193]［美］威廉·巴雷特. 非理性的人［M］. 段德智，译. 上海：上海译文出版社，2007.

[194] 魏小萍. 追寻马克思——时代境遇下马克思人类解放理论逻辑的分析和探讨［M］. 北京：人民出版社，2005.

[195]［英］温尼克特. 人类本性［M］. 卢林，王晓谚，张沛超，等译. 北京：北京大学医学出版社，2016.

[196] 吴黎宏. 以人民为中心［M］. 北京：中共中央党校出版社，2019.

[197] 吴楠. 人与社会关系思想的历史性生成——青年马克思思想探析［M］. 北京：中国社会科学出版社，2013.

[198] 吴楠，朱虹. 马克思人本思想的历史轨迹及其当代价值［M］. 北京：中国社会科学出版社，2016.

[199] 武天林. 马克思主义人学导论［M］. 北京：中国社会科学出版社，2006.

[200] 习近平谈治国理政［M］. 北京：外文出版社有限公司，2014.

[201] 习近平谈治国理政（第2卷）［M］. 北京：外文出版社有限公司，2017.

[202] 夏甄陶. 人：关系·活动·发展［M］. 郑州：河南人民出版社，2011.

[203] 夏甄陶. 人是什么？［M］. 北京：商务印书馆，2000.

[204] 萧淑贞. 发现人性［M］. 北京：商务印书馆，2012.

[205] 肖万源，徐远和. 中国古代人学思想概要［M］. 北京：东方出版社，1994.

[206] 肖伟光. 我将无我，不负人民：共产党人最高人生境界［N］. 学习时报，2019 - 05 - 13.

[207] 谢一彪. 毛泽东人权思想研究［M］. 北京：中国社会科学出版社，2010.

［208］［英］休谟．人性论［M］．关文运，郑之骧，等译．北京：商务印书馆，1980.

［209］徐斌．制度建设与人的自由全面发展［M］．北京：人民出版社，2012.

［210］徐复观．中国人性论史·先秦篇［M］．北京：九州出版社，2014.

［211］薛德震．人的哲学论纲［M］．北京：人民出版社，2005.

［212］［波兰］亚当·沙夫．马克思主义与人类个体［M］．杜红艳，译．哈尔滨：黑龙江大学出版社，2015.

［213］［波兰］亚当·沙夫．人的哲学［M］．赵海峰，译．哈尔滨：黑龙江人民出版社，2015.

［214］［美］英格尔斯．人的现代化［M］．罗荣渠，译．成都：四川人民出版社，1985.

［215］闫何清．财产·制度·人［D］．北京：中共中央党校，2011.

［216］闫孟伟，杨谦．马克思主义经典论述辑要［M］．天津：天津人民出版社，2015.

［217］严春友．人：西方思想家的阐释［M］．北京：中国社会科学出版社，2005.

［218］［日］岩崎，允胤．人的尊严、价值及自我实现［M］．刘奔，译．北京：当代中国出版社，1993.

［219］杨国华．劳动与人的自由全面发展——马克思的劳动概念及其当代意义［M］．上海：上海世纪出版集团，2015.

［220］杨金海．人的存在论［M］．南宁：广西人民出版社，1995.

［221］杨竞业．人的全面发展问题的当代论域［M］．武汉：武汉大学出版社，2009.

［222］杨敬年．人性谈（第二版）［M］．天津：南开大学出版社，2013.

［223］杨适，等．中西人论及其比较［M］．北京：东方出版社，

1992.

[224] 杨楹. 论"以人为本"的解放旨归 [J]. 马克思主义与现实, 2008 (2).

[225] 杨兆山. 马克思人的解放思想的时代价值——科技革命视野中人的解放问题探索 [D]. 北京：清华大学, 2004.

[226] 姚新中, 等. 中西方人生哲学比较 [M]. 北京：中国人民大学出版社, 2001.

[227] [捷克斯洛伐克] 伊凡·斯维塔克. 人和他的世界——一种马克思主义观 [M]. 员俊雅, 译. 哈尔滨：黑龙江人民出版社, 2015.

[228] [苏] 伊万·季默费耶维奇·弗罗洛夫. 人的前景 [M]. 万思斌, 潘信之, 译. 北京：中国社会科学出版社, 2018.

[229] 衣芳, 等. 人民群众土体论——群众观、党群关系、群众工作理论研究 [M]. 北京：人民出版社, 2008.

[230] [德] 尤根·莫特曼. 人：基督教的现代化人观 [M]. 郑玉英, 译. 台北：南兴北文化出版社, 2014.

[231] [以色列] 尤瓦尔·赫拉利. 人类简史：从动物到上帝 [M]. 林俊宏, 译. 北京：中信出版社, 2017.

[232] 有林, 等. 抽象的人性论剖析 [M]. 北京：社会科学文献出版社, 2015.

[233] 于喜繁. 经济人理论多棱镜透视 [M]. 北京：知识产权出版社, 2010.

[234] 俞可平. 努力实现人的自由而全面的发展——谈《共产党宣言》与中国特色社会主义 [J]. 马克思主义与现实, 2008 (2).

[235] 袁贵仁. 马克思的人学思想 [M]. 北京：北京师范大学出版社, 1996.

[236] 袁贵仁. 马克思主义人学理论研究 [M]. 北京：北京师范大学出版社, 2013.

[237] 袁贵仁. 人的哲学 [M]. 北京：工人出版社, 1988.

［238］袁杰．马克思人的解放理论与实践研究［M］．北京：人民出版社，2017.

［239］［美］约翰·杜威．人的问题［M］．傅统先，等译．上海：上海人民出版社，1965.

［240］［俄］约瑟夫·托娃，等．探索幸福的人：苏格拉底传［M］．北京：生活·读书·新知三联书店，1987.

［241］张步仁．西方人学发展史纲［M］．南京：江苏人民出版社，1993.

［242］张端．马克思的解放理论及其当代价值［M］．北京：中国社会科学出版社，2018.

［243］张番红．转型期我国社会整合研究——基于马克思主义视角［M］．北京：中国社会科学出版社，2016.

［244］张富文．"以人为本"的科学内涵和实现途径［M］．北京：人民出版社，2017.

［245］张国钧．"乌托邦"还是"科学"——马克思人的解放思想研究［D］．长春：吉林大学，2007.

［246］张健．马克思主义人学与当代中国丛书：论人的精神世界［M］．郑州：河南人民出版社，2011.

［247］张军．人的发展的历史形态及其当代意蕴［D］．北京：中共中央党校，2002.

［248］张君平．黑格尔人学思想研究［M］．北京：知识产权出版社，2015.

［249］张宽政．论人性：善恶并存、以善为主［M］．北京：中国书籍出版社，2017.

［250］张奎良．马克思主义人学与当代中国丛书：实践人学与以人为本［M］．郑州：河南人民出版社，2011.

［251］张莉．科学发展观的人学思想研究［M］．北京：经济科学出版社，2016.

［252］张曙光. 个体生命与现代历史 ［M］. 济南：山东人民出版社，2007.

［253］张曙光. 人的世界与世界的人——马克思的思想历程追踪 ［M］. 北京：北京师范大学出版社，2017.

［254］张曙光. 生存哲学——走向本真的存在 ［M］. 昆明：云南人民出版社，2001.

［255］张述元. 人的全面发展在中国 ［M］. 北京：时事出版社，2009.

［256］张文喜. 马克思论大写的人 ［M］. 北京：社会科学文献出版社，2004.

［257］张艳玲. 论以人为本：从马克思的唯物论到科学发展观 ［M］. 北京：中国社会科学出版社，2010.

［258］张一兵. 马克思主义人学与当代中国丛书：人的解放 ［M］. 郑州：河南人民出版社，2011.

［259］张一兵. 西方人学第五代 ［M］. 北京：学林出版社，1991.

［260］张永和. 人权之门 ［M］. 南宁：广西师范大学出版社，2016.

［261］赵敦华. 西方人学观念史 ［M］. 北京：北京大学出版社，2005.

［262］赵家祥. 马克思主义的整体性研究 ［M］. 北京：北京大学出版社，2018.

［263］中共中央党校（国家行政学院）. 向马克思学习——纪念马克思诞辰 200 周年 ［M］. 北京：中共中央党校出版社，2018.

［264］中共中央党校马克思主义理论教研部. 马克思主义关于人的学说 ［M］. 北京：人民出版社，2011.

［265］中共中央宣传部. 习近平新时代中国特色社会主义思想三十讲 ［M］. 北京：学习出版社，2018.

［266］周冠生. 人性的探索 ［M］. 上海：上海教育出版社，1989.

［267］周前程. 人性与政治 ［D］. 北京：中共中央党校，2009.

[268] 周世兴. 个人的历史与历史的个人——马克思个人理论研究 [M]. 北京：人民出版社，2013.

[269] 周为民. 马克思主义关于人的学说 [M]. 北京：人民出版社，2011.

[270] 朱荣英. 马克思人的全面发展理论及其中国表征 [M]. 北京：中国社会科学出版社，2018.

[271] 庄福龄. 马克思主义史（第 1～4 卷）[M]. 北京：人民出版社，1996.

[272] 邹广文. 马克思主义人学与当代中国丛书：全球化进程中的人 [M]. 郑州：河南人民出版社，2011.

[273] 邹广文. 以人民为中心是共产党人最大的"初心"[N]. 光明日报，2017－12－29.

[274] Abraham J. Heschel, Who is Man? [M]. Stanford：Standford University Press，1965.

[275] Jean Lang. Myths from around the World [M]. London：Brachen Books，1915.

[276] Soren Kiekegaard. The Sickness unto Death [M]. trans. Alastair Hannay New Yerk：Penguin BooksLtd，1989.

[277] Adam Schaff. A Philosophy of Man [M]. London：Lawrence and Wishart，1963.

[278] Garvin Kitching [M]. Karl Mark and the Philosophy of Prax－London：Rou-tledge，1988.

[279] Karl Marx and Friedrich Engels. Collected Works，Volumes 1－50 [M]. Moscow，London，New York：Progess Publishers，Internation Publishers，and Lawrence & Wishart，1975－2004. Volume 1，4－9.

[280] Karl Marx. Die Vereingung der Glaubigen mit Christo nach Joh. 15，1－14 [M]. in ihrem Grund und Wesen，in ihern unbedingten Nohwendigkeit und in ihren Wirkungen dargestellt，Marx－Engels Gesamtausgabe，I/1，Dietz

Verlag, Berlin, 1975.

［281］Democracy in a World of Tensions: A Symposium Prepared by UNESCO, edited by Ricjard Mckeon ［M］. Chicago: The University of Chicago Press, 1951.

［282］Karl Marx. Exts on Method ［M］. Oxfod: Basil Blackwell, 1975.

［283］Tonnies. On Sociology: Pure, Applied and Empirical ［M］. Chicago: Uni-versity of Chicago Press, 1971.

［284］Karl Marx. Friedrich Engels Gesamtausgzhbe ［M］. DietzVerlag, Berlin. IV/1. 1976.

［285］Karl Marx. Friedrich Engels – Werke. ［M］. DietzVerlag, Berlin. Band 1. 1958.

［286］Karl Marx . Friedrich Engels – Werke ［M］. DietzVerlag, Berlin. Band 40. 1985.

后　记

　　宋代著名思想家朱熹在其《劝学诗·偶成》一文中深情写道："未觉池塘春草梦，阶前梧叶已秋声。"的确，时光荏苒，往事如昔。新时代的人们个个都是追梦人，然而能有机会把实现梦想与愉快学习结合起来，也算是人生的一件乐事。当拙文在指间敲完最后一个字时，难以抑制内心激动的心情，遥想从 1997 年 6 月参加工作到如今终于圆了学业梦，屈指算起来，这 27 年恍如一场梦。如苏轼在《临江仙·送钱穆父》曰："人生如逆旅，我亦是行人。"当年意气风发的小伙已然到了不惑之年，此刻也许是喜悦抑或难以言说心中纠结的释放。在职学习无疑是比较艰辛的，要面临学习、工作、事业和家庭的诸多矛盾以及情感与理智的困惑和挑战，不论如何学习与收获的选择就呈现在你的面前，如何面对、如何判断和把握，都成为考验自我定力的试金石。值得庆幸的是，一切都终于挺过来了。为了圆这个梦耗去了半生时光。夜深人静时内心总在自问，值得吗？这也就引发了关于人学命题的考虑与反思。作家史铁生在其《向死而生》中畅谈人性、更侧重考究生死问题……与其说他不畏苦难，不如说他早已站在死里看来生。他说："左右苍茫时，总也得有条路走，这路又不能再用腿去蹚，便用笔去找……利于世间一颗躁动的心走向宁静。"而日本作家北野武（きたの たけし）在《向死而生》中则是以疾呼甚至于近似严酷的自我哲学拷问"人究竟为什么而活？"其实我们每个人都面临这个"人生之问"。正如华裔美籍作家伍绮诗（Celeste Ng）在其长篇小说《无声告白》中的台词："我们终此一生，就是要摆脱他人的期待，找到真正的自己"，这也才算作是真正的人。学者季羡林在回顾和总结人生时说过，对于绝大多数人而言，人生终究是一无趣味，二无价值，如果人生还算是有点儿存在意义的话，那就在于对人类社会发展的承上启下和承前启后的责任感而已。当代作家贾平凹也认为，人犹如蝼蚁存在于这个世界上，聚散随缘，向死而生，据此他思忖人活着其实是多么无聊而又多么有意义的事情。就笔者而言，来到这个世界上已四十又八年了，做人做得久了忽然有点懵懂和迷糊了，尤其是 2014 年 8 月 11 日家父的过世，促使我开始关注人生的短暂与生命的脆弱，不断反思人生的意义和生命的价值，以及人生的目的到底是什么？如果说我是人，那么又该如何定义作为人的我？我作为人的内涵、外延是什么？我来到这个世界上走一遭到底是为了什么？就像一个常见问题"人活着是为了吃饭，还是吃饭是为了活着？"这些也都归属于人学研究的丰富问题域。

拙文的完成离不开恩师王维平教授丰满的学术视野、睿智的学术观察力和深邃的理论洞察力。本书从选题打磨、框架设定、内容提炼、论点推演以及经典文本与文献资料的有机融合到著作的反复修改，直到定稿，都凝结了恩师大量的心血和智慧，师恩似海，深感难以报答。借用中国台湾作家刘墉在《冲破人生的冰河》中的总结："最伟大的老师，不但为我们开了一扇门，而且指出了一条路。他不但指出那条路，而且带我们走过去，且在我们将要成功时，隐藏了他自己。"送给恩师以表达学生的感激之情。感谢清华大学马克思主义学院提供的宝贵学习机会，感谢艾四林教授、杨金海教授、肖贵清教授、韦正翔教授给予的学术智慧和思路启迪。感谢工作单位甘肃政法大学马克思主义学院领导和同事的关怀，感谢家人长期以来对我的默默关怀，正是亲情的动力，使我有了努力工作、静心学习的坚实后盾和温情港湾。

古往今来有不计其数的学者关注和研究人学问题，积累的学术资料十分丰富，研究语境也复杂多变。虽然有些问题已经得到较好的解决，但还有不少问题依然被遮蔽。拙文在写作过程中，吸收了学术界很多研究成果，有些已在引文中注明，有些由于各种原因未一一注明出处，只是在参考文献中列出，在此诚恳地向本书引用或参考资料所属的专家学者也一并谢过。另外，由于本人的知识结构和研究水平有限，文中难免有舛误、疏漏、瑕疵、问题和不足。我殷切期望得到各位专家、学者和师生、朋友的批评指正。学术需要更加扎实的积淀和历练，生活也需要更富于灵性的思考，我将上下而求索。就如学者钱理群所言，我们所面临的最大困境，其实就是"内在与外在精神的匮乏"，可见，要坚守对学术的追求，甘于生活在精神的孤岛上，应努力做到"宠辱不惊，看庭前花开花落；去留无意，望天上云卷云舒"①，以保持内心的慎独和宁静。回想 20 年前求教于恩师王维平教授门下，恩师不唯上、不跟风、不仰俯随人的宝贵品格深深影响着学生，使学生时刻保持一份"未敢翻身已碰头"的谦逊和惶恐，在自己营造的精神天地和思想涟漪中自得其乐，在书斋中"玄思妙想"都是对当下甚嚣尘上之功利社会的最好回应，毕竟审慎执着的学术追寻比琐碎无序的日常荣耀是更值得向往和追寻的至乐境界。正如尼采在《快乐的智慧》中写道："假若能参悟读懂自己的灵魂，自身那种须臾不可或离的意义将徐徐呈现"，而"生命之于我们，意味着不断将自身以及所遭遇的一切转化为光和火"②。偶然间想起了 19 世纪英国浪漫主义诗人乔治·戈登·拜伦（George Gordon Byron）的言说："我写下的东西都付之流水，任它去沉浮。"此刻，以我国北宋著名政治家王安石的诗《梦》表达我的心境："知世如梦无所求，无所求心普定寂，还似梦中随梦境，成就河沙梦功德"。

　　是为后记。

张香红
2023 年 1 月 12 日

---

　　① 陈继儒的《小窗幽记》和洪应明的《菜根谭》，展现的是一种源于中国传统道家的思想境界和精神状态，表征为人处世方面能看待自身的宠辱就如花开抑或花落般平常无奇，做到不惊；同时，看待职位去留好似云卷云舒般变幻乱转，才能淡然处之，保持一份内心的宁静。
　　② ［德］尼采. 快乐的智慧［M］. 王雨，译. 北京：中国社会科学出版社，1997：4.